中国近代法律思想与法制革新

贾孔会 著

WUHAN UNIVERSITY PRESS
武汉大学出版社

图书在版编目(CIP)数据

中国近代法律思想与法制革新/贾孔会编著.—武汉：武汉大学出版社，2007.8

ISBN 978-7-307-05747-0

Ⅰ.中… Ⅱ.贾… Ⅲ.①法律—思想史—中国—近代 ②法制—改革—研究—中国—近代 Ⅳ.D909.25 D929.5

中国版本图书馆CIP数据核字(2007)第131967号

责任编辑:高 路　　责任校对:刘 欣　　版式设计:詹锦玲

出版发行：**武汉大学出版社** (430072 武昌 珞珈山)

(电子邮件：wdp4@whu.edu.cn 网址：www.wdp.com.cn)

印刷:湖北省荆州市今印印务有限公司

开本：787×980 1/16　印张:16.5　字数:213千字　插页:2

版次:2007年8月第1版　2007年8月第1次印刷

ISBN 978-7-307-05747-0/D·750　定价:24.00元

作者简介

贾孔会，男，1968年10月生，湖北京山人，三峡大学政法学院副教授，硕士生导师。1990年华东师范大学历史系本科毕业，1997年武汉大学中国近现代史专业研究生毕业，获历史学硕士学位。主要从事中国法律思想史、社会主义法制理论与实践的教学与研究。近年来主持承担《中国近代的法律思想与法制革新》、《中国共产党依法执政问题研究》、《中国近代经济立法研究》等省、厅级科研课题多项。在《福建论坛》、《安徽史学》、《学术论坛》、《毛泽东思想研究》等刊物上发表论文30余篇，参编教材、著作多部。

内容简介

本书旨在通过对近代中国先进人物的法律思想和近代法制革新的历程进行深入的思考与总结，全面认识和理解近代人物法律思想产生的背景、思想内涵及特色、思想及实践的历史与现实意义，认清近代中国法制变革的原因、主要成就、发展趋势、经验与教训，从而把握中国法制在现代化进程中的规律性，使我们在建设21世纪中国法制的伟大事业中，更具有主动性和科学的预见性。

在研究内容上，本书主要包含两部分的内容：一是研究近代先进人物的法律思想的嬗变，重点是分析中国传统法律思想与文化在近代遇到的挑战，通过各个不同历史时期主要思想家的反映模式及思想内涵与特色，描绘中国近代法律思想转型的历史规律及对中国法制革新的影响。二是研究近代中国法制革新的历史进程，探讨其成功与失败的经验教训。重点分析了自清末到中华民国时期法制近代化的发展历程，以专题的形式分别对中国近代的宪政革新、经济法制、民法、刑法、诉讼法制和司法制度改革等进行全面、系统、深入的分析论述，力图使人们对近代法制变迁的轨迹有一个更清晰、更系统的了解，为当代法制建设提供历史的借鉴。

目　录

第二编　中国近代的宪政革新

第三编　中国近代的经济立法

第四编　中国近代的刑法、民法及司法制度改革

前　言

自19世纪中叶中国闭关锁国的大门被侵略者的炮火轰开以后，中国和世界发生了前所未有的新关系，中国已不可能再置身于世界之外，它的存在与发展已经成为世界的一部分。早在清末修律前，先进的中国人已在开始探索改革中国法制的出路。这些人物包括地主阶级改革派、太平天国农民革命派、洋务派与早期改良派、资产阶级改良派和革命派、资产阶级法理派和资产阶级工商界代表等，这些先进人物的法律思想极大地推动了中国近代法观念的变化和国人法律思想的进步，而且推动中国法制一步步向近代转型，促进了中国法制的革新与近代化。从20世纪初清末修律开始，中国法制的发展离开了传统的轨道，开始了法制现代化之路。这个过程不仅有着连续性，而且不断深化，民国中期初步形成近代法律体系。但法制实施的环境却大大落后于法制建设的步伐，人们的法律观念也落后于法制的进步，这些时代的局限严重影响了中国法制现代化的推进，也影响了中国社会现代化的进程。

本书旨在通过对近代中国先进人物的法律思想和法制革新的历程进行深入的思考与总结，全面认识和理解近代人物法律思想产生的背景、思想内涵及特色、思想及实践的历史与现实意义，认清近代中国法制变革的原因、主要成就、发展趋势、经验与教训，从而把握中国法制在现代化进程中的规律性，使我们在建设21世纪中国法制的伟大事业中，更具有主动性和科学的预见性，这是近代法史学研究的重要任务和使命。2001年我申报了“中国近代法律思想与法制革新”课题的研究，并获得湖北省教育厅重点项目的立项。立项以来，我始终有一种很大的压力，担心由于自己并非法学专业科班出身，法学理论和知识的欠缺会使得课题无法按时完成。但领导的支持，师友的鼓励，使我增添了信心。五年多来，我阅读了大量中国近代法制史研究方面的著作和文献资料，也读了一些法学理论和部门法方面的专业书籍，后来又从事本科生“中国法律思想史”课程和研究生“社会主义法制理论与实践”课程的教学，这使我逐渐由一个法学方面的门外汉，开始进入到法史学研究的行列之中。围绕本课题的研究，在研究方法上，我始终坚持以马克思主义法律史观为指导，坚持辩证唯物主义和历史唯物主义的立场、观点和方法，对近代中国的法律思想演变和法制革新的进程进行深入、细致的分析，以科学的、实事求是的态度展示近代中国法制运动的特点和规律，总结百年来法制近代化的经验教训。我也始终坚持历史为现实服务的宗旨，希望通过百年法制近代化历史的展示，从理论和实践上进一步阐释近代中国法制与法文化成长的运动规律，以有助于在当代法治建设的实践中去深刻认识中国的具体国情，明确当代中国法制建设的任务，完成建设社会主义法治国家的历史使命。

在研究内容上，本书主要包含两部分，一是研究近代先进人物法律思想的嬗变，重点是分析中国传统法律思想与文化在近代遇到的挑战，通过各个不同历史时期主要思想家的反映模式及思想内涵与特色，描绘中国近代法律思想转型的历史规律及对中国法制革新的影响。这里，我们着重考察了洪秀全、洪仁玕、梁启超、孙中山、李大钊、毛泽东等人的法律思想，分析评价了其对中国法制现代化运动的历史影响；二是研究近代中国法制革新的历史进程，探讨其成功与失败的经验教训，重点分析了自清末到中华民国时期法制近代化的发展历程。为改变一般法制史教科书按时期叙述的通病，本书强调以专题的形式分别对中国近代的宪政革新、经济法制、民法、刑事法制、诉讼法制和司法改革等进行全面、系统、深入的分析论述，力图使人们对近代法制变迁的轨迹有一个清晰、系统的了解。

在课题具体研究的过程中，通过广泛的采取跨学科综合研究的方法，从法学、历史学、政治学、经济学等多学科的角度来透视中国近代的法律文化与法制变迁，以翔实的材料、深刻的理论全面把握近代法制运动的轨迹，取得了一些走在学术前沿的研究成果。如关于“中国近代的经济立法”是原来研究比较薄弱的环节，本课题从跨学科结合的角度给予了充分的论述，从晚清、南京临时政府和北洋政府三个历史时期详细考察了中国近代经济法制变革的背景以及经济立法的主要内容和基本特色，客观公正地评价了其在中国法制史上的作用和影响，这在一定意义上促进了学术界对相关问题的研究。其中，关于《清末的经济立法》一文还被人大复印资料《法理学法史学》（2000 年第 3 期）全文转载。对近代的宪政改革、刑法、民法近代化及司法制度改革也从宏观和微观相结合的角度予以深入分析和论述。在研究中，始终注重逻辑与历史的统一，对人物思想的研究，总是放在历史的大环境中来加以考察、分析，这使得理论的研究具有历史的厚度。如关于洪秀全、洪仁玕的法律思想，过去人们总是喜欢将两者对立起来，但本人却认为尽管两人所处的历史环境、社会经历和思想主张有着比较大的不同，但他们都从不同的角度诠释了中国法律近代化的历史进程和基本走向，洪秀全代表的更多的是农民阶级对平等、平均的一种幻想，而洪仁玕则代表的是农民阶级进步思想家在“开眼看世界”后对解决中国富强与民生问题的一种务实的渴望，他们共同构成了太平天国法律思想的进步意义和历史特色，揭示了中国法律思想与法制观念的近代转型。而对毛泽东早期的法律思想的阐述则从它所经历的从改良到革命、民主主义法律思想的激荡、向马克思主义法律观的转变三个不同的发展阶段，揭示了毛泽东的法律思想始终坚持与时俱进、不断创新，在某种意义上代表了中国近代政治法律思想演进的历史进程和必然归宿。该文后又被人大复印资料《毛泽东思想》（2003 年第 3 期）全文转载。总体看，通过本课题研究，使我对中国近代法律思想和法制演变的规律有了更清楚的认识，对中国法制建设的历史有了更细致的了解，同时也取得了一定的学术价值和社会影响。

现在呈现给读者的这本书就是本课题研究的主要成果。由于课题在研究中主要是采取系列论文的研究方式,因此,本书在体例上并不是非常严密。细心的读者可以看出,本书的特点仍然是以专题研究的方式,对近代的法律思想与法制革新,分别进行了一些初步的探讨。之所以采取这种形式,一是可以使研究更为深入,对某些问题可以作更详细的分析;二是因为某些方面的问题已有学者进行了比较深入的论述,本书如果面面俱到,难免重复他人的论述,徒增篇幅而无学术价值。当然,对于中国近代的法律思想与法制革新这样一个大的课题,本书的研究是远远不够的,如关于民国时期的法律思想与法制改革问题,研究还很不充分,这只有留待以后再努力了。

回顾近代中国法制走过的历程，使我们体验到历史有时确实惊人地相似，尽管并非简单地重复。我们深切地感到国人的法律意识还不甚高，法制还不很健全，法制现代化的问题还远没有解决，这些都需要我们当代的法律学者、法律工作者拿出前人所没有的勇气去推进法律观念的更新及普法工作，同时更需要我们的政府部门和司法机关实实在在地贯彻中央提出的“依法治国”、“建设社会主义法治国家”的战略方针，使中国迈向真正的“法治”之路。回顾中国近代法制现代化的历史，我们更感到法制的现代化是几代人为之奋斗的结果。只有全体人民的权利意识和法律观念提高了，中国的法制现代化运动才会有更加深厚的群众基础。历史经验表明，过去中华法系曾经以其先进性影响过东方世界，近代以来，尽管传统的中华法系衰落了，但中国人走向法治的努力从来没有中断过。今天，“法治兴则国兴，法治乱则国乱”已成为全体国人的共识，依法治国不仅是中国法制百年历史经验的总结，更是中国社会进步与文明发展的重要标志，是中华民族走向伟大复兴的希望之所在。

第一编

中国近代的法律思想及其演进

第一章 洪秀全、洪仁玕与中国法思想的近代转型

太平天国农民起义发生于1851年，是继鸦片战争之后中国社会矛盾进一步激化和发展的结果，它是中国历史上爆发的规模最大的农民革命运动之一，历时长达十四年之久，足迹遍及大半个中国，把中国旧式农民起义发展到了最高峰。它还揭开了中国人民反帝反封建的旧民主主义革命的序幕。

太平天国的主要代表人物有洪秀全、杨秀清、冯云山、萧朝贵、石达开、陈玉成、洪仁玕、李秀成等，但在法律思想上最有建树且比较完整的当属洪秀全和洪仁玕。洪秀全和洪仁玕在领导太平天国法制建设的实践中所提出的法律思想，其内容相当丰富，且颇具特色，在一定程度上反映了中国法文化向近代转型的进程。

一、农民的"天法"——洪秀全的法思想

洪秀全（1814～1864年），广东花县人，出身于中下层农民家庭。他是太平天国农民起义的领袖，也是中国近代史上向西方寻求救国救民真理的先进人物之一。他七岁入私塾读书，童年时已能背诵四书、五经，十六岁因家计穷困辍学务农。他对农民所受的痛苦有亲身的感受，对他们要求摆脱贫困的愿望抱以深切的同情。从十六岁开始多次参加科举考试，但屡试不第。1843年他最后一次去广州应试落第后，决心抛弃对科举仕途的幻想，重新寻求救国救民的真理。他偶然从街头得到了一本宣传基督教的布道书《劝世良

言》，其中所说的只有上帝是真神，一切人皆是上帝的子女，彼此应是平等的，应该拜上帝、敬其神，反对拜偶像、信邪神，等等，使洪秀全得到很大启发。于是，他与冯云山等改造了西方基督教的教义，创立了“拜上帝会”，开始从事拜上帝的宗教活动，走上了起义反清的道路。他把中国历史上由来已久的反映劳动人民反剥削、反压迫的“等贵贱、均贫富”的思想与建立“天国”的理想结合起来，构成了一套农民革命的理论体系。

洪秀全的法律思想集中反映在他所写的《原道救世歌》、《原道醒世训》、《原道觉世训》等著作中，也反映在以他的名义发布的太平天国的诏书、诏谕、法令、条例和制度里。主要归纳为以下几个方面：

（一）除“妖法”，立“天法”、行“天法”的主张

以洪秀全为主要领导人的太平天国革命是一场伟大的反封建的农民革命运动，他们把打击的锋芒直接对准地主阶级、封建势力及他们的总代表清朝政府。

在洪秀全早年所著的《原道觉世训》中，把当时的社会划分为两个对立的营垒，一个是“正”和“良”，即“皇上帝”和皇上帝的子女人民大众；另一个是“邪”和“妖”，集中以“阎罗妖”——清朝统治者为代表，这“正”与“邪”两者之间的对立和斗争，是现实世界中劳苦农民与地主阶级、清朝统治集团之间对立斗争的反映。

如同以“天国”的国家方案取代清朝专制政权一样，在法制上洪秀全也提出要除“妖法”、立“天法”、行“天法”的主张。所谓“妖法”，即指清朝统治者的反动法律；所谓“天法”，则是指代表农民阶级意志的太平天国正义之法。洪秀全说：“除妖安

良，政教皆本天法。”“斩邪留正奉天命，赏罚分明天理彰。”① 显示了要以太平天国的立法取代清朝法律的决心。在《奉天讨胡檄》中，洪秀全对清朝“妖法”桎梏人民手足、钳制人民思想、镇压人民反抗的罪恶，进行了深刻的揭露和批判。他指出：清朝统治者“造为妖魔条律，使我中国之人无能脱其网罗，无所措其手足”，“凡有起义兴中国者，动污以谋反大逆，夷其九族，是欲绝我中国英雄之谋也”。② 因此，要求制定出代表农民阶级意志的“天法”，取代“妖法”，也就是以太平天国的革命立法，取代清朝地主阶级的封建法律。

洪秀全废“妖法”、立“天法”、行“天法”的法律思想，指导了太平天国初期的立法活动。在革命进程中，洪秀全和其他领导人制定了一系列条例、规则，发布了许多诏旨、诰谕。如永安建制时，颁布了《十款天条》和《太平条规》，它们是具有法律效力的既治军又治民的革命纪律和军事纪律。太平天国定都天京以后，加强了革命的立法活动，其中最主要的是制定了废除封建土地所有制的《天朝田亩制度》。此外还颁布有太平天国的刑事法律——《太平刑律》等。这些法律一方面严厉打击清明统治者，坚决镇压作恶多端的官吏和豪绅，号召太平天国的兄弟姐妹，“男将女将同持刀”，“同心放胆同杀妖”，③ 使敌人闻风丧胆；另一方面又三令五申“绝不杀老百姓”，而且军纪严明，要求对老百姓“秋毫无犯”。因此，在起义的前几年中，革命队伍深得人心，起义的声势越来越大，遍及全国十七个省。这些法律、条例、诏令、诰谕比较全面地

---

① 《太平救世歌》，《太平天国》第 1 册，上海人民出版社 1957 年版，第 244 页。

② 《奉天讨胡檄布四方谕》，《太平天国》第 3 册，上海人民出版社 1957 年版，第 97 页。

③ 《天命诏旨书》，《太平天国》第 1 册，上海人民出版社 1957 年版，第 68 页。

改革了封建的法律制度，打碎了清朝反动法律的枷锁，贯彻了“斩邪留正”、“除妖安良”的精神。

（二）主张实行绝对平均主义的经济立法思想

平均、平等的追求是中国古代历次农民革命运动的首要目标。不过，那时只是把农民的政治法律要求集中为“均贫富”、“等贵贱”一类的简单口号。在封建制度开始瓦解并走向崩溃时爆发的太平天国农民革命，这种平均、平等的政治法律思想观念不仅更加强烈，而且更加系统和带有向西方学习的特点，并表现出朦胧的、近代资产阶级的、反对封建专制主义的平等观。在表达形式上，不仅有民族的文化色彩，而且打上了基督教浓烈的宗教意识的印记。

洪秀全在发动农民起义时，就是利用拜上帝会这种宗教组织形式组织起义队伍的。他把“四海之内人人皆兄弟”的基督教博爱平等观念注入农民的平均主义和平等观念意识之中，使适应革命斗争需要和适应农民心理耦合起来。金田起义前，洪秀全在所著的《原道醒世训》、《原道救世歌》中提出了“天生天养和为贵”，“上帝当拜，人人所同”的宣言式口号；定都天京后制定、颁行的《天朝田亩制度》，更宣布了绝对平均主义的经济纲领。

《天朝田亩制度》所描述的是一种小生产者、小私有者幼稚、朴素、带有浓厚空想色彩的经济法律制度：“凡天下田，天下人同耕，此处不足则迁彼处，彼处不足则迁此处。凡天下田，丰荒相通，此处荒则移彼丰处以赈此荒处，彼处荒则依此丰处以赈彼荒处。务使天下共享天父上主皇上帝之福，有田同耕，有饭同食，有衣同穿，有钱同使，无处不均匀，无人不饱暖也。”“凡天下树墙下以桑，凡妇蚕绩缝衣裳。凡天下每家五母鸡，二母彘，无失其时。凡当收成时，两司马督伍长，除足二十五家每人所食可接新谷外，余则归国库。凡麦、豆、苎麻、布帛、鸡、犬各物及银钱亦然。……凡二十五家中所有婚娶弥月喜事，俱用国库。”①

洪秀全的上述绝对平均主义的经济法律措施，源自他对“世道乖离，人心浇薄，所爱所憎，一出于私”而造成的“相陵相夺相斗相杀”社会的痛恨。② 他渴望将“乖离浇薄之世”改变成为“公平正直之世”，消灭“尔吞我并之念”。他的理想是建立一个“天下为公”的“大同”世界，一个地上的“太平天国”。正是在这种理想的基础上发展和建立了他的法律思想，并在此思想指导下建立了一整套的包括生产资料、消费资料的分配制度和其他经济法律制度。《天朝田亩制度》是单纯农民战争所能提出的一个完整的土地纲领。从它否定地主阶级的土地所有权，肯定农民的土地所有权的基本点来看，它是对历代农民起义反对封建土地占有制的绝对平均主义思想的继承与发展，是动员和发动广大农民从事反封建斗争的政治基础，它不仅极大地鼓舞了农民参加战争的积极性，也对太平天国辖区土地关系的实际调整起到了一定的积极作用。

但是，农民阶级毕竟不是一个先进的阶级，农民是小生产者，《天朝田亩制度》虽有合理的革命内核，却被蒙上了一层空想的幻纱；它虽有绚丽动人的色彩，却无法掩盖其存在的严重缺陷。首先，它既没有也不可能明确把封建土地制度当成一种经济制度来反对，更没有弄清阶级关系和农民阶层的划分，在“天父”的名义下，对所有土地没收进行平分，这不仅会遭到地主阶级必然的、本能的反抗，还会因侵害了中农和个别有土地贫农的利益而引起他们的反感，而没有贫农和中农的全力支持，只靠“天父”的权威是无法进行土地革命的。其次，主张在平分土地的基础上，消灭一切差别，巩固“通天下一式”的小农经济，这明显超越了反封建的

① 《天朝田亩制度》，《太平天国》第1册，上海人民出版社1957年版，第321～322页。

② 《原道醒世训》，《太平天国诗文选》，中华书局1960年版。

历史时代界限，违反了社会发展的客观规律，并使绝对平均主义指导下的小农经济生活方式固定化、永久化，这必然挫伤广大群众的生产积极性，阻碍社会生产力的发展。正是由于《天朝田亩制度》本身存在严重的历史局限，再加上当时战时环境的不容许，所以，事实上它并没有真正实行。太平天国最后不得不返回到“照旧交粮纳税”的封建轨道上去。但《天朝田亩制度》的经济立法思想对资产阶级革命派的土地政策产生了积极的影响。另外，它与近代平等、公平、正义的法律观也有相当的契合，反映了近代背景下中国法文化的转型。

（三）以男女平等为核心的民事法律思想

妇女解放、男女平等、婚姻自由，是社会解放与进步的重要标志。在这方面，太平天国开创了中国历史上的新记录，体现了现代法制、法文化的基本精神。洪秀全在早期所著的《原道醒世训》中，就对男女平等问题作了阐述：“天下多男子，尽是兄弟之辈；天下多女子，尽是姊妹之群，何得存此疆彼界之私，何可起尔吞我并之念?”① 这是历史上第一次从理论上提出男女平等的问题，抨击了中国几千年来男尊女卑的封建纲常名教。

根据这一思想，太平天国制定了许多关于男女平等、妇女解放的法律、法令及条例，并在革命实践中得到了成功的运用，这是在中国历史上、在男女平等问题上所作出的史无前列的贡献。在政治上，给予了妇女与男子平等的地位和权利，妇女有参军、参政之权。洪秀全曾号召“男将女将尽持刀，同心放胆同杀妖”，当时确实激发了广大妇女的热情，太平军中女兵约有四十万，还有一批身经百战的女将。她们挥戈上阵，英勇杀敌，涌现出了许多巾帼英雄。在科举制度上，规定妇女可以同男子一样参加考试，革命政权

---

① 《原道醒世训》，《太平天国诗文选》，中华书局1960年版。

中有女状元和许多女官吏。在经济上，按《天朝田亩制度》的规定，“凡分田照人口，不论男妇”，“凡男妇每一人自十六岁以上受田”。① 在保护妇女权益上，太平天国规定废除娼妓、纳妾、买卖奴婢、缠足、溺婴等陈规陋习，实行至少在下级官吏和人民中的一夫一妻制度。还规定对侵犯妇女人身权益的行为严加惩罚，直至处以极刑。在婚姻制度上，《天朝田亩制度》明确规定：“凡天下婚姻不论财”，“凡两司马，办其二十五家婚娶吉喜等事，总是祭告天父上主皇上帝，一切旧时歪例尽除”②，等等。并且提倡婚姻自主，男女双方自由择配，由乡官颁发当时的结婚证书——“龙凤合挥”，证书上面只写结婚人的姓名、年龄、籍贯等，并没有什么门当户对之类的规定。

太平天国在中国婚姻制度史上第一次废除了封建婚姻制度，把广大妇女从吃人的封建礼教中解放出来，这不仅是封建统治下绝无仅有的，也是其他任何旧式农民起义建立的农民政权中前所未有的。这一点就连一些目睹过太平天国的外国人也感到惊讶，甚至称其为革命性的伟大奇观：“太平天国革除了两千年来妇女所受到的被愚昧和被玩弄的待遇，充分证明了他们的道德品质的进步性。”③“太平天国所给予妇女之新地位，在其时代人民的眼中，也同样是具有革命性的。”④

当然，由于社会历史条件的限制，农民意识的局限性和民主意识的朴素性，以及传统文化的影响，太平天国在妇女解放问题上仍

① 《天朝田亩制度》，《太平天国》第1册，上海人民出版社1957年版，第322页。

② 《天朝田亩制度》，《太平天国》第1册，上海人民出版社1957年版，第322页。

③ 泰勒：《太平天国革命的经济背景与社会学说》，转引自《典制通考》（中），第1196页。

④ 呤唎：《太平天国革命亲历记》上册，上海古籍出版社1997年版，第231～232页。

然可见封建陈迹的保留和空想的成分。如洪秀全写作的《幼学诗》、《天父书》中还有“妻道在三从，无违尔夫主，牝鸡若司晨，自求家道苦”，“只有媳错无父错”一类内容，还规定了妇女举止应该贤淑端正、殷勤侍候公婆和丈夫之类的礼教。此外，在天国辖区内，仍然不可避免地存在“听父母命”、“听师择配”、“媒官指配”等不自由的婚姻。更有甚者，太平天国的领导人假借上帝之名，实行多妻制，天王洪秀全还在天王府建立一套严苛的宫廷秩序。这些都背离了反封建的道德立场和标准。

（四）保举升贬和诉讼制度中的民主思想

太平天国官员的选用和任免，是采取保举与升贬相结合的办法。保举是按规定遴选补充各级官员，升贬制度是对官员升降惩免。《天朝田亩制度》规定：“凡天下每岁一举，以补诸官之缺。”① “民能遵守条命及力农者”，都有被保举的资格，没有年龄、性别、文化、职业、财产、出身等条件的限制。保举的办法是记名投票、层层核实，直到天王核准。还规定“举得其人，保举者受赏；举非其人，保举者受罚”②，甚至“滥保举人者黜为农”③。对保举者实行“赏”与“罚”，这就是责成保举人持认真负责的态度，从而保证太平天国各级领导人员的质量。太平天国的这些规定，冲破了中国历代封建王朝沿袭的官僚制度，反映了一定程度上的民主思想。

太平天国领导人朴素的平等思想，在诉讼制度中也有明显的反

① 《天朝田亩制度》，《太平天国》第1册，上海人民出版社1957年版，第323页。

② 《天朝田亩制度》，《太平天国》第1册，上海人民出版社1957年版，第323页。

③ 《天朝田亩制度》，《太平天国》第1册，上海人民出版社1957年版，第324页。

映。《天朝田亩制度》规定，“各家有争讼，两造赴两司马，两司马听其曲直”，不服者可以上诉，由上级乡官逐级审理。对“既成狱辞”不服者，则可层层申诉复核直至天王。天王降旨命令各层“详核其事”，“如无出入”，最后报天王主断生死予夺，军师遵旨处决。① 由于当时处于激烈的战争时期，案件的审理事实上没有完全依照这个程序进行，特别是天京内讧之后，即日益遭到破坏，法制废弛，审判程序形同虚设，滥刑酷罚甚为严重，但太平天国诉讼制度中的民主精神，如当事人有一定的上诉权利，强调审讯时要“详核其事”，重视调查证据等，是应该得到肯定的。

(五) 洪秀全法思想的历史局限

洪秀全的法思想既是太平天国革命的产物，又是西方宗教和中国古已有之的天命神权观念及历代农民平等、平均思想结合的产物，因而从革命前期到革命后期始终具有两重性：既有反封建的革命性，又有严重的皇权思想与等级观念的封建性。在革命前期，其革命性强于封建性，敢于撤掉孔子牌位，掀起翻天覆地的金田起义；敢于“追究孔丘教人之书多错”，敢于宣布《四书》、《五经》为“妖书”，要“尽行焚除”；敢于颁布《天朝田亩制度》那样的反封建的革命纲领，所以他能成为一个伟大的农民革命领袖。

但是农民阶级小生产者在思想上的落后性、保守性，使得洪秀全的法思想充满着矛盾，存在着严重的封建局限性和不足。主要表现在以下几个方面：

一是皇权思想。他在《龙潜诗》中写道，“等待风云齐聚会，飞腾六合定在天”，这明显地流露出他要当皇帝的意向。他在《天父诗》中写道，“只有人错无天错，只有臣错无主错”，“一句半句

---

① 《天朝田亩制度》，《太平天国》第1册，上海人民出版社1957年版，第322～323页。

都是旨，认真遵旨万万年”，并在最后说，“遵旨便教逆旨刀”，君主专制思想跃然纸上。太平天国后期，他独揽大权，任人唯亲，大搞“家天下”，“立政无章”，最后终于变成了名副其实的专制君王。

二是等级观念。洪秀全虽然早期以平等、平均口号吸引着广大农民群众参加起义，但很快就在家长制、君主制的封建宗法等级观念影响下，逐步将其抛弃。他公开提出，“总要君君、臣臣、父父、子子、夫夫、妇妇”。仿效封建统治阶级的模式，建立起一套“贫贱宜分上下，制度必判尊卑”的封建等级制度。同时还以严刑维护尊卑等级的不可逾越性。他还制定“荫子孙”的特权规定，确认太平天国官员以子孙承袭，世传不替，这跟封建的特权法和等级制如出一辙。

三是重刑惩罚主义的刑法思想。太平天国一直处于激烈的战争时期，阶级斗争非常尖锐、复杂。面对清朝统治者残酷镇压革命农民的现实，洪秀全认识到，仅仅用暴力推翻清朝统治是不够的，还必须用刑法同反动势力作斗争，对违法者严加惩处，因而形成了严刑峻法思想，如实行轻罪重罚，“倘有口角争斗……不问曲直，概斩不留”，甚至连抽烟、喝酒、赌博、斗殴者皆斩不留；实行株连主义，“凡有反草通妖之人经天父指出，通馆通营皆斩”。① 刑罚上具有极端残酷性，太平天国的刑罚主要有枷、杖、死刑三种，死刑有斩首示众、五马分尸、点天灯等，后来又增加了桩沙、剥皮等酷刑。处刑之滥，刑罚方法之残酷，几乎赶上了历史上酷刑的最高峰。

另外，洪秀全的法律思想也渗透了浓厚的宗教色彩，他把太平天国的法律说成是“天法”，违法者是“致干天法”，对罪犯的惩治也是“奉行天法”。特别是他用宗教的教义去附会法律条文，以

---

① 《太平天国》第3册，上海人民出版社1957年版，第231页。

致出现了许多莫名其妙的苛法严刑。例如，“凡典发剃胡刮面，皆是不服妖气，斩首不留”。所有这些封建的因素都严重地影响了太平天国法律功能的正确发挥。

洪秀全法思想中的矛盾，归根结底来自农民阶级的阶级属性。在半殖民地半封建的旧中国，农民阶级不是先进生产方式的代表，洪秀全虽然接受了一些新的思想，但就总的思想体系来说还没有摆脱封建主义的束缚，因而其朴素的平等观念终究为专制特权思想所淹没，用以取代旧的封建法制的天国法律，最后也不可避免地废弛和发生质变。他所幻想的“天国”在现实的土地上没有也不可能建立，因为这个理想的“天国”不是以新的生产方式作基础，而小生产者的空想是不符合历史发展的基本方向的。农民政权要发展，必须寻找新的出路和途径。在这个关键的历史时刻，洪仁玕的法思想开始出现在农民革命的历史舞台上，它不仅带给了日趋垂暮的天国政权以新的曙光，而且在一定意义上昭示了中国法文明发展的基本路向。

二、中国法思想的近代转型——洪仁玕的法思想

洪仁玕（1832～1864年），号益谦，别字吉甫，广东花县人，是洪秀全的族弟。他“生长儒门”，自幼学习经史，但屡试不第，后在家乡担任多年塾师。他是洪秀全创办“拜上帝会”的最早成员之一。在教书的同时，他积极宣传他所信奉的教义，较早地受到洪秀全革命思想的影响。1851～1858年，洪仁玕多次冒险投奔起义军，但都没有成功。在此期间，他寓居香港，以教书为业，获得长期接触西方资本主义的机会，研究了欧美一些自然科学和社会科学著作以及《圣经》等，为以后撰写《资政新篇》积累了资料。1859年，在太平天国“朝中无将，国内无人”的严峻时刻，洪仁玕到达天京，立即被洪秀全封为干王，总理朝政。为了“善辅国政，以新民路”，他撰写了《资政新篇》，经洪秀全批改，作为官

方文书颁行，成为太平天国后期的政治经济纲领，与《天朝田亩制度》前后相映。1864年7月天京陷落，10月他在石城被清军俘获，11月于南昌英勇就义。

洪仁玕的法律思想主要反映在《资政新篇》、《英杰归真》、《立法制喧谕》等著作中，是洪仁玕向西方学习的结晶，其显著特点就是打上了资本主义的烙印，带有民主与科学的因素，体现了历史的新趋势。

（一）强调“国家以法制为先”，立法要学习英、美等资本主义国家

洪仁玕到天京担任总理军国大事的军师重职后，所面临的是政治、军事恶化的严峻形势。

1856年，杨、韦内讧，石达开率军出走，使太平天国元气大伤；政治上“不严法章”，“谗佞张扬”，亲贵嬖臣专擅朝政，朋党之弊日益严重。于是，他决定从法制建设的角度，提出“革故鼎新”、治理国政的主张，希望通过立章改制、健全法制来解决当前的危机。他借鉴中外历史经验，指出“立法制”是治国的首要任务。他在《立法制谊谕》中强调：“国家以法制为先，法制以遵行为要，能遵行而后有法制，有法制而后有国家，此千秋不易之大经，而尤为今兹万不容已之急务也。”①

洪仁玕继承了中国传统的“以法治国”学说，但又有补充和发展，特别是注入了一些时代所赋予的新的因素。他在《资政新篇》中说：“治国必先立政，而为政必有取资。”② 他的“取资”，除了以中国“以法治国”历史为鉴之外，更多的是把目光投向了

① 《立法制谊谕》，《洪仁玕选集》，中华书局1978年版。

② 《资政新篇》，《太平天国》第2册，上海人民出版社1957年版，第523页。

外国资产阶级民主与法制建设的经验。在《资政新篇》中，他用了相当多的篇幅来总结论述国外一些国家兴衰成败的经验，指出国家之有先进或落后之分，其根本原因就在于其“邦法”是否“宏深”、是否“善”。他认为，当时西方资本主义国家走在前列的强国，就在于其“邦法”先进，“国法宏深”，“纲常大典，教养大法”优越。譬如英国“于今称为最强之邦”，乃是“由法善也”。美国“富足以其为最”，也是源于政法制度比较民主。法国“邦势亦强”，也是因为“邦法”先进。而后进的俄国、日本学习西方也日益强盛。相反如土耳其、天竺（今印度）等国，由于“不知变通”，“故其多衰弱不振而名不著焉”。① 由此得出结论：“纲常大典，教养大法”对一个国家的治乱兴衰多么重要。只有做到“因时制宜，度势行法”，才会“永远不替也”。②

从“因时制宜，度势行法”这一“永远不替”的法则与命题出发，洪仁玕呼吁仿效西方“法治”，对中国传统的法律制度来一番“革故鼎新”。“所谓‘以法法之’者，其事大关世道人心，如纲常伦纪，教养大典，则宜立法以为准焉。是下有所趋，庶不陷于僻矣。”③ 至于“立法之人”除了必须具备一般应有的条件外，尤其要放眼世界，“熟谙各国风教”，④ 参酌西方资本主义国家的某些法律制度来制定中国的法律、法令。洪仁玕认为，一旦“立法善而施法广，积时久而执法严，代有贤智以相维持，民自固结而不可

---

① 《资政新篇》，《太平天国》第2册，上海人民出版社1957年版，第532页。

② 《资政新篇》，《太平天国》第2册，上海人民出版社1957年版，第532页。

③ 《资政新篇》，《太平天国》第2册，上海人民出版社1957年版，第527页。

④ 《资政新篇》，《太平天国》第2册，上海人民出版社1957年版，第528页。

解”，如此便“天下永垂而不朽矣”。① 显而易见，在洪仁玕的心目中，决定当时东西方各国兴衰成败的因素，是法治，而不是人治。“有法制而后有国家”，这是洪仁玕法思想的核心。

从这一总命题出发，洪仁玕提出要学习和借鉴西方先进国家实行民主与法制的经验，“革故鼎新”、“度势行法”。在《资政新篇》中，他对西方国家的政治和法制进行了广泛介绍，尤对美国的民主与法制流露出羡慕之情。他说：“花旗邦即米利坚，礼义富足，以其为最。……邦长五年一任，限以俸禄，任满则养尊处优，各省再举。有事各省总目公议，呈明决断，取士、立官、补缺、及议大事则限月日，置一大柜在中廷，令凡官民有仁智者写票公举，置于柜内，以多人举者为贤能也，以多议是者为公也。”② 在这里，洪仁玕是怀着既充满羡慕之情，却又是小心翼翼、十分谨慎地“将所见所闻”的西方民主制度向天王洪秀全陈献，“以广圣闻，以备圣裁，以资国政”。其甚至与以天王洪秀全为核心的太平天国君主制也大相径庭。这在中国历史上还是第一次。

（二）提出了粗浅的资产阶级性质的经济法律观点

当洪仁玕到达天京时，所见所闻告诉他，洪秀全的一套小农空想的绝对平均主义经济措施，已经在实践中遭到了失败，于是他利用在香港、上海学到的一些粗浅的发展资本主义的知识，想借助太平天国的政治力量，来推行与洪秀全在《天朝田亩制度》中规定的一套大相径庭的措施，发展资本主义经济。他所提的措施，大都带有法律性质。因此，洪仁玕可以说是中国最早具有资产阶级经济法观点的思想家之一。他在《资政新篇》中提出了一系列经济法

① 《资政新篇》，《太平天国》第 2 册，上海人民出版社 1957 年版，第 528 页。

② 《资政新篇》，《太平天国》第 2 册，上海人民出版社 1957 年版，第 529 页。

制建设的设想：

第一，主张颁布保护私人投资法。洪仁玕主张发展近代交通、工矿事业，鼓励“富民”投资开发，兴办实业。“凡金、银、铜、铁、锡、煤、盐等货，有民探出者，准其禀报，爵为总领，准其招民探取”。① “兴车马之利”、“兴舟楫之利”，鼓励兴办近代交通运输业。若“有争斗抢夺他人之所先者，准总领及地方官严办”。②

第二，提倡颁行劳资法。洪仁玕主张废除封建的人身依附关系，“禁卖子为奴”，“不得买奴”，不许借口“生女难养，准为女伺”。③ 但同时允许“富者请人雇工”，④ 即承认剥削和允许工矿企业中雇佣制度的存在。为了得到所需的劳动力，他主张通过教育和强制手段，迫使“惰民”接受资本主义的劳动纪律，向产业工人转化。他还设想商业金融资本的剥削率，不超过千分之三，工矿实业税率不超过百分之二十，等等。⑤

第三，鼓励发明创造，保障创造人的专利权。他认为火车、轮船、电火表、千里镜以及其他各种仪表均为“正正堂堂之技……永古可行者也”，应该“任乎智者自创”。“首创致巧者，赏以自专其利”。“有能造精奇利便者，准其自售。他人仿造，罪而罚之”。⑥ 至于享受专利权的时间，根据专利发明的作用，小者五年，

① 《资政新篇》，《太平天国》第2册，上海人民出版社1957年版，第534页。

② 《资政新篇》，《太平天国》第2册，上海人民出版社1957年版，第532～533页。

③ 《资政新篇》，《太平天国》第2册，上海人民出版社1957年版，第536页。

④ 《资政新篇》，《太平天国》第2册，上海人民出版社1957年版，第536页。

⑤ 《资政新篇》，《太平天国》第2册，上海人民出版社1957年版，第533～534页。

⑥ 《资政新篇》，《太平天国》第2册，上海人民出版社1957年版，第533页。

大者十年，“限满准他人仿做”。①

第四，推行保险法。洪仁玕建议，凡房屋、人命、货物、近代交通工具，皆应效法外国，以保其值，“不致尽亏”于水火等意外损失。②

第五，颁行保护正当对外贸易立法。洪仁玕感叹“中国从前不能为东洋之冠冕暂为失色”，③ 原因之一就在于闭关锁国，“以致全体闭塞，血脉不通，病其深矣”。现在应该制定“柔远之法”，“与番人并雄之法”。④ 除了放下中国是“天朝之国”的虚骄架子，“万方来朝、四夷宾服，及夷狄、戎蛮、鬼子一切轻污之字，皆不必说也”之外，在坚持独立自主和“不得毁谤（太平天国）国法”的前提下，表示愿意同各国进行正常的通商贸易，严禁“一切生熟黄烟鸦片”走私进口。而且提出了严禁鸦片的措施：“先要禁为官者，渐次严禁在下，绝其栽植之源，遏其航来之路，或于外洋入口之烟，不准过关，走私者杀无赦。”⑤

以上种种表明，洪仁玕希望运用经济法制来建立和发展中国的资本主义，使中国“兵强国富”起来，进而成为“东方之冠冕”，与西方先进国家“争雄于世界”。这既否定了保护封建自然经济的古代法律传统，又扬弃了太平天国前期纲领《天朝田亩制度》中乌托邦式的农业社会主义的空想。上述洪仁玕的这些法律思想，是

① 《资政新篇》，《太平天国》第2册，上海人民出版社1957年版，第534页。

② 《资政新篇》，《太平天国》第2册，上海人民出版社1957年版，第536页。

③ 《资政新篇》，《太平天国》第2册，上海人民出版社1957年版，第532页。

④ 《资政新篇》，《太平天国》第2册，上海人民出版社1957年版，第538页。

⑤ 《资政新篇》，《太平天国》第2册，上海人民出版社1957年版，第536页。

太平天国其他领导人包括洪秀全在内所不曾有的。这固然与洪仁玕“对于夷情最谙谏（练）”，对于西方之“长处颇能变通用之”有关，但也是19世纪中叶近代中国社会商品经济和资本主义萌芽发展在上层建筑领域中的反映，特别是与天国统治区内，在解除了种种封建束缚后，城乡资本主义因素有所发展，“百货川流，万商云集”的实际状况分不开的。《资政新篇》提出的发展资本主义的纲领，是符合当时社会发展的客观要求的。上述关于经济法制方面的设想，如果得以认真实施，对中国近代资本主义经济的发展，必能起重大的推动作用。

（三）“刑”“法”分设、“恩威并济”、“教法兼行”的法制改革主张

在《资政新篇》中，法制改革也是贯彻始终的一个重要内容。洪仁玕指出，制定法律难度极大，“盖律法者，无定而有定，有定而无定，如水之软，如铁之硬，实如人心之有定而无定，世事之无定而有定，此立法所以难也，此生弊所以易也”。① 因此，立法应当审时度势，“于古所无者兴之，恶者禁之，是者损益之”。② 这是洪仁玕以西方法律为参照系对中国传统法律所作的一种反省。中国法律自隋、唐时期完成了儒家化的过程后，便完全为儒家的伦理思想和礼教所支配，家族和阶级成为法律的基本精神和主要特征。与此相表里，中国古代的成文法完全以刑法为重点，旨在维护根据礼教而确立的社会制度和价值观念，即所谓的“纲常名教”。在传统中国人的法律意识中，法就是刑，由此形成了相沿几千年的“以刑为主，诸法合体”的中华法系。但自近代以后，它已越来越不

① 《资政新篇》，《太平天国》第2册，上海人民出版社1957年版，第528页。

② 《资政新篇》，《太平天国》第2册，上海人民出版社1957年版，第538页。

适应中外交往的新形势。

受西方近代法制思想的影响，洪仁玕已将“刑”与“法”分离开来。在《资政新篇》中，“法法类”与“刑刑类”是两个彼此独立的部分。洪仁玕认为，法律必须根据时势的变化作相应的调整和变革，包括兴“古所无者”之法。洪仁玕强调，为了避免所立之法因年代久远而不合时宜，“更当留一律以便随时损益小纪，彰明大纲也”。① 此处的“大纲”隐指宪法性法律，即规定国家政体的根本大法；“小纪”则指具体的法例。他随后的一段话讲得更为明了：“盖法之质，在乎大纲，一定不易；法之文，在乎小纪，每多变迁。”② 因此，法律因时而变是经常的，而要使法律合乎时宜，立法之人必须借鉴外国在立法方面的经验，“洞悉天人性情，熟谙各国风教，大小上下，源委重轻，无不了然胸中者，然后推而出之，乃能稳惬人情也”。③

毋庸讳言，西方一些主要的资本主义国家之所以经济发展迅速，其重要因素之一就在于有一套详细周密的资本主义法律体系，诸如财产继承法、公司法、破产法、土地拍卖法、专利法、商标法、银行组织法等，它们对资本主义经济的发展起着积极的促进和保护作用。洪仁玕隐约地意识到了这一点，在《资政新篇》中，他反复强调英吉利“于今称为最强之邦，由法善也”，中国也应仿效。在该书的“法法类”部分，他总共草拟了29条法例，内容包括经济、行政、社会改造等，打破了中国传统法律以刑法为主的框架。它们实际上是洪仁玕着手进行法制改革的思想雏形，虽远谈不

① 《资政新篇》，《太平天国》第2册，上海人民出版社1957年版，第528页。

② 《资政新篇》，《太平天国》第2册，上海人民出版社1957年版，第528页。

③ 《资政新篇》，《太平天国》第2册，上海人民出版社1957年版，第528页。

上详细周密，但却极富时代色彩，体现了洪仁玕“度势行法”的革新思想。

当然，刑法的改革在整个法制改革的进程中无疑是最重要的，也是备受外国人非议的部分。中国古代长期实行封建五刑制：笞、杖、徙、流、死（绞、斩），还有许多法外酷刑，如凌迟、族诛之类。太平天国的刑罚也带有封建落后的重刑惩罚主义的色彩，这些与近代文明法制格格不入。洪仁玕在香港期间，了解到西方国家讲究人道主义、尊重人权的近代刑法思想和主张，因此在《资政新篇》和《立法制喧谕》中，有意改革中国古代与当时太平天国的刑罚制度，建立近代刑罚制度。洪仁玕构想的刑罚制度较为宽简，仅有两个刑种：(1) 有期徒刑。如果是“轻犯”，则“宜给以饮食号衣，使修街渠道路，练其一足，使二三相连，以差人执鞭刃掌管。轻者移别县，重者移郡移省，期满释回，一以重其廉耻，二以免生他患，庶回时改过自新，此恩威并济之法也”。① 目的是要教育感化犯人，使之知耻改过自新，重做良民。(2) 死刑。“大罪”处以死刑，但处死刑的方式只是“置一大架圈其颈，立其足，升至桅杆顶，则去其足下之板，以吊死焉”。② 即以西方各国通行的绞刑来取代中国古代那种伤残罪人身体的肉刑、以惨无人道的酷暴手段处死刑的传统。同时，他还主张“罪人不孥”，“罪止一身”，反对无罪株连，提出要废除相沿几千年的株连法传统，其进步意义是不言而喻的。

伦理道德教育和法制教育是减少社会矛盾、减少犯罪的重要措施。在此基础上厉行法治，可以收到较好的治理效果。洪仁玕继承了中国古代“德法兼治”的传统，提出“教、法兼行”，“恩威并

① 《资政新篇》，《太平天国》第2册，上海人民出版社1957年版，第537页。

② 《资政新篇》，《太平天国》第2册，上海人民出版社1957年版，第538页。

济”，进行综合治理。一方面主张严格行法，“持法严”，有功必赏，有罪必罚，做到赏罚严明，只有这样才能“别善恶，励廉耻，表忠孝”，树立法律权威，发挥法律的作用；另一方面，在强调法“威”的同时，他还主张法外施“恩”，即“刑外化之以德”，“德化于前，刑罚于后”，反对不教而诛，要求“教、法兼行”。洪仁玕的“教法兼行”思想正是中国法律基本精神的一种延续。为了施行德化，他强调要向广大群众进行道德教育和法制教育，使人们不但懂得“纲常伦理”，而且知法守法。“先教以天条，而后齐以国法”，“十款天条治人心恶之未形者，制于萌念之始。诸凡国法，治人身恶之既形者，制其滋蔓之多”。① 他还设想了各种各样的教育方法，如设立新闻馆发行报纸，以新闻媒介宣传教育，采用公开审判的形式，扩大法律的声威，震慑犯罪，教育群众，引导、鼓励人们去办医院、礼拜堂、学馆等慈善事业，“拯民出于述昧之途，入于光明之国”。② 这样就可以做到“教行则法著，法著则知恩”，③ 使人们在教化下“才德日生，风俗日厚”、“不刑而自化”、“不禁而自弭”。④

综上所述，洪仁玕作为太平天国的后起之秀，不仅继承了太平天国固有的革命传统和平等进步的法律思想，同时作为一个有近代眼光的先进思想家和革命家，他主张学习、借鉴西方法律制度的先进经验，强调“法为立国之本”、“富强之经”，主张“因时制宜，度势行法”，并在中国法制改革方面开风气之先，形成了独具特色

① 《资政新篇》，《太平天国》第2册，上海人民出版社1957年版，第538页。

② 《资政新篇》，《太平天国》第2册，上海人民出版社1957年版，第536页。

③ 《资政新篇》，《太平天国》第2册，上海人民出版社1957年版，第527～528页。

④ 《资政新篇》，《太平天国》第2册，上海人民出版社1957年版，第525页。

的中西合璧的法制思想，表现出先进的中国人一种积极探索的精神。

三、太平天国法思想的近代意义

从洪秀全到洪仁玕，虽然历史环境、个人经历和思想主张有着比较大的不同，但他们都从不同的角度诠释了中国法律近代化的历史进程和基本走向，洪秀全代表的更多的是农民阶级对平等、平均的一种幻想，而洪仁玕则代表的是农民阶级进步思想家在开眼看世界后对解决中国富强与民生问题的一种务实的渴望，他们共同构成了太平天国法思想的进步意义和历史特色，揭示了中国法思想与法观念的近代转型：

第一，由固守成法到师夷变法。鸦片战争失败后，先进的中国人开始探索民族自救的道路。表现在法观念上则由固守祖宗成法转向“师夷变法”。从林则徐的“开眼看世界”到魏源的“师夷之长技以制夷”，都反映了变革潮流不可阻挡。作为“海禁大开”之后爆发的一场声势浩大的农民革命运动，太平天国革命也是中国近代变革求新运动的一次尝试。在这方面洪秀全主要起了“破”的作用，他对代表清朝封建统治者的“妖法”进行了猛烈抨击，无情地揭露清朝封建统治者以“妖法”愚弄和残酷迫害人民的罪恶；而洪仁玕则起了“立”的作用，他强调适应形势及时“革故鼎新”，取法西方国家为未来楷模，以实现变法图强的目标。因此，太平天国的法思想揭开了中国近代法律变革的序幕。

第二，由以人治国到以法治国。在漫长的古代社会，中国历代统治者都把人治作为国家治理的关键，所谓“为政在人”，“有治人，无治法”，崇尚人治，轻视法治。但随着国门的打开，西方法治思想也开始输入中国。在这方面，洪秀全把法视为治之具，与封建统治者并无二致，而洪仁玕的法律思想则有明显的法治主义倾向，他强调“国家以法制为先”，对“人治论”进行了一定程度的批判，认为“人治”与“法治”二者“并行不悖”，“夫国家机要，惟在铨选”，并主张“立法善”。法治观念由此在中国大地上开始萌发。

第三，由专制神圣到推崇西方民主。中国古代长期实行君主专制集权制度，“君权神授”、“法自君出”的观念一直被视为天经地义。随着西方政治法律文化的袭来，先进的中国人已开始意识到中国近代的落后与皇权专制制度有着极为密切的关系，于是他们一方面开始抨击封建专制政权，另一方面主张学习西方的民主政治。在这方面，洪秀全猛烈抨击封建统治者，把他们视为“妖”；而洪仁玕则提出要学习西方的民主政治，他尤其推崇美国的民主选举、众议立政的制度，显示走向民主将是中国社会发展的主流。

第四，由义务本位到权利追求。在中国古代从来就缺乏权利保护的观念，庶民对国家永远都是无尽的义务。随着西方法文化的输入，中国人逐渐萌发了权利意识，要求法律上的平等与自由。洪秀全提倡男女平等，并且制定了一系列妇女解放的法律、法令，这是对中国男尊女卑社会的第一次冲击和改造。而洪仁玕则在此基础上进一步提出禁止买卖人口为奴，反对奴隶劳动和废除人身依附等，并主张用资产阶级人道主义思想去改革传统的严酷残忍的刑法制度，这些都闪现出中国最早的人权思想火花。

第五，从重农抑商到农商皆本。中国自古以来以农业立国，在几千年的传统法律中，统治者一直推行的是重农抑商的政策与法律。随着鸦片战争后“商战固本”时代的到来，农商皆本的思想逐渐深入人心。《天朝田亩制度》代表了农民阶级解决中国农业发展问题的努力，尽管它带有浓厚的乌托邦空想成分；《资政新篇》则是农民阶级追求“工商富国”的务实心声。二者互为表里，交相辉映，反映了中国近代立法中永远无法回避的两大难题——农与工。

第六，由以刑为主到诸法并重。中国古代法、刑同义，由此形成了以刑为主，民、刑不分，诸法合体的法律体系。鸦片战争以后，随着西方法文明的输入，原有重刑轻民的情况发生了根本改变。洪仁玕打破了过去刑、法不分的传统，《资政新篇》中“法法类”与“刑刑类”的分立，代表了中国近代新法律体系的创建构想，而他对经济立法的重视更开中国近代经济立法之先河。

因此，从洪秀全到洪仁玕，尽管法思想还显得比较粗糙、零碎，缺乏系统性，有些方面甚至大相径庭，出入很大，但都反映了近代中国在西方法文化的冲击下，传统法律逐步向近代转型的过程。这里面尽管存在着许多的局限和不足，但其中所包含的进步思想和主张，无疑代表了中国先进法律文化的前进方向，值得一书。

第二章 早期改良派的法律思想

19 世纪 70 年代至 90 年代初期，伴随着中国民族资本主义的产生及初步发展，出现了一种反映新兴民族资产阶级利益的新思想，产生了一批要求对社会进行微弱改革的早期维新思想家，其代表人物主要有王韬、马建忠、薛福成、郑观应、陈炽、陈虬、汤震、何启，胡礼垣等。他们是中国第一代具有初步资产阶级意识的知识分子，是早期民族资产阶级的思想代表和政治代言人。在政治法律思想方面，他们力主向西方学习，进行经济、政治、法律等方面的全面改革，由此揭开了中国近代法律思想转型的序幕，其在中国法律史上的地位是不可低估的。

一、学习西方，力求全变的变法思想

“向西方学习”，是鸦片战争以后很长一段时间内的一种时尚和潮流。首先打出这一旗号的，毋庸讳言就是地主阶级改革派的龚自珍、林则徐、魏源等人。林则徐被誉为“开眼看世界”的第一人，魏源提出了“师夷长技以制夷”的主张。此后的洋务派和早期改良派也都主张向西方学习，但出发点和目的却完全不同。继承龚、魏改革派优良传统的不是洋务派而是早期改良派。

19 世纪 70 年代，西方列强对中国加紧侵略所造成的严峻形势，使得早期改良派产生了适应形势、学习西方的变法思想。薛福成在《筹洋刍议》中指出：中国正处于“古今未有之变局”中，已由“华夷隔绝之天下，变为中外联属之天下”。因此，“治世法”

也应随着“世”的变化而变化，“世变小，则治世法因之小变；世变大，则治世法因之大变”。其结论是“变者，非好变也，时势为之也”。① 郑观应在《易言》中说：“由今之道，变今之俗，宜览往古，法自然，诹远情，师长技，攻其所短，而夺其所恃。”何启、胡礼垣也说：“当今之世而不变今之法……亦无以决疑征信，大得于民。”② 陈虬则发出了“时变矣，而犹欲袭先业而守旧教，恭己无为，坐致治平，是犹持方枘而周圆凿，其不得适也必矣”的感慨，强调：“法者治之具，王者制法，而不为法所制。欲法先王，亦法其所以为法而已。”③ 王韬直截了当地提出：“孔子而处于今日，亦不得不一变。”④ 总之，早期改良派从中国传统的“穷则变、变则通”的变易观出发，认为“天下事未有久而不变”之理，由此而产生了要求适应形势，学习西方国家政治与法制的变法思想。

早期改良派在变法主张上，有继承林则徐、魏源的一面，但由于时代的不同，他们的变法主张多是从中外比较的角度提出的，而且初步设计了变法的方案。薛福成说：“西洋诸国，恃智力以相竞，我中国与之并峙，商政矿务宜筹也，不变则彼富而我贫；考工利器宜精也，不变则彼巧而我拙；火轮、舟车、电报宜兴也，不变则彼捷我迟；约章之利病、使才之优绌、兵制阵法之变化宜讲也，不变则彼协而我孤，彼坚而我脆。”⑤ 马建忠较之薛福成涉猎的变法领域更为宽广，他指出：“忠（马建忠）此次来欧一载有余，初到之时，以为欧洲各国富强，专在制造之精，兵纪之严。及披其律例，考其文事，而知其讲富者以护商为本，求强者以得民心为要。

① 薛福成：《筹洋刍议·变法》。
② 何启、胡礼垣：《新政真诠》初编，《曾注书后》。
③ 陈虬：《经世博议·序》，《治平通议》。
④ 王韬：《韬园文录外编》卷一《变法》。
⑤ 薛福成：《筹洋刍议·变法》。

护商而赋税可加，则盖藏自足；得民心则忠爱倍切，而敌忾可期。他如学校建而智士日多，议院立而下情上达。其制造、军旅、水师诸大端，皆其末焉者也。"① 陈虬还列举了十分详尽的变法方案："富之策十有四：设官钞、定国债、开新埠、垦荒地、兴地利、广商务、迁流民、招华工、汰僧尼、税妓博、搜伏利、汇公产、开鼓铸、权度尺。强之策十有六：更制服、简礼节、变营制、扼要塞、开铁路、改炮台、广司官、并督抚、弛女足、求材官、限文童、练僧兵、禁烟酒、限姬妾、优老臣、广外藩。富矣，强矣，非人不治，治之法：开议院，广言路、更制举、培人才、广方言、整书院、严举主、疏闲曹、定户口、权盈虚、严嫁娶、定丧葬、汇礼典、正词戏、新耳目、申诰戒。"②

由此可见，早期改良派不仅在广阔的规模上要求向西方学习，而且提出了与龚、魏的更法改制以及洋务派的稍变成法思想不同的变法主张。虽然他们还没有形成对西方资本主义国家的总体认识，他们的变法主张也没有摆脱维护封建基础的窠臼，有时甚至是进一步退两步，如薛福成说："我国家集百王之成法，其行之无弊者，虽万世不变可也！""今诚取西人器数之学，以卫吾尧舜禹汤文武周孔之道，俾西人不敢蔑视中华，是乃所谓用夏变夷者也。"③ 但是应该指出，改良派已经从世界大势的角度来看待中国所发生的变化，来论证中国变法的必要性，这不仅体现了深切的忧国爱国情怀，也反映了他们在政治、法律文化观上的进步。特别是在向西方学习的问题上，早期改良派的方针是全面学习，变通为用。他们的这一方针，可以说已为后来的向西方学习开辟了一条正确的途径，不但对后来的变法维新起了先导作用，也为介绍和引进近代西方先

① 马建忠：《适可斋记言》卷二《上李伯相言出洋工课书》。
② 陈虬：《治平通议》，《变法》。
③ 薛福成：《筹洋刍议·变法》。

进的政治学说和法律思想提供了依据。

二、“重商”、“恤商”的经济立法思想

早期改良派在从事洋务活动中逐步认识到，振兴工商为西方各国富强之道，立国之本。中国要想真正富强起来，也必须走这条道路。为此，他们提出要破除“重农抑商”的传统观念，大力振兴民族工商业，“以商固本”，“重商”、“恤商”、“护商”，并认为这是国家走向富强的一条重要途径。

早在19世纪70年代，王韬就提出“恃商为国本”、“商富即国富”和“借商力以佐国计”的观点。他认为，世界已发展到通商“越乎境外”的时代，在这样的时代，必须抛弃传统的“重本抑末”的思想，而把工商业作为国家之本。他说，西方国家都是“恃商为国本”，中国也必须这样才能“自握利权”。并认为“商富即国富”，“商力富则兵力裕”。① 薛福成提出了“握四民之纲者，商也”和“以工商立国”的思想，并强调新式工业在工商业中的重要地位和作用。他说：“昔商君之论富强者，以耕战为先；而西人之谋富强也，以工商为先，耕战植其基，工商扩其用，然论西人致富之术，非工不足以开商之源，则工又为其基而商为其用。”② 又说：“泰西风俗，以工商立国。大较恃工为体，恃商为用，则工实尚居商之先。士研其理，工致其功，则工又必兼士之用。”③ 因此，他主张仿效西法，用机器殖财养民，建立近代机器工业。郑观应则从抵抗西方经济侵略与掠夺的角度，阐发了发展本国资本主义工商业，以与西方列强进行经济竞争的“商战”思想。他说：“泰西各国以商富国，以兵卫商。不独以兵为战，且以商为战。”④ 郑

① 王韬：《弢园文录外编·英国重商》。
② 薛福成：《庸庵海外文编》。
③ 薛福成：《庸庵海外文编》。
④ 郑观应：《盛世危言·商战下》、《盛世危言·商战上》。

观应把外国资本主义侵略归结为军事侵略和经济侵略两种形式，并认为经济侵略比军事侵略更严重、更危险。因为“兵之并吞，祸人易觉，商之掊克，敝国无形。我之商务一日不兴，则彼之贪谋一日不辍”。加之“彼之谋我，噬膏血匪噬皮毛，攻资财而不攻兵阵，方且以聘盟为阻谋，借和约为兵刃”。因此，郑观应断言：“习兵战不如习商战。”“欲制西人以自强，莫如振兴商务。”“国既富矣，兵奚不强?”国家富强了，西方资本主义列强就“绝不敢轻发难端，此之谓决胜于商战”。① 郑氏的这一认识，揭露了西方列强进行经济侵略的本质，也从另一个侧面指出了“工商兴国”、“工商御侮”的思想。为此，郑观应十分重视发展本国近代工业，并认为首先要兴办机器制造业，“论商务之源，以制造为急，而制造之法，以机器为先”。因此，“宜设专厂制造机器”，并“广设书院以育人材”。② 由此可见，郑观应的“工商兴国”的思想已不是单纯的要求振兴商务，而是要求全面发展工商业和整个国民经济了。

为了“重商”、“恤商”，早期改良派希望清政府能够扶持工商业，并通过制定商律来奖励和保护民族工商业。陈炽强调定商律以护商的极端重要性。他说：“泰西各国皆设商部，另有商律，专主护商。”因为“国用出于关税，关税出于商人。无商是无税也，无税是无国也”。“不立专官，不定商律，则商情终抑，而商务必不能兴”。“商之于国，国之于商”，固已休戚与共，“迥非昔比”。在“中国之官商相去悬绝”的情况下，“不立商部，何以保商，不定商律，何以护商”?③ 他建议清政府，“宜仿泰西各国，增设商部，管以大臣，并立商律、商情、商平、商税四司，分任其事”。④ 郑

① 郑观应：《盛世危言·商战下》、《盛世危言·商战上》。

② 郑观应：《盛世危言·商战下》、《盛世危言·商战上》。

③ 陈炽：《创立商部说》，《续富国策》卷四。

④ 陈炽：《庸书》外篇卷上，《商部》。

观应则认为定商律可以起到“杜奸商以防逃闭，护商本以维市面”和“使奸商无弊可舞，中国之利权不致外移”的作用。① 郑观应还建议，“酌定税则，恤商惠工”，“仿西法颁定各商公司章程，俾臣民有所遵守，务使官不能剥商，而商总商董亦不能假公以济私，奸商墨吏均不敢任性妄为”。只有这样，“商务才可以振兴”。② 从发展民族工商业出发，早期改良派强烈反对清政府对民族工商业加以限制和垄断，坚决主张清政府改变“有困商之虐政，无护商之良法”的局面，迅速制订各项保护民族工商业的政策和法律。对清政府所搞的“官办”和“官督商办”的模式，他们一致认为“官办不如商办”。何启、胡礼垣指出：“盖中国之法，既用官府，则商民无有不畏之者。故不问何事，一闻官督，则商民必不敢办矣。”他们主张一切企业都必须“独任商民，勿加‘官督’二字”。“商之必可以办，官之必不可以督。”③ 郑观应也主张各种企业“一律准民间开设，无所禁止，或集股，或自办，悉听其便，全以商贾之道行之，绝不拘于官场体统”。④ 为了使资本主义工商业的发展获得有利条件，郑观应极力要求由国家政权来实行“保商之法”和革除“困商之政”，包括给予专利权，举办商品竞赛会，鼓励组织公司，裁抑厘卡，减轻其他捐税负担等。尽管早期改良派对制定近代经济法规的认识还是比较模糊的，但希望国家以立法形式维护工商业者的合法权利，要求鼓励和支持民族工商业迅速发展的意图却是十分强烈的。特别是提出要翻译西方资本主义国家的商律，再斟酌中国情况“量为删改”，借以达到护商目的的思想在当时可以说是非常先进的。可惜在当时的历史条件下，他们关于设立商部，颁行商律，体恤商情的主张和建议没有也不可能受到清政府

① 郑观应：《盛世危言·商务五》。
② 郑观应：《盛世危言·商务五》。
③ 何启、胡礼垣：《新政真诠》二编，《新政论议》。
④ 郑观应：《盛世危言·商务五》。

的重视，相反，清政府的专横干预恰恰成了民族工商业发展的绊脚石。

三、革新政治，开设议院的君主立宪思想

西方侵略的深入，日益暴露了清朝统治的腐朽和吏治的败坏。早期改良派从发展民族资本主义经济的实践活动中，体验到“政治关系实业之盛衰，政治不改良，实业万难兴盛”。[①] 正是对清朝腐朽统治的感受不断加深，早期改良派逐渐把目光从工商科技转向政治法律制度，开始对西方的议会、君主立宪表现出极大的兴趣，发出了由衷的赞美之情。他们通过出使、留学、游历，或阅读西方的书籍，对西方国家的政治制度已有了初步的了解。经过实地观察和思考，发现议会政治是西方富国强兵之本。王韬指出：“试观泰西各国，凡其骎骎日盛，则用充足，兵力雄强者，类皆君民一心。无论政治大小，悉经议院妥酌，然后举行。故内则无苛虐残酷之为，外则有捍卫保持之谊，常则尽懋迁经营之力，变则竭虑急公赴义之忧。如心志之役股肱，如手足之捍头目。”[②] 陈虬也说：“泰西富强之道，在有议院以通上下之情，而他皆所末。”[③] 陈炽同样认为，议院是“英美各邦所以强兵富国，纵横四海之根源也”。[④] 郑观应说：“（西方）治乱之源、富强之本，不尽在船坚炮利，而在议院，上下同心，教养得法。”[⑤] 总之，早期改良派认为，议院是确保“长治久安”之“良法”，同时也是根绝专制腐败痼疾之良方。因而，中国要想真正富强和御侮，就应该仿行西法，开设议院，实行政治革新。

---

① 郑观应：《盛世危言后编》，自序。
② 王韬：《韬园文录外编》卷一《重民下》。
③ 陈虬：《治平通议》卷六《上东抚张宫保书》。
④ 陈炽：《庸书》外篇卷下，《议院》。
⑤ 郑观应：《盛世危言》自序。

早期改良派通过对美、英、法、日、俄等国的观察，把政体区分为君主、民主、君民共主三个类型，并从中明确了中国政体改革的取向。郑观应说："盖五大洲，有君主之国，有民主之国，有君民共主之国。君主者权偏于上，民主者权偏于下，君民共主者，权得其平。"① 所谓君民共主，实际上就是君主立宪，一切国家的重大决策，"仍奏其君裁夺"。这种政体在改良派看来最适合中国国情的需要，是最为理想的。陈炽在《庸书》中作了如下的描述：君民共主可以"合众志以成城也"，即使"敌国外患纷至沓来，力竭势孤，莫能支柱，而人心不死，国步难移……能胜而不能败，能败而不能亡"。薛福成进一步具体分析说："西洋各邦，立国规模，以议院为最良，然如美国则民权过重，法国则叫嚣之气过重，其斟酌适中者，惟英、德两国之制，颇称尽善。"② 王韬既不赞成沙俄式的君主专制，认为"君为主，则必尧舜之君在上，而后可久治长安"，也不赞成美法式的民主制，认为"民为主，则法治多纷更，心志难专一，究其极不无流弊"，只是对英国的君民共主制表示赞扬。他说，"惟君民共主，上下相通，民隐得以上达，君惠得以下逮"，为"泰西诸国所闻风向慕"。③

不仅如此，改良派还初步设计了议院的组成、职权及选举办法。陈虬主张"略仿周礼"，在"京都设议员三十六人，每部各六，不拘品级任官，公举练达公正者，国有大事，议定始行"。"县各设议院，大事集议而行"。④ 汤震提出由四品以上官员组成上院，四品以下官员组成下院，省、府、州、县则以巨绅、举贡生监参与地方应议的兴革之事。至于议院的职权，除通上下之情外，"凡荐辟刑杀人，有先状其事实于议院，有不实不尽者，改正之"。

---

① 郑观应：《盛世危言》卷一《议院》。
② 薛福成：《出使日记》卷二。
③ 王韬：《韬园文录外编》卷一《重民下》。
④ 陈虬：《治平通议》，《变法》。

他们还具体阐述了议员的选举办法。何启、胡礼垣提出，县、府、省各设六十议员。“县议员于秀才中选择其人，公举者平民主之”，“府议员于举人中选择其人，公举者秀才主之”，“省议员于进士中选择其人，公举者举人举之”，各“以几年为期”。① 在他们拟议的“公举法”中，议员虽“举自众人”，但也设定了资格限制，如：“年届三十，并有财产身家，善读书负名望者”，② 或“男子年二十以上，除喑、哑、盲、聋以及残疾者外，其人能读书明理者，即予以公举之权”，③ 否则“不得出名保举议员”。并且引证西方各国“凡拥厚资之商贾，辄且为体面人，准充议政局员”为例。④ 由此可见，改良派拟议的议员公举法，为拥有一定社会地位的工商业者，或士大夫参与政权，制造了法律根据。

随着对西方议会政治认识的深化，以及对改革政治以解民族危机的紧迫感，改良派对西方议院的赞美，也逐渐由通上下之情，转向议院集权的民主制度倾斜。郑观应明确表示：“政出议院，公是公非，朝野一心，君民共体，上无暴虐之政，下无篡逆之谋。”⑤ 他特别强调，“宪法乃国家之基础”，⑥“宪法不行专制严”，“宪法不行政难变”，⑦ 因此极应制定宪法。何启、胡礼垣则主张变君权立法为议院立法：“今之法令宜若如何，俱由议员订定，将来法令如有再改，亦由议员酌商。”⑧ 这些论述，说明议院已经不是咨询机关，而是拥有最高立法权的权力机关，表现了改良派的议院观在认识上的进步。

---

① 何启、胡礼垣：《新政真诠》二编，《新政论议》。
② 陈虬：《治平通议》，《变法》。
③ 何启、胡礼垣：《新政真诠》二编，《新政论议》。
④ 郑观应：《盛世危言·商务》。
⑤ 郑观应：《盛世危言·自强论》。
⑥ 郑观应：《盛世危言后编·自序》。
⑦ 郑观应：《盛世危言后编·自序》。
⑧ 何启、胡礼垣：《新政真诠》二编，《新政论议》。

早期改良派关于革新政治、设立议院、实行君民共主的宪政思想，是区别于洋务派的一个重要标志，也是中国近代民主政治思想发展的阶段性成果。尽管他们所提出的议会思想还不够成熟，也没有形成系统的理论，甚至在某些方面还是错误的，然而作为一种宪政思潮，它不仅为戊戌变法时期的维新派提供了必要的思想素材，也是中国近代法制文明史上的一个重要篇章。

四、反对侵略，维护主权，参用中外进行法制改革的思想

早期改良派继承了地主阶级改革派的爱国精神，力主抵御外侮，维护国家主权和民族独立。他们对西方列强的侵略进行了大胆的抨击。马建忠不无愤慨地指出："窃谓今日之中国，其见欺于外人也甚矣！道光季年以来，彼与我所立约款税则，则以向欺东方诸国者转而欺我。于是其公使傲睨于京师，以凌我政府；其领事强梁于口岸，以抗我官长；其大小商贾盘踞于租界，以剥我工商；其诸色教士散布于腹地，以惑我子民。"① 因此，他和其他早期改良派坚决反对外国侵略者强迫签订的不平等条约，要求取消他们在华所享有的各种特权。薛福成认为，片面最惠国待遇和领事裁判权严重侵犯了中国的主权，带来无穷祸害，必须借修约的机会设法取消片面最惠国待遇和收回领事裁判权。陈炽特别反对外国侵略者在中国享有协定关税权，认为清政府把税则订入对外约章中，因而使得"太阿倒持，授人以柄；九州之铁，铸错竟成"。② 他主张应当取消不平等条约中所规定的协定关税，收回关税自主权。郑观应还要求清政府收回英国人赫德把持的海关大权，交由中国人自己管理。这样一来，"权自我操，不致阴袒西人，阻挠税则，不特榷政大有裨益，而于中朝国体所保全者为尤大也"。他还指出，如果清政府继

① 马建忠：《适可斋记言》卷四。

② 陈炽：《庸书》外篇卷上。

续依靠外国侵略分子，将使中国重蹈印度亡国的覆辙。

反对外国侵略，特别是反对其中的经济侵略，是早期改良派的一个特点。这一特点的产生不是偶然的，而是当时民族资本主义迫不及待的要求。从这一特点出发，他们把反对外国侵略者的斗争引申到了包括法学在内的学术领域。他们不但批判了帝国主义的强权政治，而且剖析了西方所谓“公法学”的虚伪性，指出“公法”之“公”是骗人的，是为不平等条约进行辩护的。既然如此不合情理，又“公于何有？法于何有”？所谓“共享公法之利益，甚矣欺也！”①

批判“公法”的虚伪性、欺骗性，并不代表完全忽视或否定“公法”。实际上早期改良派人士对国际公法也颇为重视，不少人士发表了公法专论，或者在涉外论文中，对公法的起源、性质、作用以及与国家强弱的关系等诸多方面，进行了广泛的探讨，阐发了各自的公法观。总的说来，早期维新派人士逐渐意识到：要捍卫国家的主权和维护国家的权利，就必须认真研究公法，运用、培养精通公法的外交人才。但他们也认识到“公法”作为“万国之大和约”，在字面上虽说有其真是真非，但各国因其“所利之各异”，在运用公法时则往往“善自为谋”以“曲徇其私”，所以，他们并不迷信公法。而且逐渐认识到“公法”之遵违与国家强弱密切相关。王韬看出了国强则“公法”可废可兴，国弱则“公法”不为我用。② 郑观应也看到，“公法一书久共遵定，乃仍有不可尽守者”，因为“国之强弱相等，则藉公法相维持，若太强太弱，公法未必能行也”。③ 薛福成则明确指出，“公法”之用“隐以强弱为衡，颇有名实之不同”。④ 故早期维新派人士一致认为，欲使“公

① 马建忠：《适可斋记言》卷四。

② 王韬：《韬园文录外编·洋务上》。

③ 郑观应：《盛世危言·公法》。

④ 薛福成：《筹洋刍议·商政》。

法”为我所用，必以自强为基础，以国家实力为后盾。也正因为如此，他们都强调首先应致力于国家之富强。

早期维新派思想家们也从公法的一些普世价值看到了中国法制改革之必须。他们逐渐认识到，与经济改革、政治改良密切相关的是法制改革。不改革繁酷的中国封建法制，就无法适应中外交通、交涉的新局面，就无法平息日益增多的中外司法争端，从而也就不利于取消列强在中国的条约特权，建立平等的国际关系。而且，在一些早期维新派人士看来，“西国之法犹能法古人明慎之心”，① 所以值得中国仿效，同时，也只有仿效“西国之法”，改革旧制，才能收回治外法权，获得与列强平等的地位。郑观应说：“中西律例迥然不同，中国有斩罪，有杖罪，西国无此例；西国有缳首罪、罚作苦工罪，中国亦无此例。西例听讼有公堂费，不论原告、被告，案定后由曲者出费，直者不需分文，中国亦无此例也。中国办理命案，误伤从轻，故杀从重，乃西人与故杀，亦有从轻者。”② 郭嵩焘说：中国尊卑上下之间的侵犯，同罪异罚，向有不同的法律规定，西方法律则“贵贱所犯，科罪一也”。③ “泰西有大小律师，无书吏之弊”，故中国宜仿西例，“以状师办案”，“使狱囚之冤情上达”。④ 改良派不仅认识到“中西律例不同”，而且意识到仿行西法、改革中法的历史必然性。但是他们强调，“欲废旧立新，仿效西法，必深知其意者，始能参用其法而无弊”，⑤ 为了有效地采用西法，必须从中国实际出发择善而从之。总的看来，他们提出了一些符合近代法制文明的法制改革设想，主要有：主张废除酷法，改用轻刑，反对刑讯逼供；主张实行陪审制，废除书吏之弊，设律

① 郑观应：《盛世危言·刑法》。
② 郑观应：《盛世危言·交涉》。
③ 郭嵩焘：《伦敦与巴黎日记》。
④ 郑观应：《盛世危言·刑法》。
⑤ 郑观应：《盛世危言·刑法》。

师辩护之制；改造犯人，教以技艺，听断从速，减轻诉讼当事人的经济负担；参照西例制定交涉律，重视法律教育，培养法律人才等。早期改良派的法制改革思想在当时的成效有限，但其积极意义和实用价值是应该肯定的，我们从晚清修律中可以发现它的重要影响。

综上所述，我们不难看出，早期维新派的法律思想是中国近代法律思想萌发的重要起点。19 世纪 70 年代以后的中国，遭受西方列强的不断侵略，国家面临瓜分豆剖的危机，在这样的历史背景下，救亡图存、振兴中华成为中华民族志士仁人为之奋斗的目标。这个斗争是贯穿中国近代历史的一条主线，也是影响和推动中国近代法制文明发展的动力。随着近代民族资本主义经济的发展，不仅引发了中国近代社会经济制度的转型，也推动了中国社会结构的变革。早期改良派代表了正在成长中的新兴民族资产阶级，他们在更广阔的视野上接触了西方世界，他们的眼光已经不限于学习西方的科学技术和追求工商的兴盛，而是关注上层建筑的基本层面——政治体制和法制。由此而扩大了向西方学习的规模，进一步将西方国家的政治体制和法制介绍到国内，以期对中国的政治、法律制度进行相应的改良，从而形成了中国近代法制转型的一个重要分水岭。尽管由于时代、阶级属性以及个人经历、学识、认识水平等诸多因素的限制，他们的法律思想存在缺乏完整的理论体系、缺乏统筹全局的战略思想以及议论多而实践少等明显的弱点，这主要是由不成熟的资本主义经济和软弱的资产阶级性格所决定的。中国的资产阶级大多从封建地主、富商以及官僚阶层中蜕化而来，与他们有着千丝万缕的联系，有时在某些方面的利益还直接相关。因此，早期改良派提出他们的改良观点时，态度并不十分鲜明，欲言又止，嗫嗫嚅嚅。他们或者把西方的法律制度解释成中国古代制度的继承或演变；或者强调“治法”与“治人”的并举；他们赞赏西方的议会制度，但同时不忘“君权”的重要；他们反对外来的侵略，但又幻想中国与西方“改同一律”后就会自然享有主权；他们在反对洋务派的“中体西用”的方针时也总是小心翼翼。总之，这种“不成熟的理论，是和不成熟的资本主义生产状况，不成熟的阶级状况相适应的”。① 早期改良派表现出的是刚刚诞生的资产阶级的严重软弱性和妥协性，他们的政治法律思想也是比较朦胧和幼稚的。尽管如此，早期改良派的法律思想代表了中国法律思想向近代转型的一个重要阶梯，是戊戌维新改良思潮兴起的前驱先路，理应在中国法律思想史上占有重要的位置。

① 《马克思恩格斯选集》第3卷，人民出版社1972年版，第481页。

第三章 梁启超的法治思想

梁启超是近代戊戌变法运动的领导人之一，也是近代法治主义的最早宣传者和鼓吹者。他的法治思想既是对中国传统法律文化的系统总结，也是他在政治实践中对西方近代法治观念大胆接受和吸收的产物，是中西法律文化交流的结晶。梁启超的法治思想在当今仍有极为重要的现实借鉴意义，值得我们认真思考和研究。

一、“法治主义为今日救时惟一之主义”

梁启超是法治主义的最早宣传者和鼓吹者，他系统地总结了中国传统法律文化遗产，又深受西方资产阶级法治学说的影响，联系近代中国的国情与社会现实，提出“法治主义，为今日救时惟一之主义”。①

梁启超作为中国近代史上维新变法运动的倡导者和实践者，他的政治法律思想首先是受西方资产阶级政治法律学说的影响。在学习、翻译、介绍和宣传西方政治法律学说中，他大胆地接受和吸收了资产阶级法治思想。他说：“今世立宪之国家，学者称为法治国。法治国者，谓以法为治之国也。”② 欧美各国“百年以来，斯义益畅，乃至以十数布衣，主持天下之是非，使数十百暴主，戢戢

① 《中国法理学发达史论》，《饮冰室合集·文集之十五》，中华书局 1989 年版，第 43 页。

② 《管子传》，《饮冰室合集·专集之二十八》，中华书局 1989 年版，第 8 页。

受绳墨，不敢恣所欲，而举国君民上下，权限划然，部寺省署，议事办事，章程日讲日密，使世界渐进于文明大国之域”。① “今泰西诸国之自命为文明”，“以今日之中国视泰西，中国固为野蛮矣”。②其重要原因之一就在于西方各国重视法治，能做到以法治国，所以西方各国日益强盛。而中国自秦汉以来，“种族日繁，而法律日简，不足以资约束。事理日变，而法律一成不易，守之无可守，因相率视法律如无物”，③ 终于使法律“荡然”无存。特别是晚清统治者，长期以来以守旧为荣，以变法为戒，法律制定之后，“一成而不易，镂之金石，悬之国门，如斯而已。可行与否，非所问也。有司奉行与否，非所禁也”。④ 久而久之，弊病丛生，严重阻碍了社会的进步与国家的富强，形成国势日衰的局面。对此，梁启超痛切地指出：“试观我国今日政治现象与社会情态，纪纲荡然，百事丛脞，苟且偷惰，习焉成风。举国上下，颓然以暮气充塞之，而国势堕于冥冥，驯致不可收拾者。”⑤ 因此，他大声疾呼，法治主义为“今日救时惟一之主义”。特别是在“万国比邻、物竞逾剧”的时代，“以一国处万国竞争之涡中，而长保其位置，毋俾陨越，则舍法治奚以哉”。⑥ 中国“欲举富国强兵之实，惟法治为能致之”。

① 《论中国宜讲求法律之学》，《饮冰室合集·文集之一》，中华书局 1989 年版，第 93 页。

② 《论中国宜讲求法律之学》，《饮冰室合集·文集之一》，中华书局 1989 年版，第 93 页。

③ 《论中国宜讲求法律之学》，《饮冰室合集·文集之一》，中华书局 1989 年版，第 93 页。

④ 《变法通议》，《饮冰室合集·文集之一》，中华书局 1989 年版，第 68 页。

⑤ 《管子传》，《饮冰室合集·专集之二十八》，中华书局 1989 年版，第 17 页。

⑥ 《管子传》，《饮冰室合集·专集之二十八》，中华书局 1989 年版，第 18 页。

"法治主义者，实应于当时之时代的要求"，①"实治国之不二法门"。②

他从资产阶级法治观点出发，深刻论证了实行法治的必要性：

第一，法是人民的意志，国家应以法律治天下。梁启超说："立法者，国家之意志也。""昔以国家为君主所私有，则君主之意志，即为国家之意志，其立法权专属君主固宜，今则政学大明，知国家为一国人之公产矣，且内外时势浸逼浸剧，自今以往，彼一人私有之国家，终不可立优胜劣败之世界。然则今日而求国家意志之所在，舍国民奚属哉！"③ 法就是人民意志的体现，国家只有通过立法才能表达自己的意志，维护国家与人民的利益。因此，国家应该"立法以治天下"。④

第二，法是治理国家普遍而有效的工具。梁启超从人类文明进化的角度深刻论证了法治的重要性。他说："人何以尊于禽兽？人有法律，而禽兽无之也。文明人何以尊于野蛮？文明人能与法律相浃，而野蛮不能也。"⑤ 而法律之所以成为区分国家文明与野蛮的标志，其根据就在于法律是"治群"的重要手段。他认为，人类在同自然界的斗争中需要结成"群"才能生存与发展，而"群"体内部的每一成员，各有其天赋人权，并为保护和扩大这种权利而展开竞争。为了既保证每个人所享有的天赋人权不受侵犯，又保证整个"群"的发展不致因个体的竞争而受到损害，这就需要法律的制约。所以梁启超认为，法律是"治群"的重要工具，"人始为

① 《中国法理学发达史论》，《饮冰室合集·文集之十五》，中华书局1989年版，第92页。

② 《管子传》，《饮冰室合集·专集之二十八》，中华书局1989年版，第17页。

③ 《论立法权》，《饮冰室合集·文集之九》，中华书局1989年版，第106～107页。

④ 《变法通议》，《饮冰室合集·文集之一》，中华书局1989年版，第8页。

⑤ 《新民说》，《饮冰室合集·专集之四》，中华书局1989年版，第72页。

群，即待法治”，① 法具有“均乎中正，固定不变，可以为最高之标准以节度事物”之功能。② 因此，法是治国理民的重要手段。

第三，法是规定权利与义务界限的工具。人在社会中要享有自己的权利，也要尽一定的义务，这样才有稳定的社会秩序，这种权利与义务的界限是由法律规定的，法律是规定和保持合理的权利与义务度量定界的工具。他认为，所谓“法治国”，就是“一国之人各有权，一国之人之权各有限之谓也”。③ 人的自由权应以服从法律为前提。而“法律者，我所制定之，以保护我自由，而亦以钳束我自由者也”。④ 对侵犯他人自由者，应以法律制裁之。而“最文明之国民，能自立法而自守之，其侵自由者益希。故政府制裁之事，用力更少。”⑤ 所以，“以法治国”就是为了“正定人民之权利义务，使国家之秩序得以成立”。⑥

不仅如此，梁启超还从历史的角度对中国传统法律文化遗产进行了深刻的反思，并联系近代中国的实际，从现实的角度努力寻找实行法治的根据。他认为，法家的法治主义在中国历史上曾经产生过深远的影响。他说：“法治主义，在中国古代政治学说里头，算是最有组织的最有特色的，而且是较为合理的。当时在政治上很发生些好影响。秦国所以强盛确是靠它。秦国的规模，传到汉代，得

① 《中国法理学发达史论》，《饮冰室合集·文集之十五》，中华书局1989年版，第54页。

② 《中国法理学发达史论》，《饮冰室合集·文集之十五》，中华书局1989年版，第46页。

③ 《答某君问德国日本裁抑民权事》，《饮冰室合集·文集之十一》，中华书局1989年版，第57页。

④ 《新民说》，《饮冰室合集·专集之四》，中华书局1989年版，第44页。

⑤ 《论政府与人民之权限》，《饮冰室合集·文集之十》，中华书局1989年版，第3页。

⑥ 《管子传》，《饮冰室合集·专集之二十八》，中华书局1989年版，第14页。

有四百年秩序的发展。最后极有名的政治家诸葛亮，也是因为笃信这主义，才能造成他的事业。”①“可惜，从汉代以后，这主义一日比一日衰熄，结果竟完全消灭了。”“中国不幸在这种状态下过了一千多年。”② 中国后来的历史是儒家的“人治主义”一统天下。他认为：“荀卿‘有治人，无治法’一言，误尽天下。遂使吾中华数千年，国为无法之国，民为无法之民。”③ 他严厉批评了儒家“人治主义”的治国方式是造成中国近代落后的原因：首先，人治是“持人不持法”，依某一个人或某几个人为转移，势必造成“其人存则其政举，其人亡则其政息”，其发挥作用的“时代甚短”，“范围甚狭”。④ 而法治主义重视法律的作用，强调法律的权威性和效用的普遍性，“以法律为绝对的神圣，不许政府动轶于法律范围之外”，⑤ 其发挥作用的时间“甚长”，范围“甚广”，有利于维护社会的长期稳定与发展。其次，人治是一种少数“贤人政治”，大多数人被排斥在“贤者”（政权统治者）之外。而统治者的或“贤”或“愚”则直接关系到国家及社会的安定与否，“遭贤则活，遭愚则乱，是治乱续于贤愚”。只有实行法治，才能使政局不致由于“遭贤”或“遭愚”而产生动荡，才能使国家获得长治久安，即所谓“人治不能久，而法治之可以常也”。⑥ 所以，梁启超认为

① 《先秦政治思想史》，《饮冰室合集·专集之五十》，中华书局1989年版，第215页。

② 《先秦政治思想史》，《饮冰室合集·专集之五十》，中华书局1989年版，第216页。

③ 《论立法权》，《饮冰室合集·文集之九》，中华书局1989年版，第103页。

④ 《论立法权》，《饮冰室合集·文集之九》，中华书局1989年版，第103页。

⑤ 《先秦政治思想史》，《饮冰室合集·专集之五十》，中华书局1989年版，第197页。

⑥ 《中国法理学发达史论》，《饮冰室合集·文集之十五》，中华书局1989年版，第73～74页。

只有仿效西方国家实行法治，才能摆脱中国历史上的治乱循环的怪圈，走上国泰民安的康庄之途。所以，他大声疾呼："法治主义为今日救时之惟一主义"，中国要强盛，只有行法治主义之道。

二、"法治主义言之成理，最少亦须有如现代所谓立宪政体者以盾其后"

梁启超的法治思想是与他所倡导的宪政民权主张结合在一起的。他认为，中国自秦汉以来，历代封建帝王都把国家视为自己的私产，实行专制独裁，其结果是：君权日尊，国威日损，因此，只有兴民权、行立宪、立法制，才能救中国，否则，即便先秦法家提出过"垂法而治"、"以法治国"的主张，但他们的"法治"一开始就和君权结下了不解之缘，他们的"法治"思想只能成为维护君主专制统治的工具，而不能成为保障"民权"的工具。而今日中国要实行法治，则只有效法西方实行民权、宪政的制度，才算真正实现了法治。

所以，梁启超在论述法治思想的时候是与他的宪政民权主张结合起来的，他明确提出，"法治主义言之成理，最少亦须有如现代所谓立宪政体者以盾其后"，① 指出只有确立资产阶级立宪政体，提倡民权，实行宪政，才能奠定法治国家的基础。他提出了关于建立立宪法治国家的具体主张：

第一，立宪法以定"一切法度之根源"。梁启超通过对西方资本主义国家法律制度的考察与研究后认为，宪法在国家政治生活与法律体系中占有十分重要的地位。他说："宪法者，万世不易者也，一切法度之根源也。"② 他把宪法看做是"国家根本法"。正

① 《先秦政治思想史》，《饮冰室合集·专集之五十》，中华书局 1989 年版，第 149 页。

② 《立宪法议》，《饮冰室合集·文集之五》，中华书局 1989 年版，第 1 页。

因为如此，梁启超认为，“采定政体，决行立宪，实维新开宗明义第一事”，“欲维新中国，必以立宪法……为第一要义”，认为“无宪法不足以为国”。①

第二，设国会以确立“法治国家”之基础。梁启超认为国会的有无是区别专制国与法治国的重要标志。他说：“天下无无国会之立宪国。”他认为国会是人民行使立法权的重要机构，也是保障人民权利不受政府侵害的重要权力机关。在专制时代，法自君出，其“立法权专属于君主”一人，“则所立之法必利一人”，这种“自顾其利益”的法律，“以今日文明之眼视之，其为恶法”。② 而现代要使多数之国民能得到幸福，只能“以立法权属于多数之国民”，尽快设立国会，以立法权还之于民。这样，法治国家才能真正建立起来。

第三，行司法独立以为“立宪政治之根本”。梁启超根据资产阶级政治学者关于三权分立的政治理论，并结合中外历史实际，提出要建立近代法治，必须充分认识“司法独立为立宪政治之根本”的原则，实行司法独立以防止高度集权的专制和权力的滥用。他认为，中国历史上的君主专制和王权腐败，与政治体制上的行政与司法合一，行政权力支配和左右甚至垄断司法权力的制度是分不开的。在司法不独立的情况下，法律就只能处于极不健全和极不发达的状况。他在《政府大政方针宣言书》中指出：“今之稍知大体者，咸以养成法治国家为要图。然法治国曷由能成，非守法之观念，普及于社会焉不可也。守法观念如何而始能普及，必人人知法律之可恃，油然生信仰之心，则自凛然而莫之犯也。故立宪国必以

① 《康有为传》，载《戊戌变法》第4册，上海人民出版社2000年版，第34页。

② 《论立法权》，《饮冰室合集·文集之九》，中华书局1989年版，第106页。

司法独立为第一要件，职此之由。”① 因此，他说，“司法独立为立宪政治之根本”，② 也是中国建成法治国家的前提。

梁启超作为维新运动的鼓吹者，其法治思想打上了深刻的资产阶级立宪派政治意识形态的痕迹。但法治与民权就像一对孪生子，两者是很难分开的。所以，梁启超认为，要实行法治，就必须效法西方文明国家，把立法权交给“多数之国民”，制定宪法，设立国会，建立资产阶级立宪政体，使法治与民权结合起来，这样，法律才能成为保障“人民参政权、服官权，言论、结集、出版、迁移、信教各种之自由权”的工具。③ 他还从资产阶级分权思想出发，主张“行政、立法、司法三权鼎立，不相侵轶，以防政府之专恣，以保人民之自由”。④ 他极力倡导司法独立，以维护法治的权威。他反复强调国家是“全国人民之公产”，官吏是“民之公仆”，人民是“国家的主人”。⑤ 因此，要实行法治，必须由人民来监督政府。

梁启超的这些思想在当时专制统治下的中国，虽不可能实现，但却使人耳目一新，极大地促进了民权与法治思想在中国的传播。

三、“法治之目的，凡以使百姓被其利而已”

梁启超的法治思想带有很强的人民性。他说，法治之“最大

---

① 《政府大政方针宣言书》，《饮冰室合集·文集之二十九》，中华书局1989年版，第12页。

② 丁文江等编：《梁启超年谱长编》，上海人民出版社1983年版，第688页。

③ 《论立法权》，《饮冰室合集·文集之九》，中华书局1989年版，第106页。

④ 《论立法权》，《饮冰室合集·文集之九》，中华书局1989年版，第106页。

⑤ 《管子传》，《饮冰室合集·专集之二十八》，中华书局1989年版，第24～26页。

事业，则为民定律法而已”。① 因此，实行法治的目的应以谋求“国民最多数之最大幸福”为宗旨，“法治之目的，凡以使百姓被其利而已”。② 为此，梁启超提出了一系列厉行法治以保障民权的主张：

第一，要实行法治，“必以争立法权为第一要义”，③ 立法要为大多数人谋福利。梁启超认为，实行法治极重要的问题是解决立法权的问题。“立法权之附属”问题，不仅为“立国之大本大原”，是国家“政治之本原”，而且直接决定法律的性质，关系到“国民之能得到幸福与否，得之者为多数人与否”，以及法治能否得到真正实现。④ 他认为，立法权如果操于一人，必立有利于一人的专制之法；立法权如果操于众人，则所立之法必然是有利于众人的民主之法。梁启超指出，在君主专制时代，“国家为君主所私有，则君主之意志，即为国家之意志”，君主独揽立法权，一言可以立法，一言也可以废法。梁启超指出，这种制度已不合当今之潮流。“今日各文明国，皆以立法权属多数之国民。”此“实为国家本体之利益”。⑤ 他提出，要实行法治，就应仿效西方文明国家，把立法权交给“多数之国民”，使法治与民权结合起来，以制定出符合大多数人民利益的“善良之法”，这样才能保障法治为大多数民众谋福利。

---

① 《论中国宜讲求法律之学》，《饮冰室合集·文集之一》，中华书局 1989 年版，第 93 页。

② 《管子传》，《饮冰室合集·专集之二十八》，第 23 页。

③ 《新民说》，《饮冰室合集·专集之四》，中华书局 1989 年版，第 37 页。

④ 《论立法权》，《饮冰室合集·文集之九》，中华书局 1989 年版，第 102 页。

⑤ 李华新编：《梁启超选集》，上海人民出版社 1984 年版，第 300 ~ 301 页。

第二，要实行法治，必须做到“法立而必施，令出而必行”。[①] 梁启超认为，一个国家要实行法治，除了根据国内外形势制定出“良法”和“善法”之外，还必须强调法的严肃性，坚决认真贯彻执行，做到令行禁止，取信于民。他说：“法也者，非将以为装饰品也。而实践之之为贵。”[②] 又说：“立法非以为观急也，期于行焉。欲养成人民尊重法律之习惯，则当一法之将颁，必先有能推行此法之实力以盾其后。若法意虽甚善美，而形格势禁，不获举而措之，则毋宁暂缓焉。”[③]立法不是为了装饰门面，美观好看，归根结底是为了实行。如果法立而不行，就失去了立法的意义与价值，徒具虚名，有法等于无法。他赞扬先秦法家法治主义的“法令不立则已，立则期以必行而无所假借”的主张。他说：“举法治之实，则尤在法立而必施，令出而必行。”他指出，当时清政府颁布的法令可谓多如牛毛，“然曾无所谓法治精神者以贯注之”，“法之所立令之所行者寡而所废者多”，“是以有法等于无法”。而令不行，禁不止，“则民不听”，“国家而不能得信于其民，则统治权将不可复施”。[④] 中国衰败由此而起。怎样才能做到令行禁止、取信于民？梁启超十分推崇法家管子的一些主张，认为要实行法治，做到令行禁止，必须注意以下几点：赏罚分明；不得滥用法权；法要划一、简要；立法要适时，勿保守；治于法律，一律平等；不脱离国民文化程度、素质水平等。

第三，整顿司法纪律，提高司法人员素质，确保司法的公正无

---

① 《管子传》，《饮冰室合集·专集之二十八》，中华书局 1989 年版，第 19 页。

② 《宪法起草问题答客问》，《饮冰室合集·文集之三十三》，中华书局 1989 年版，第 10 页。

③ 《箴立法家》，《饮冰室合集·文集之二十八》，中华书局 1989 年版，第 2～3 页。

④ 《管子传》，《饮冰室合集·专集之二十八》，中华书局 1989 年版，第 21～24 页。

私。梁启超认为，要建立近代法治，必须充分体认“司法独立为立宪政治之根本”原则。而司法独立的贯彻除应在制度上予以保证外，还须从整顿司法纪律入手，提高司法人员的结构素质和法治观念，这样才能使司法为社会大众服务。梁启超指出，法规的不适和法官的不才，是造成司法制度改革难以取得成效的根本弊端。正是由于这两个弊端，人民不仅不感司法独立之利，而且还对从前弊制“反觉彼善于此”。对此，梁启超认为必须进一步改革司法体制，“宜参酌法理与习惯，制立最适于吾国之法律，使法庭有所遵据。一面严定法官考试、甄别、惩戒诸法，以杜滥竽而肃官纪”。①梁启超认为，法官人才缺乏，法官素质低下，法官进退缺乏保障是中国司法机关难以发挥作用的重要原因。为此，梁启超建议要采取励行考试、以杜幸进，严定考绩、以汰不职，回避本籍、以免瞻循，约束律师、以防朋比等措施来整顿法官队伍，严明司法纪律，以取信于民。

四、“法不能自立”，“法不能自行”，法治要“辅之以道德教育”

梁启超虽然极力提倡法治主义，认为“法治主义为今日救时惟一之主义”，但他对中国历史上的人治与法治的学说，并不主张一味否定或肯定，而是主张采取分析批判的态度。他认为，中国法家的法治主义虽重视法律的作用，强调法律的权威性，但法家的法治主义缺乏民主精神，没有解决立法权的问题。法家强调“齐一其民”，忽视个性自由，用一个模式来要求不同的人，导致“个人之个性，为国家吞灭净尽”。② 法家还忽视道德的作用，“谓有法律

① 《政府大政方针宣言书》，《饮冰室合集·文集之二十九》，中华书局1989年版，第12页。

② 《先秦政治思想史》，《饮冰室合集·专集之五十》，中华书局1989年版，第153页。

而不许复有道德，其滋不当也明甚”。[①] 另一方面，中国历来有崇尚德化王教的人治传统，这一传统导致长期实行“贤人政治”，夸大“贤者”的作用，使得国家的治乱因人而异。但他同时也指出，儒家的代表人物都十分重视道德教化的作用。他十分赞赏孔子的“导之以政，齐之以刑，民免而无耻；导之以德，齐之以礼，有耻且格”的说法，并一再称道儒家的刑法与道德结合使用的“教化主义”是“法律观念上的一大进步”。[②] 但这并不表示梁启超背弃了一直倡导的“法治主义”，而是认为“两派各有缺点，专任焉俱不足以成久治”。[③] 因此，他主张对两家的学说，应扬其所长，避其所短，既要重视法律的作用，也要重视道德的作用。对于法与道德的关系，他提出了自己精辟的认识：

第一，法律不能包罗万象，也不是万能的，需要倚重道德等其他非法律手段来调整复杂的社会关系。他指出，人类的社会生活是丰富多彩的，人际关系与社会生活都是千头万绪、复杂多变的，不能指望“百度皆准于法”,[④] 不能把法律当成包治百病的良药。

第二，法与道德的作用不同。梁启超赞同《礼记》所说：“礼者禁于将然之前，而法者禁于已然之后”，“礼贵绝恶于未萌，而起敬于微眇，使民日徒善远罪而不自知”，“法禁已然，譬则事后治病之医药。礼防未然，譬则事前防病之卫生术”。[⑤] 因此，他说

① 《中国法理学发达史论》，《饮冰室合集 · 文集之十五》，中华书局 1989 年版，第 93 页。

② 《先秦政治思想史》，《饮冰室合集 · 专集之五十》，中华书局 1989 年版，第 50 页。

③ 《中国法理学发达史论》，《饮冰室合集 · 文集之十五》，中华书局 1989 年版，第 43 页。

④ 《先秦政治思想史》，《饮冰室合集 · 专集之五十》，中华书局 1989 年版，第 150 页。

⑤ 《先秦政治思想史》，《饮冰室合集 · 专集之五十》，中华书局 1989 年版，第 80 页。

法能治标，而礼（道德）却能治本。

第三，法不能自立、自行。梁启超认为，法要靠人来制定，也要靠人来执行。“人能制法，非法制人”，① 只有具有良好道德修养的人才能制定“善法”，有了“善法”，还需要有德之人才能执行。“法虽善，非其人亦不行。”② 因此，道德修养对于制法行法都至关重要。“政治习惯不养成，政治道德不确立，虽有冠冕世界之良宪法，犹废纸也。”③ 所以，他认为，法与道德是“异用而同体”，“相互为用”。④ 法律与道德，二者皆不可缺少。而“法治只有辅之以道德教育”，才是治国之良策。

应该说，梁启超准确地看到了法律和道德之间的区别与联系。它们都是上层建筑，都是统治者治国不可缺少的统治工具，无论哪一个国家或哪一个时代，都要运用法律和道德这两种手段来巩固其统治。梁启超认为，法律的实施是靠“国家的强制力”，而道德的遵守是靠“社会之制裁力”，即靠社会舆论的力量。⑤ 法律与道德可以互相作用，互为补充。他说：“故近今法治国之法律，莫不采人道主义，虽谓法律为道德之补充品焉可也，然则谓有法律而可以无道德焉，其不当也明甚，谓有法律而不许复有道德焉，其滋不当也明甚。”⑥ 因此，他认为治理国家必须采用法律和道德两种手段，

---

① 《先秦政治思想史》，《饮冰室合集·专集之五十》，中华书局 1989 年版，第 96 页。

② 《箴立法家》，《饮冰室合集·文集之二十八》，中华书局 1989 年版，第 1 页。

③ 《先秦政治思想史》，《饮冰室合集·专集之五十》，中华书局 1989 年版，第 152 页。

④ 《中国法理学发达史论》，《饮冰室合集·文集之十五》，中华书局 1989 年版，第 93 页。

⑤ 《先秦政治思想史》，《饮冰室合集·专集之五十》，中华书局 1989 年版，第 80 页。

⑥ 《中国法理学发达史论》，《饮冰室合集·文集之十五》，中华书局 1989 年版，第 93 页。

缺一不可。他纵观历史，指出历史上“法家一部分之说，动走于极端，认道德之性质与法律之性质为不相容，以排斥道德为一种战术”,① 最终导致法家法治主义的失败，要引以为戒。可以说梁启超的这一看法是入木三分，完全符合历史实际的。

五、“采西人之法，行中国之意”或“采西人之意，行中国之法”

梁启超目睹封建主义法律文化的流弊，深切感到封建主义的法律制度和法律思想已成为中国社会前进的严重障碍。他说自历史进入17～18世纪后，中华“固有之法系，几成僵石”，“退化复退化”，而西方“自拿破仑法典成立，而私法开一新纪元。各国宪法公布，而公法开一新纪元。逮于今日，而法学之盛，为有史以来所未有”。② 因此他说中国传统的法律中有许多陈腐落后的东西必须加以摒弃，要大胆地吸收借鉴西方先进的法律文化与法律制度，“虚心采访”，“博取众长”，为我所用。他强调，不改革旧的法制，衰败的国势无法挽回，“治旧国必用新法”。他预言，中国正面临一个改革旧法制、建立新法制的时代。“至今以往，实我国法系一大革新之时代。”③ 中国法系应怎样改革呢？他认为，当务之急是要克服妄自尊大的心理，打破闭关自守的状态，努力向西方学习。他说：“吾侪殊不必妄自尊大，谓吾所有者必有以愈于人，更不宜讳疾忌医，掩盖其所短，以窒息进步。”④ 又说：“今日不欲强吾国

---

① 《中国法理学发达史论》，《饮冰室合集·文集之十五》，中华书局1989年版，第93页。

② 《中国法理学发达史论》，《饮冰室合集·文集之十五》，中华书局1989年版，第42页。

③ 《中国法理学发达史论》，《饮冰室合集·文集之十五》，中华书局1989年版，第43页。

④ 《先秦政治思想史》，《饮冰室合集·专集之五十》，中华书局1989年版，第215页。

则已，欲强吾国，则不可不博考各国民族所以自立之道，汇择其所长者取之，以补吾之所不及。”① 从这种思想出发，他广泛介绍并热情赞扬西方资产阶级的法律制度与法律学说，提出“居今日之天下，而欲参西法以救中国”。② 为了仿行西方资本主义的法律制度，梁启超建议不仅要广泛翻译、引进西方各国的法律学说，而且要翻译、引进西方各国的“国律、民律、商律、刑律等书”，③ 建立中国的近代资本主义法律体系，以取代旧的封建主义的诸法合体的中华法系。梁启超的这种思想适应了中国法律向近代演变与转型的历史趋势，成为主张中国近代法制革新的先驱。

梁启超在极力主张向西方学习的同时，也提出要根据本国的情况，有选择地吸收西方的法律思想与法律制度，反对不加分辨的照抄照搬。他说：“万不能将他社会之思想全部移植，最少亦要从社会遗传共业上为自然的浚发与合理的箴砭洗炼。”④ 他反复强调，在向西方学习的过程中要特别注意保持自己民族文化的特点。他说：“凡一国能立于世界，必有其国民独具之特质。上自道德法律，下至风俗习惯、文学美术，皆有一种独立之精神。……我同胞能数千年立国于亚洲大陆，必其所具特质，有宏大高尚完美，厘然异于群族者，吾人所当保存之而勿失坠也。”⑤ 只有保持自己民族的特点，才能自立于世界民族之林；民族特点泯灭，民族的独立性也将丧失。他认为中国传统法律文化遗产博大精深，内容丰富，值得认真研究。梁启超说：“近世法学者称世界四法系，而吾国与居

① 《新民说》，《饮冰室合集·专集之四》，中华书局1989年版，第6页。

② 《变法通议》，《饮冰室合集·文集之一》，中华书局1989年版，第65页。

③ 《变法通议》，《饮冰室合集·文集之一》，中华书局1989年版，第69页。

④ 《先秦政治思想史》，《饮冰室合集·专集之五十》，中华书局1989年版，第7页。

⑤ 《新民说》，《饮冰室合集·专集之四》，中华书局1989年版，第6页。

一焉。"[1]“我之法系”在古代曾经是“独立伟大之法系”，“最足以自豪于世界”。[2] 因此，他主张中国法系的改革，应该“采西人之意，行中国之法”，或“采西人之法，行中国之意”，[3] 走中法西法相结合的道路。既要吸收西方先进的东西，也要批判继承中国传统法律文化遗产。“好的固然要发扬”，“坏的也要察勘”。梁启超不仅如此主张，而且见之于行动。他在《中国法理学发达史论》、《先秦政治思想史》和《管子传》等著作中，对先秦诸子，特别是对儒家的人治主义和法家的法治主义详加论述，指出其优点和缺点，并与西方的法律学说对比，从而得出使中西法相“会通”、“化合”的结论。梁启超的法治思想既是出于变法维新的实际需要，也是在广泛研究中外法律学说与法律制度的基础上提出来的。可以说，他的法治思想，就是中西法律文化交流的产物。

梁启超的法治思想在当时的历史条件下是具有进步意义的。他不仅对封建传统法律思想和专制主义法律制度给予了有力的冲击，同时他大力提倡法治，鼓吹民权，主张把立法权交给国民，这是对近代法治精神与民主思想的大力弘扬，这充分体现了梁启超法治思想的革命性和进步性。他还主张进行中国法系的改革，提出要“采西人之意，行中国之法”，或“采西人之法，行中国之意”，表现了他既强调吸收西方先进的东西，也主张要继承中国优秀的法律文化遗产，走中法西法结合之路。这是一种对待中西法律文化的科学态度。他在提倡法治精神的同时，也倡导道德的作用，强调“法治只有辅以道德教育”，才是治国之良策。这些观点及论述体

① 《中国法理学发达史论》，《饮冰室合集·文集之十五》，中华书局 1989 年版，第 42 页。

② 《中国法理学发达史论》，《饮冰室合集·文集之十五》，中华书局 1989 年版，第 43 页。

③ 《先秦政治思想史》，《饮冰室合集·专集之五十》，中华书局 1989 年版，第 182 页。

现了梁启超法治思想的系统性和创见性，使人们开阔了眼界，为法治思想在中国的传播打下了坚实的基础。即使是百年后的今天，他提出的一些论断对于我们今天所从事的社会主义法治事业仍有极大的现实借鉴意义。

第四章　孙中山与中国法制现代化

孙中山是中国近代民主革命的先驱，也是中国法制现代化的开创者之一。在四十余年的革命生涯中，孙中山不仅提出了推翻封建帝制、建立民国的主张，开创了中国政治法律制度变革的新时代，而且围绕巩固共和政体提出了一系列法治与民主相结合的法制思想与主张。他所规划的“五权宪法”的法制蓝图及推进法制变革的一系列主张与实践，极大地促进了中国法制现代化的发展。本章主要论述孙中山的法制思想与实践及其与法制现代化的关系。

一、法治与民主相结合，开创中国政治与法制变革的新时代

近代中国的法制现代化是同政治现代化结合在一起的。孙中山的法律思想与实践也是同他的三民主义政治主张紧密结合在一起的。早在1897年，孙中山就已经指出中国法制变革的重要性，他说：“在今日中国的社会生活部门中，也许没有比什么部门比司法制度——如果能称之为制度的话——更迫切需要彻底改革。”① 但同时孙中山认为，任何法制的改革又必须以清朝专制政权的被推翻及人民主权的被肯定为前提。因此，孙中山是把法制的现代化同政治的现代化结合在一起进行考虑的，法制与民主相结合构成了孙中山法制思想的重要内容。

孙中山的政治主张主要体现为他的三民主义政治主张，其中民

① 《孙中山集外集》，上海人民出版社1990年版，第7页。

权主义是三民主义的核心。孙中山说："民权主义就是政治革命的根本。"① 近代以来，封建主义与帝国主义相结合，使中国人民陷入灾难的深渊。孙中山对这种封建专制制度深恶痛绝，他指出："中国数千年来，都是君主专制政体，这种政体不是平等自由的国民所堪受的。"② 因此，他主张以革命手段彻底铲除君主专制制度。铲除君主专制制度之后用什么来代替它呢？孙中山说："由平民革命以建国民政府，凡为国民皆平等以有参政权。大总统由国民共举。议会以国民公举之议员构成之，制定中华民国宪法，人人共守。敢有帝制自为者，天下共击之！"③ 这就是要用资产阶级民主共和国代替封建君主专制制度。孙中山这一主张的提出在中国近代史上具有划时代的意义。

首先，从中国近代民主革命的历史进程来说，推翻帝制，建立民国主张的提出，标志着中国近代的民主革命进入了一个比较完整和正规意义的新阶段。正如毛泽东所说，中国反帝反封建的资产阶级民主革命，正规地说起来，是从孙中山先生开始的。孙中山无疑是中国民主革命的先行者。

其次，从中国政治制度的发展史来看，孙中山破天荒地在中国历史上提出了推翻君主专制制度、建立民主共和国的主张。君主专制制度在中国延续了两千多年，在这种制度下，皇帝至高无上，三纲五常是亘古不变的教条。从秦汉一直到以孙中山为首的资产阶级革命派登上历史舞台以前，还没有一个人提出过推翻君主专制的主张。孙中山不但提出了这种主张，而且领导人民推翻帝制，建立共和国。这在中国政治制度史上是个史无前例的壮举，在中国思想史上的影响，也是划时代的。

① 《孙中山选集》（上），人民出版社 1956 年版，第 75 页。

② 《孙中山选集》（上），人民出版社 1956 年版，第 75 页。

③ 《孙中山选集》（上），人民出版社 1956 年版，第 69 页。

再次，从中国法律思想的发展来说，推翻帝制、建立共和国思想的提出，也标志着中国法律思想的发展，进入了一个民主与法治的新时代。

在封建君主专制制度下，“朕即国家”，皇帝可以以言代法，也可以以言废法。这样，也就没有什么真正的法治可言。先秦时期，法家代表人物曾提出过“以法治国”的主张，但他们有一个无法克服的矛盾：一方面提倡“以法治国”；另一方面又维护君主专制。这样的“法治”是和专制紧密结合在一起的，“法治”成为封建统治阶级“以法治民”的工具。

法治与民主相结合，是西方资产阶级反对封建专制主义的理论武器。在中国近代史上，资产阶级改良派代表人物康有为、梁启超曾提出用君主立宪代替君主专制的主张，并且很重视宪法和法律在治国中的作用。但他们都没有彻底否定君权，不敢否定君主存在的必要性。因此，也就没有能够真正把法治和民主结合在一起。孙中山却与此不同，他对清朝封建君主专制制度进行了无情的揭露和批判，并明确提出推翻帝制，建立共和的革命主张，在中国历史上第一次把争取法治和争取民主的斗争结合了起来。

辛亥革命推翻清王朝的统治之后，孙中山亲自主持并颁布了《中华民国临时约法》，用国家根本法的形式，宣告了封建专制制度的灭亡和资产阶级民主共和国的诞生，确认了“主权在民”的原则。《临时约法》规定：“中华民国，由中华人民组织之”，“中华民国之主权，属于国民全体”。这在中国国家制度史上是一大创举，也是孙中山的法治与民主相结合思想的集中体现。

由于历史和阶级的局限，孙中山认不清袁世凯的反动本质，拱手把政权交给了袁世凯。孙中山又不敢发动和依靠人民的力量来争取民主和法治，最后只是幻想依靠一部约法来约束袁世凯的手脚并保障人民的权利。结果袁世凯大权到手，不费吹灰之力便把约法撕得粉碎。严酷的形势使孙中山认识到：只要军政大权一落到反动派手中，任何法律也起不了作用，既保不了共和，也保不了民权。他总结约法被撕毁的教训时说："宪法之所以能有效力，全恃民众之拥护，假使只有白纸黑字之宪法，决不能保障民权，俾不受军阀之摧残……宪法之成立，唯在列强及军阀之势力颠覆之后耳。"① 正是由于孙中山在实际斗争中不断地总结经验教训，勇于追求真理，不断进步，这使他在晚年终于修正了民主革命的内容与形式，重新阐释三民主义，并积极寻求与中国共产党合作，实行"联俄联共，扶助农工"的三大政策，极大地推动了反帝反封建的国民革命运动的发展。与此同时，孙中山的法制现代化思想与实践也由于注入了新的内涵而有了更为切实可行的着力点和长远的奋斗目标，这就是建立"为一般平民所共有，非少数人所得而私"的真正的民主共和国。孙中山的法制思想也由此而达到了一个新的高度。

二、五权宪法，权能分治，构建法治新框架

中华民国建立以后，如何建设未来法治政府，是孙中山思考的重点。孙中山极为重视宪法作为根本大法在国家建设中的地位。他明确指出，"宪法者，国家之构成法，亦即人民权利之保障书也",② 宪法是"立国的基础"，国家"强弱之点尽在宪法",③ 并说"有了良好的宪法，才能建立一个真正的共和国"。④ 孙中山法律思想的可贵之处，就在于他把宪法与民权紧密结合起来，把宪法视作保障民权的工具。他说："政治上的宪法，就是支配人事的大机器……我们现在来讲民治，就是要把机器给予人民。"⑤ 而这个机器就是他的"五权宪法"的主张。

① 《孙中山选集》(下)，人民出版社 1956 年版，第 522 页。
② 《孙中山全集》第 5 卷，中华书局 1985 年版，第 319 页。
③ 《孙中山全集》第 4 卷，中华书局 1985 年版，第 331 页。
④ 《孙中山选集》(下)，人民出版社 1956 年版，第 488 页。
⑤ 《孙中山选集》(下)，人民出版社 1956 年版，第 582～583 页。

以“五权分立”为基本内容的宪法即五权宪法，是孙中山在推翻封建帝制，创建民国的斗争中，吸取孟德斯鸠的“三权分立”学说和中国古代任用官吏的考试、监察制度的合理因素的基础上，作为三民主义的民权主义组成部分提出来的。它的基本点是五权分立，即把立法、行政、司法、考试、监察五权分开，设立相应的五院，即立法院、行政院、司法院、考试院、监察院，五院分掌五权，各自独立，各执其事，互相牵制监督。

五权分立，相互制约，相互制衡，这在中国政治制度的发展历史上，是从来没有过的。中国封建社会的政治传统，是高度集中和大一统的权力运行方式，司法机关、监察机关长期附属于行政权力，对政府官员的录用、考试，也都受制于皇权和行政权力。孙中山的五权分立模式，使具有西方分权制衡特点的政治体制，涉足中国政治生活，不仅给人们全新的政治空气，而且也给日后中国现代民主政治和法治建设留下了有益的经验教训。

但强调权力的制衡却不能影响政府权力的集中统一。鉴于三权分立制常常造成议会专制和政府无权的局面，孙中山力主“以五权分立救三权鼎立之弊”。“分立之中，仍相联属，不致孤立，无伤于统一”。当然，集中和统一不是绝对的，它仍需必要的分职与分工，这“好像一个蜂窝一样，全窝内的觅食、采花、看门等任务，都要所有的蜜蜂分别担任，各司其事”。同样道理，“政府替人民做事，要有五个权，就是要有五种工作，要分成五个门径去做工”，“政府有了这些做工的门径，才可以发出无限的威力，才是万能政府”。① 显然，这种五权分立的政府权力机构的构想，与三权分立制是有重大区别的，这不仅仅是三权之外再加上两权，更重要的还表现在：一个强调的是权力的相互制衡，即消极的分权；一个则是在权能分治前提下，强调权力之间的分工以及分工条件下的

---

① 《孙中山全集》第9卷，中华书局1986年版，第355页。

合作，五权都属于治权范畴。孙中山排斥政府权力系统的相互制约机制，确定五权之间的分工合作关系，这也就是他主张的“万能政府”模式。

在强调治权分设的同时，孙中山还强调以法律对中央与地方权力进行合理的划分。他提出：“关于中央及地方之权限，采均权主义。”① 这一思想的核心是以事务的性质作为划分中央与地方管理权限的基本标准和基本原则。具体而言就是依据事务的性质，对中央和地方的管辖权进行科学、合理的划分，使“有全国一致之性质”的事务，其治权由中央管理；使“有因地制宜之性质”的事务，其治权由相应的地方政府来管理。孙中山均权主义思想的提出，使中央与地方的权力不再单纯以自身获得更多权力为目标，而是以宪法和法律加以明确区分和规定。这种以制度化、法治化为核心的治国方针，乃现代国家建设的必由之路。

孙中山是彻底的民主主义者。他认为，西方式民主政治实行了一两百年，到头来仍未真正解决民权问题。在这种代议政体里，人民仅有选举权，这种间接民权必然导致诸多弊病。因此，孙中山在设计一个万能政府的同时，也设计了对万能政府的制约，这就是大多数人以四大民权（选举权、罢免权、创制权、复决权）对政府权力运行加以制约。他称之为“权能分治”或“以权制能”。

孙中山把政治的大权分为两个：一个是人民权，另一个是政府权。人民权又叫“政权”，是“集合众人之事的大力量”，也叫“直接民权”。政府权又叫“治权”，是“集合管理众人之事的大力量”。“政权”与“治权”之间的关系是：人民是国家的主人，是国家权力的象征和政府的原动力，“用人民的四个政权来管理政府的五个治权，那才算是一个完全的民权的政治机关”。② 孙中山认

① 《孙中山全集》第9卷，中华书局1986年版，第123页。
② 《孙中山全集》第9卷，中华书局1986年版，第352页。

为，对政府官员的选举、罢免，是对政府官员的确定和对背离了既定轨道的政府官员队伍的矫治；对法律的创制、复决，是对立法机关不符合人民利益的权力运行的矫治。人民掌握了四大民权，就等于掌握了五权政府这架大机器的“掣扣”，政府的威力再大，也要听从人民的支配。孙中山的“以权制能”保证了政府权力运行被置于大多数人的制约之下，使大多数人在政治运作过程中得以参与。孙中山继承了权力必须制约的宪政理念，以政权制约治权，以民权制约政府权，这是指向以实现大多数人的利益为目标这一现代宪政的价值属性的。

权能分治的理论突出强调人民政治和民主权利。孙中山认为，作为个人，人民应享有“集会、结社、言论、出版、居住、信仰之完全自由权”。人民的这些权利，既不能被剥夺，也不能被让予。孙中山的宪政思想，将传统的“民本思想”发展成具有现代色彩的民主思想，对唤醒人民的人权意识和确立人民的主人翁地位，无疑具有先导的启蒙价值。

总之，五权宪法，权能分治理论的创立，充分表明孙中山不愿走西方分权制衡的老路，而希冀在中国建立一个以民主主义集权制为原则的最新式共和国。由近代的盲目效仿到现代的综合创新，这是中国宪政运动发展史上的一个转折点，而孙中山也不愧为近代中国宪政法治运动的奠基人。

三、锐意改革，以民为本，实践法制现代化

孙中山不仅在政治上勾画了一个民主、法治的新中国蓝图，而且在实践上也是一个法制现代化运动的积极开拓者。在南京临时政府成立后，孙中山即着手进行法制改革，荡涤烦苛，铲除封建法制的余毒，建立与民主、共和精神相符合的现代新法制。

首先，确立了法律面前人人平等、保障人权的基本原则。

孙中山吸收了西方资产阶级提出的“天赋人权”、“自由平等

博爱”、“法律面前人人平等”的主张，并致力于推动它们落实到革命事业和法律变革中。在《临时约法》中，首次以法的形式公开宣告：“中华民国人民一律平等，无种族、阶级、宗教之区别。”明确规定人民享有选举、担任公职、言论、著作、游行及集会、结社、通信、信教、请愿、人身、住宅、居住、迁徙、财产等各项权利或自由。根据国民权利原则，南京临时政府一再立法保护人权；要求取消封建时代的贱民制度和人口买卖。1912年3月，内政部先后发布《禁止买卖人口文》和《通令疍户惰民等一律享有公权私权文》，正式废除一切等级特权和人格歧视的不公正法律，体现了孙中山为首的南京临时政府的法律平等与民主、人权意识。

其次，积极推动人道、民主的现代司法制度的建立。

中国古代的司法传统是典型的专制主义、报复主义、惩罚主义、威吓主义的司法制度。孙中山对这种极其黑暗腐朽、野蛮残酷的诉讼审判制度作了无情的批判。他指出：“民事诉讼是公开的受贿竞赛；刑事诉讼程序只不过是受刑的代名词——没有任何预审——对被告进行不可名状的、难以忍受的酷刑拷打，不仅对难有证据的嫌疑犯是如此，而且对被任何一个兵勇或地位较高者告发的人也是如此。”① 因此，孙中山强烈主张改变这种“暴虐残忍”的刑罚制度。南京临时政府成立后，孙中山积极推动改革旧的司法制度，创建带有近代色彩的司法原则和制度。主要有：

（1）禁止刑讯、体罚等酷刑，推进向人道、文明的近代刑罚制度转变。孙中山指出：“刑罚之目的在维持国权、保护公安……非快私人报复之私，亦非以示惩创使后来相戒……苛暴残酷，义无取焉。”命令今后“不论行政、司法官署，及何种案件，一概不准刑讯。……从前不法刑具，悉令焚毁”。② 在《禁止体罚令》中，

① 《孙中山集外集》，上海人民出版社1990年版，第7页。

② 《孙中山全集》第2卷，中华书局1982年版，第157页。

孙中山指出：“夫体罚制度为万国所摒弃，中外所讥评。”必须“申明禁令，迅以革除”，“不论司法、行政各官署，审理及判决民、刑案件，不准再用笞杖、枷号及他项不法刑具。大罪当笞杖、枷号者，悉改科罚金、拘留”。① 在死刑执行上，也坚决反对用腰斩、枭首、凌迟等酷刑，主张用绞刑或枪毙。

（2）孙中山还根据“五权分立”、司法公正的精神，对封建专制主义之司法体制加以改革，建立现代司法制度。他主张司法独立，认为“司法为独立机关”，所有司法人员必须是“应法官考试合格人员，方能任用”。② 主张建立律师制度，允许被告人请律师为自己辩护。为此，南京临时政府还草拟了《律师法草案》。主张法院应该公开审判，审讯时，应该任人旁听，才能保证大公无私，“庶无出无入之弊”。主张法院断案应重证据不重口供，等等。以上主张，为中国建立现代司法制度迈出了可贵的一步。

再次，孙中山还积极推动、促进资本主义经济发展的法律体系的建设。

中国古代法律以确认和推行重农抑商为基本国策，保护封建自然经济，排斥近代商品经济的发展。尽管近代以来产生了民族资本主义经济，但在法律上却不享有丝毫的地位。清政府一直到灭亡为止也没有制定出比较完备的民商诸法出来。南京临时政府成立后，积极制定保护民族资本主义发展的法律、法规，以创建并巩固民国政权的经济基础。

《临时约法》规定，“人民有保有财产及营业之自由”，内务部在《通上保护人民财产令》中也明确规定：“凡在民国势力范围之人民，所有一切私产，均归人民享有。”保护私有财产法令的颁布，极大地保护了资产阶级的经济利益，促进了民初资本主义工商

---

① 《孙中山全集》第 2 卷，中华书局 1982 年版，第 225 页。

② 《孙中山全集》第 2 卷，中华书局 1982 年版，第 281 页。

业的发展。

除此以外，以孙中山为首的南京临时政府还积极推动近代一系列资本主义法律制度的建立，试图构建资本主义的“六法”体系。早在1912年1月5日，孙中山就在《对外宣言书》中提出：“吾人当更张法律，改定民、刑、商法及采矿法则；改良财政、蠲除工商各界种种限制”。① 在南京临时政府存在的几个月时间，孙中山推动颁布的新式法规不下几十项，内容涵盖农林、水利、渔业、工业、矿业、商业、铁路、航运、邮政、金融等各个方面，基本上构建了近代意义的法律蓝图。可以说，南京临时政府时期是中国法制现代化的一个十分重要的阶段，孙中山在其中扮演了十分重要的角色。

最后，孙中山还十分重视立法制度的改革，强调把立法权交给人民。

孙中山认为，要改革法律制度，就必须改变“官场一语，等于法律”和“国家法律，非人民所得与闻”的局面，把立法权交给人民。人民不仅应该享有选举权和罢免权，而且应该享有创制权和复决权。他说：“人民要做一种事业，要有公意可以创订一种法律，或者是立法院可、立了一种法律，人民觉得不方便，也要有公意可以废除，这个创法废法的权便是创制权。什么叫做复决权呢？立法院若是立了好法律，在立法院中的大多数议员通不过，人民可以用公意赞成来通过，这个通过权，是叫做复决权。”②

主张把立法权交给人民，人民应该有权管理法律，这是孙中山法治与民权相结合思想的又一体现。尽管他的这种主张也和他的整个五权宪法思想一样，没有能够实现，但他的立法权归人民，人民自己来管理法律的民主主义精神是不可磨灭的。

---

① 《孙中山全集》第2卷，中华书局1982年版，第157页。

② 《孙中山选集》（下），人民出版社1956年版，第587页。

孙中山先生是一位伟大的资产阶级革命家，是中国民主革命的先行者。把旧中国建设成为现代化的国家，这是孙中山一生追求并为之奋斗的事业。法制现代化是国家现代化的重要组成部分，也是国家现代化系统工程的关键工程。孙中山的法制现代化思想既紧跟世界发展的潮流，善于吸取世界政治法律文化的精华，表现出鲜明的时代特征；同时它又立足于中国的历史与实际，善于古为今用，推陈出新，体现出独有的民族特色；它时刻以关注人民，关注民生为归依，富有鲜明的人民性和民主性。从以上所述，我们也不难看出，民主是孙中山法律思想的核心，法治必须与民主相结合是孙中山法律思想的主线。他提出的关于推翻帝制，建立共和国的思想；关于人民是国家主人，政府和官吏是人民公仆的思想；关于立法权应归人民，人民自己管理法律的思想；关于以民主主义思想为指导，荡涤烦苛，改革法律制度的思想，等等，在中国近代法律史上都具有划时代的意义。而他提出的“五权宪法”、“权能分治”的宪政理论尽管带有浓厚的资产阶级政治法律思想的特点，存在不可避免的缺点和局限性，却代表了旧民主主义时期中国的最高法律成就，是中国共产党诞生以前最富有革命性、民主性和现代性的法律思想，也是近代中国法制现代化的重要理论渊源和实践基础。孙中山以他自己的思想和实践开创了中国政治法律制度的新时代，我们应该在批判继承的基础上努力寻找智慧的启迪和力量。

第五章 李大钊的法律思想

李大钊是杰出的马克思主义革命家、政治家和思想家，是中国共产党的早期创始人之一，他一生通晓社会科学的各个领域，尤其是他的法律思想不仅继承前人、超越前人，而且他还是中国近代史上第一个系统阐述马克思主义法律观和社会主义法制观的代表人物。本章主要论述李大钊法律思想的形成、发展及向马克思主义和社会主义法律观转变的历史进程，分析其法律思想的现代启示。

一、主权在民的“民彝”法律观

在李大钊早期的著作中，“民彝”首先是作为一个政治概念而出现的。他引用《诗·大雅·烝民》来解释民彝，说：“诗云：天生烝民，有物有则。民之秉彝，好是懿德。言天生众民，有形下之器，必有形上之道。道即理也，斯民之生，即本此理以为性，趣于至善而止焉。爰取斯义，锡名民彝，以颜本志。”① 将“民彝”解释为人民的天赋理性。又说：“明古者政治上之神器在宗彝，今者政治上之神器在民彝。宗彝可窃，而民彝不可窃也；宗彝可迁，而民彝不可迁也。然则民彝者，悬于智照则为形上之道，应于事物则为形下之器，虚之则为心理之澄，实之则为之逻辑之用。”②“民彝者，吾民衡量事理之器”，“民彝者，民宪之基础”，“民彝者，凡

① 《李大钊文集》（上），人民出版社 1984 版，第 153 页。
② 《李大钊文集》（上），人民出版社 1984 版，第 154 页。

事真理之权衡”。“民彝者，可以创造历史，而历史者，不可以束缚民彝”，等等。① 从以上解释中我们不难看出，李大钊所说的“民彝”，其主要含义就是人民意志的体现，是人民权利的象征，这种意志和权利的统一，就是民所固有的“秉彝”。意志体现形上之道，权利则代表形下之器，以彝释民则显示了民的神圣。因为彝在中国古代文化中就代表了法度和权威之意。在李大钊看来，只有最具有权威性的东西才能够成为“吾民衡量事理之器”，成为民主政治的基础和捍卫共和的思想武器。

李大钊认为，民彝是人天赋的本性，是不可予夺、不可压制的，因此，对待民彝的态度应该是“听民彝之自为趋向、因势而利导之”，② 而不是对民彝的横加阻遏。他对“大盗窃国，予智自雄”的袁世凯进行了猛烈的抨击，认为其复辟帝制的行为是“盗劫民彝罔惑民彝”，“终当听命于民彝而伏诛于其前”。③ 李大钊高度颂扬民彝的伟大作用：“民彝者，可以创造历史；不可以束制民彝。”④

从民彝创造历史的观点出发，李大钊对政治、法律问题作了认真的探索与思考，提出“民彝，民宪之基础也”，⑤ 将民彝，也就是人民的意志、愿望与要求看成是国家制定法律的基础与根据，一切法和政治都只不过是人民畅达意志的手段和工具。所以，一切法律和政治都该以民彝为基础，最佳的政治是对人民意志与欲望的因势利导，最佳的法律也该是“因性以为法”，而不是“立法以禁欲”。⑥ 另外，人民的心理、意志、愿望又是不断发展变化的，作

① 《李大钊文集》（上），人民出版社 1984 版，第 157 页。
② 《李大钊文集》（上），人民出版社 1984 版，第 159 页。
③ 《李大钊文集》（上），人民出版社 1984 版，第 153 页。
④ 《李大钊文集》（上），人民出版社 1984 版，第 164 页。
⑤ 《李大钊文集》（上），人民出版社 1984 版，第 175 页。
⑥ 《李大钊文集》（上），人民出版社 1984 版，第 156 页。

为民彝表现形式的法，自然要随民彝的更新与发展而变化。从辛亥革命以后的政治斗争实践中，李大钊总结出一个深刻的教训，就是“不能纯恃法律万能之力，以求致治之功”，而要以民彝辅之，尊重民彝，使其助“理之力”。“既以理之力为法之力开其基，更以理之力为法之力去其障，使法外之理无不有机会进入法之中，理外之法无不有其缘以失法之力。”① 在法与理之间，“必使法之力与理之力息息相攻，即息息相守，无时不在相摩相荡相克相复之天，即无时不得相调相剂相蓄相容之分”，② 实现法与理的统一。因此，李大钊认为“国之存也存于法，国之生也生于理”，③ 法律是国家赖以存在的保障，理（即民彝）则是人生命价值之所在。法律可以稳定社会秩序，理则可以促进社会进步。必须将人民的意志上升为国家法律来安定社会秩序，同时，又要依照人民心理变更、改进法律，促进社会向前发展，使法律的进化与社会的发展同步，从而实现社会有秩序的进步与发展。

李大钊认为民彝是与专制直接相对的，它是立宪政治的根本。“盖唯民主义，乃立宪之本；英雄主义，乃专制之源。”④ 他认为，中国长期实行专制统治的思想根源就是国人只有英雄主义观念而缺少民彝观念，这就致使那些野心家利用国民的心理弱点，以尧、舜、汤、武自居，一些趋炎附势之人，为之奔走，大唱赞歌；而那些思治心切的人祈求非常之人出任非常之事业，也盲目地崇拜那些以尧、舜、汤、武自居的人，这种现象是由一般国民依赖英雄、蔑视自我的心理造成的，它是专制主义赖以存在的思想基础。因此他呼吁人民要清除对英雄人物的迷信，树立牢固的民彝法制观念，这样专制就丧失了存在的基础。李大钊对袁世凯复辟帝制、尊孔复古

① 《李大钊文集》（上），人民出版社 1984 版，第 174 页。
② 《李大钊文集》（上），人民出版社 1984 版，第 174 页。
③ 《李大钊文集》（上），人民出版社 1984 版，第 173 页。
④ 《李大钊文集》（上），人民出版社 1984 版，第 167 页。

的行为予以猛烈的抨击，强调这是违反民彝的倒行逆施。他指出："宪法为国民自由而设，非为皇帝、圣人而设也。"① 李大钊特别强调要人力提高国民素质和法律意识，他将辛亥革命失败的原因直接归结为广大群众的不觉悟，归结为人民"德衰力薄"，并指出致使人民德衰力薄的社会根源在于中国延续了二千多年的封建君主专制制度，提出"秉民"就必须彻底抛弃君主专制的观念，仿效西方实行民主、法治的政治。这种新型政治必以"惟民主义为其精神"，"以代议制度为其形质"，是"国法与民彝间之连络愈益疏通之政治"。②

李大钊的"民彝"法律思想，就其本质而言是一种理与法相统一的理想法思想，他把民彝、"唯民主义"看做是政治和法律的根本和核心，认为政治和法律应该是全体人民意志的体现。"政治者，一群民彝之结晶"，③ "彝性之所趋，虽以法律禁之，非所畏也。彝性之所背，虽以法律迫之，非所从也"。④ 由此可见，李大钊的民彝思想充分体现了资产阶级激进民主主义者"主权在民"的法律原则和主张。

二、再造中国的宪政理想

以民彝法律观为基础，李大钊所设计的政体模式以西方民主共和国为典范，"顾此适宜的政治，究为何种政治乎？则惟民主义为其精神、代议制度为其形质之政治"；而"夫代议政治，虽起于阶级之争，而以经久之历验，遂葆有绝美之精神焉"。⑤ 李大钊以其丰富的宪法学理论知识，同时密切注意、结合当时中国的立宪活动

① 《李大钊文集》（上），人民出版社 1984 版，第 448 页。
② 《李大钊文集》（上），人民出版社 1984 版，第 173 页。
③ 《李大钊全集》第 1 卷，河北教育出版社 1999 年版，第 151 页。
④ 《李大钊全集》第 1 卷，河北教育出版社 1999 年版，第 164 页。
⑤ 《李大钊文集》（下），人民出版社 1984 年版，第 158 页。

与政治实践阐述了改造中国的宪政主张。

李大钊认为，实现宪政制度是建设未来法治国家的重要基础和前提。而要实行宪政，最重要的是要有一部“善良的宪法”，“宪法者，国命之所由托”，“有善良之宪法，始有强固之国家”。①他所办的《宪法公言》杂志的宗旨就在要“阐明宪政之精微，助长法律之思潮，以荡涤专制之邪秽而涌现一尽美尽善之民国宪法”。李大钊非常重视立宪的精神，他把宪法看做是自由的保障书，“宪法者，现代国民自由之证券也”,②“盖自由为人类生存必需之要求，无自由则无生存之价值。宪法上之自由，为立宪国民生存必须之要求；无宪法上之自由，则无立宪国民生存之价值。……苟欲求善良之宪法，当先求宪法之保障充分之自由”。③他对在《天坛宪法草案》中附加“以孔子之道为修身之本”的词句，持明确的反对态度，认为这是“以圣人之虚身劫持吾人之思想自由”，“其宪法将为萌芽专制之宪法，非为孕育自由之宪法也”。④这些都表明他将宪法看做是自由价值的体现。

为了保障人民的自由权利不被侵犯，李大钊特别强调要维护制宪权的神圣性。他认为制宪权源于国民，是一国各项权力之首，居于至高地位而区别于普通的立法权，宪法“力能变易法律”，而普通法律却“不容抵触宪法”。⑤因而一国的宪法应该有其特殊的制定和执行机关。而袁世凯主张大总统拥有制定和公布宪法的大权，对此李大钊明确表示反对，认为这是“临于宪法之上”，一举揭穿了袁世凯专制独裁的险恶用心。

在李大钊憧憬的青春中国里，他主张多党竞争的法治化宪政模

---

①《李大钊全集》第2卷，河北教育出版社1999年版，第403页。

②《李大钊全集》第2卷，河北教育出版社1999年版，第449页。

③《李大钊全集》第2卷，河北教育出版社1999年版，第432页。

④《李大钊全集》第2卷，河北教育出版社1999年版，第449页。

⑤《李大钊文集》（上），人民出版社1984版，第61~62页。

式，主张政治上应学习西方资产阶级民主制度，实行“有容”、“有抗”的原则，应该容纳不同的政治势力存在，允许这些势力自由竞争，“抗行竞进”，即“欲使社会之为有秩序之进步，最宜使二力同时皆有活动之机会。即使二力为空间的交互动作，勿使徒为时间的交互动作”。① 李大钊认为，宪法就在于调和国内各种政治势力，而不使宪法成为对各种社会势力的蓄意防制。他认为在制定宪法时有“调和”与“抵抗”两规律不能违反，并且这两者“其用相反，其质相同”。宪法的作用就是使这两方面的力量相互作用，求得平衡。如果一味的抵抗，则各种势力无法在宪法中找到生存空间，势必就会寻找其他的途径，那样越轨的行为就会层见而迭出，势必会影响社会稳定。从宪政制度的角度说，就是让不同的政治势力纳入多党制中，实行政治上的自由竞争和发展，这样就可避免一种政治势力推翻另一种政治势力的剧烈震荡，从而实现有秩序的进步。另外，他对社会上存在的各种势力也提出了自己的希望，各种势力应该接受宪法约束自己的权力范围，使自己容纳于政治正轨。

李大钊还对未来中国立宪政体的制度模式进行了精心的设计。他强调宪政制度每个国家均不相同，中国应根据自己的国情及历史特点选择与之相适宜的政治模式。比如，在采取一院制或二院制的问题上，他以英国议会制度的演变为例讨论两种制度的利弊，主张中国采取一院制，并且必须与间接选举、限制选举相联系。他认为，我国不能实行二院制是因为我国未实行直接的普通选举，而选举制度对于宪政来说又是至关重要的。他指出：“立宪政治之精神，权舆于选举制度，故从立宪政治之进运，而选举权界赋之范围亦日益扩张以达到均普。”② 此外，李大钊还考察了“弹劾”、议

① 《李大钊全集》第2卷，河北教育出版社1999年版，第410页。
② 《李大钊全集》第1卷，河北教育出版社1999年版，第643页。

院的薪俸、议员在议会中的言论、元首权力与法律颁行程序等具体法律问题。这些都反映了李大钊精深的宪法学理论素养以及对国情的深刻认识。

总体上看，李大钊的宪政思想由于受西方自由主义法律思想影响较深，比较注重个人自由与权利，重调和而不是革命，这使得其宪政思想基本上隶属于资产阶级市民宪法体系。同时，他对袁世凯垮台之后的北洋军阀政权仍寄予很大的希望，因而对西方资产阶级宪政思想的研究与宣传表现出浓厚的兴趣与热情，并把希望寄托于中国实行真正的宪政制度以及训练国民的立宪修养上，幻想以和平方式完成“再造中国”的目标。同时，由于李大钊主要接受的是西方资产阶级宪法原理与思想，没有注意到宪政实践过程中所遇到的中西法律文化冲突及法律的文化价值等问题。

三、平民主义和社会主义法律观的产生

李大钊属于承前启后的一代人。他所处的时代，既存在着旧世纪的一切污泥浊水，又已迎来新世纪的曙光。在五四新文化运动的激荡下，他迅速与旧的思想体系诀别，最终成为一个马克思主义者和科学社会主义者，他的法律思想也在发生着激烈的变化。

孙中山领导的护法运动的失败使得李大钊痛感失望。他愈加认识到，中华民国与其“国家政治之性质品位”相比，“尚不知相去几千万里”。也就是说，他对资产阶级民主革命和资产阶级民主共和制度愈来愈表示怀疑与失去信心。十月革命胜利的消息使李大钊深受鼓舞，在开始接受马克思主义的同时，他开始运用历史唯物主义的观点来考察人民群众在历史中的作用。他热情歌颂在世界无产阶级革命高潮中表现出来的群众运动的伟大力量，认为这是滔滔的历史潮流，是任何反动力量都不能防御得了的，指出今后人类发展的前景必是“劳工的世界”，并断定“民众的势力是现代社会上一

切构造的惟一基础”。① 他阐发了人民群众要依靠自己的力量解放自己的观点，他说：“真正的解放，不是要求人家网开三面，把我们解放出来。而是靠自己的力量，抗拒，冲决，使他们不得不把我们解放出来。不是靠权威的恩典，把我们头上的枷锁解开，是要靠我们自己把它们打破，在黑暗中打出一条路来。”他还指出，人民群众要依靠联合的力量，去“创造一种世界的平民的新历史”。②

由于李大钊这时把人民群众看做历史的主体和革命的依靠力量，因此在法律思想方面，他开始用平民主义和平民政治来重新思考先前所向往的资产阶级代议政治。他已经深刻意识到这种代议政治的虚伪性，指出：“此方法的妙处，在以人民代表美名之下，使此机关仅为饶舌的机关，为中产阶级装璜门面，而特权政治则在内幕中施行。”他强调：“真正的平民政治非打破这虚伪的议会制度必不能实现。”③ 从这时起，他已经完全抛弃了在中国建立议会政治的思想，转而要求建立平民主义政治和法制。李大钊的平民主义法律观就是在这种斗争背景下形成的。

对于“平民主义”的内涵，李大钊引用马莎莱客的话进行了诠释：“平民主义的政治和社会的目的，乃在废除属隶与统治的关系。平民主义的本来意思是‘人民的统治’，但现代平民主义的目的已不全在统治，而在属于人民，为人民，由于人民的执行。”“现代的平民主义已全无对人的统治，只有对于事物的执行和管理。”④ 在这种现代平民主义社会下，国家和政治法律机关已失去政治性和统治功能，而完全是“属于人民，为人民，由于人民”的新型社会，这是与旧式的“中产阶级”的所谓“平民政治”绝然不同的社会形态。为了与传统的平民政治相区别，他引用了一个

① 《李大钊文集》（下），人民出版社 1984 年版，第 239 页。
② 《李大钊文集》（下），人民出版社 1984 年版，第 365 页。
③ 《李大钊文集》（下），人民出版社 1984 年版，第 108 页。
④ 《李大钊文集》（下），人民出版社 1984 年版，第 570 页。

新名词即“工人政治”，认为只有“工人政治”才是纯化的“平民主义”、纯正的“平民主义”、真实的“平民主义”。要实现“工人政治”，必须“以无产阶级的权力代替中产阶级的权力，以劳工阶级的统治代替中产阶级的少数统治”。在这一时期，“实有统治的意味，并且很严，大权全集于中央政府，以严重的态度实行对别的阶级的统治。……直到中产阶级的平民政治的特色私有制完全废止”。这时“统治的意义，将渐就消泯，以事物的管理代替人身统治”。只有在这个时候，“工人政治就是为工人，属于工人”。① 由此可见，这种平民主义政治已经是一种与资产阶级政治相对立而与社会主义相联系的新型民主政治。

李大钊对平民主义或社会主义政治下的民主法制进行了描述：“使政治体中的各分子，均得觅有机会以纳其殊能操于公共生活之中，在国家法令之下，自由以守其轨范，自进以尽其职分；以平均发展的机会，趋赴公共福利的目的；官吏与公民，全为治理国家事务的人；人人都是治者，人人都非隶属。……国家与人民之间，但有意思的关系，没有强力的关系；但有公约的遵守，没有强迫的压服；政府不过是公民实现自己的政治事物的工具罢了。”② 这就是李大钊所向往的真正的以民为主、民主与法制有机地结合在一起的实现了所有人真正平等的理想社会。这个社会是真正的人民当家做主的社会，是所有人民能够享有自由、发展个性、法治发达的社会。在这种社会制度下，法制保障绝大多数人的民主与自由，同时又坚持多数原则与少数原则的统一。李大钊是这样设计的：在一个问题发生时，每个人以自由、公平的态度讨论，发表意见，以达到共同一致的认同。“商量讨论到了详尽的程度，乃依多数表决的方法，以检验其结果。在商议讨论中，多数宜有容纳少数方面的精

① 《李大钊文集》（下），人民出版社 1984 年版，第 572 页。
② 《李大钊文集》（下），人民出版社 1984 年版，第 592 页。

神；在依法表决后，少数宜有服从全体决议的道义。”① 这表明公共的意志（法律）不是仗着多数人对少数人的强力，而是靠着共同的认可。取决多数只不过是表示共同认可的一种方法罢了。此时的法律已不再具有阶级压迫、阶级专政的工具的含义，而是执行大多数人意志的一种手段而已。这表明李大钊已初步形成了社会主义的民主法制观。

在接受马克思主义的同时，李大钊也开始运用马克思主义的法律观来考察政治法律现象。李大钊认识到政治和法制都只是上层建筑的一部分，它是由经济基础决定的，认为法律这个“人类的综合意思中最直接的表示，也只能受经济现象的影响，不能与丝毫的影响于经济现象”。② 在《物质变动和道德变动》一文中，李大钊还阐明了法律具有阶级性的观点。他说：“现在的法律是阶级的法律，政治是阶级的政治，社会是阶级的社会。”③ 这表明他已经找到了马克思主义法律思想的真谛。而在《再论问题与主义》一文中，李大钊更指出：“依马克思主义唯物史观，社会上法律、政治伦理等精神的构造，都是表面构造。他的下面，有经济的构造作他们一切的基础。经济组织一有变动，他们都跟着变动。换一句话说，就是经济问题的解决是根本的解决。经济问题一旦解决，什么政治问题、法律问题、女子解放问题等等，都可以解决。” “照法律方面言，必须将旧的经济生活与秩序，废止之，扫除之，如私有权及遗产制。而另规定一种新的经济生活与秩序，将资本财产法、私有者改为公有者之一种制度。”④ 可以说，李大钊已经认识到政治、法律问题已不单纯为某一方面的问题，而是由当时的社会经济基础决定的，只有改变落后的封建半封建半殖民地的社会经济关

① 《李大钊文集》（下），人民出版社 1984 年版，第 594 页。
② 《李大钊文集》（下），人民出版社 1984 年版，第 59 页。
③ 《李大钊文集》（下），人民出版社 1984 年版，第 143 页。
④ 《李大钊文集》（下），人民出版社 1984 年版，第 373 页。

系，才能彻底扫除中国政治和法制现代化的障碍因素，实现再造中国的目标。可以说，李大钊已经给我们描述通向法制现代化的美好蓝图，这就是社会主义的民主和法制的蓝图。可惜李大钊由于过早牺牲并没有看到他所向往的这一美好目标的实现。

李大钊思想在20世纪思想史上所处的位置是相当特殊的。李大钊所处的时代正是旧民主主义行将终结，新民主主义，即无产阶级的民主主义即将诞生的历史转折时期，李大钊早期的法律思想正反映了这两种不同思想体系此消彼长的历史进程，反映了中国近代法律思想的又一次历史性的伟大转折（前一次是从封建主义向资本主义法律思想的转变，这是近代前80年的主题）。从这个意义上说，李大钊的法律思想是超前的，揭示了中国近代法制发展的方向。而李大钊也不愧是中国近代无产阶级和社会主义法律思想的开拓者和奠基人之一。

当然，由于李大钊是从激进民主主义者转变成为共产主义者的，因此他早期的法律思想还存在着浓厚的自由主义特征，这使得他对社会主义与民主、自由及法制的认识更有一番自己独到的见解。例如，他在批判资产阶级民主政治虚伪性的同时，又特别强调社会主义与民主在精神上是相同的。他说："真正的德谟克拉西，其目的在废除统治与屈服的关系，在打破擅用他人一如器物的制度。而社会主义的目的，亦是这样。"① 同时，他认为，自由与社会主义也并不相悖，"社会主义是保护自由，增加自由者，使农工等人均多得自由"，② 社会主义下的自由是"真实的自由"。另外，社会主义下的秩序是"真实的秩序"，"真实的秩序不是压服一切个性的活动，是包蓄种种不同的机会使其中的各个分子都可以自由

① 《李大钊文集》（下），人民出版社1984年版，第574页。
② 《李大钊文集》（下），人民出版社1984年版，第357页。

选择的安排，不是死的状态，而是活的肌体”。① 因此，社会主义社会的法制就是保证公民合理地发展个性，并随着社会的进步而保障赋予公民个性发展的更多机会。在社会主义社会，自由、民主和法制是有机统一的。从这些论点我们可以看出，李大钊的社会主义法律思想一方面是对资产阶级代议制度和民主、法治学说的否定；另一方面又是对其精华性内涵的继承与发展。这些思想观点对我们今天所进行的社会主义民主和法制建设无疑有着深刻的启发意义。

① 《李大钊文集》（下），人民出版社 1984 年版，第 438 页。

第六章　毛泽东与中国法律思想的演进

20世纪初叶，无疑是中国近代思想史上最伟大的转折时期。从各种思想的异彩纷呈到马克思主义的一枝独秀，近代先进中国人经历了中国历史上最伟大的思想变革。毛泽东无疑是这一时代的真正代表，尤其是他早期的政治法律思想始终坚持与时俱进，不断创新，在某种意义上代表了中国近代政治法律思想转型的历史进程，也体现了中国近代先进文化的前进方向。

一、从改良到革命——毛泽东早期法律思想的产生

毛泽东最早接触法律始自儒家经典，青少年时代的毛泽东乐于阅读古代经典名著，有时背诵如流。中国古代进步思想家的法律思想对其影响颇深，特别是先秦思想巨擘荀子的朴素唯物主义的法律观。《荀子》说："礼起于何时？曰：人生而有欲，欲而不得，则不能无求，求而无度量分界，则不能不争。争则乱，乱则穷。先王恶其乱也，故制礼仪以分之，以养人之欲，给人之求。使欲必不穷乎物，物必不屈于欲，两者相持而长，是礼之所起也。"① 这里，荀子是以"性恶"作为理论基础来阐发他的礼法起源观的。青年毛泽东在一定程度上受到了荀子思想的影响。他说："人类生活全是一种现实欲望的扩张。这种现实欲望，只向扩张的方面走，决不

① 《荀子·礼论》。

向减缩的方面走。”① 因此，他主张“法律本于人情”，② 认为法律应当满足人欲，另一方面他又主张人欲不能不加限制，节制人欲的规范就是“礼法”。毛泽东最早是接受了这些封建传统法律思想影响的。

如同近代中国许多进步思想家一样，毛泽东也是从爱国、救国进而建立自己的政治法律观的。在中国近代史上，要求变法图强的改良主义思想曾经盛行一时，青年毛泽东也曾经历过受改良主义法律思想影响的过程。当时，他受康有为、梁启超等改良派君主立宪法律观的影响，曾主张：“今日之中国，应像英日等国一样，宪法为人民所制定，君主为人民所推戴”，而不应再同“数千年来盗窃得国之列朝，法令为君主所制定，君主非人民所心悦诚服”。③ 但是，毛泽东的立宪观点与康、梁的改良主义又有所不同，他认为宪法不应由皇帝制定，而应由人民制定。这是毛泽东最早主张人民立宪的思想的萌芽，也是毛泽东早期法律思想光芒耀人之处。当然，这时的毛泽东还只是希望有康有为、梁启超那样的杰出人物来辅佐朝政，实行君主立宪，通过变革使国家富强起来。

毛泽东对君权的否定，是在1911年春到省城长沙进入湘乡驻省中学就读以后的事情。这年4月，孙中山、黄兴等在广州发动武装起义，给予毛泽东很大的影响。他通过阅读《民立报》和其他一些革命宣传品，了解到广州起义的情况和孙中山三民主义的革命纲领，心情非常激动，于是写了一张墙报，公开主张推翻腐朽的清王朝，建立民国政府，并提出把孙中山请回来当总统，康有为当国务总理，梁启超当外交部长。此时，毛泽东还不清楚改良与革命的界限，但已经表明毛泽东开始从君主立宪向民主共和国的主张

① 《毛泽东书信选集》，人民出版社1986年版，第6页。

② 《毛泽东书信选集》，人民出版社1986年版，第292页。

③ 转引自汪澍白、张慎恒著《毛泽东早期哲学思想探源》，中国社会科学出版社1983年版，第42页。

转变。

1911年10月10日，辛亥革命爆发后，毛泽东一度参加了湖南新军。1912年春，毛泽东从新军退伍后，曾先后报考警政学校和法政学堂，一心想当一名警官和法官，憧憬着“将来当法学家和做法官的美好前景”。① 这期间，毛泽东考取湖南全省高等中学校，除继续学业外，他更加关注国家和人民的命运问题。1912年6月，毛泽东写了一篇题为《商鞅徙木立信》的作文，文章紧扣“立信”二字，从立法的角度，论述了政府要取信于民，不仅要有于民有利的法律，而且政府本身必须是民治的政府。他写道：“法令者，代谋幸福直具也。法令而善，其幸福吾民也必多，吾民方恐其不布此法令，或布而恐其不生效力，必竭全力以保障之，维持之，务使达到完善之目的而止；政府、国民互相倚系，安有不信之理？法令而不善,，则不惟无幸福之可言，且有危害之足惧，吾民又必竭全力以阻止此法令。虽欲吾信，又安有信之理。”文章指出：“商鞅之法，良法也。”“其法惩奸蠹以保人民之权利，务耕织以增进国民之富力，尚军功以树国威，孥贫怠以绝消耗。此诚我国从未有之大政策。”② 商鞅徙木立信的故事是我国古代法家法治思想中颇有代表性的事例，毛泽东在这里赋予该故事全新的解释，系统地阐发了法应是人民意志的集中体现以及统治者要以法取信于民、以法治国的思想。这应该是青年毛泽东最早的一篇系统的法律文稿。可以说，毛泽东的伟人逻辑，其起点始自法律。

二、从多元并立到“理想国家”——毛泽东民主主义法律思想的激荡

辛亥革命极大地促进了民主思想的传播。满怀报国之志的毛

① ［美］埃德加·斯诺：《西行漫记》，三联书店1979年版，第22页。
② 《毛泽东早期文稿》，湖南出版社1990年版，第1~2页。

泽东积极寻找各种救国的良方。1912 年 7 月，他离开高等中学后，寄居于长沙的湘乡会馆，以湖南图书馆为基地，过了半年的自学生活。在这里，他以极大的兴趣阅读了西方法学家如孟德斯鸠、卢梭、林肯等的名著，这些书籍所宣言的资产阶级民主主义思想对于青年毛泽东的政治法律思想产生了很大的影响。1913 年春，毛泽东考进湖南省立第四师范学校，次年该校与湖南省立第一师范学校合并。在第一师范的五年，是毛泽东文化科学知识取得长足进步的五年，也是他早期政治法律思想进一步向前发展的时期。在此期间，毛泽东深受各种主义、学说的影响，一度成为资产阶级民主主义、自由主义、空想社会主义和无政府主义等各种思想的崇拜者，他的政治法律思想也呈现“多元并立”的“大杂烩”。

毛泽东痛感民国建立以来的政治法律乱象，认为要救国必须变革现状。“改建政体，变化民质，改良社会，是亦日尔曼而变为德意志也”，“吾意必须再造之，使其如物质之由毁而成，如孩儿之从母腹胎生也”。① 主张对中国进行根本的变革。而要进行变革，又不能只从枝节入手，而必须从“大本大源”上解决问题。他说：“今日变法，俱从枝节入手，如议会、宪法、总统、内阁、军事、教育、实业，一切皆枝节也。枝节亦不可少，唯此等枝节，必有本源。”而“本源”又是什么呢？他说：“夫本源者，宇宙之真理。”“宇宙之真理”，“各具于人人之心中”。② 这里，毛泽东指出，宇宙真理存在于个体之中，个体体现宇宙，宇宙是由无数个体构成的，“各我集合，而成宇宙”。因此，宇宙、国家只有体现个体的利益，才是合理的。所以，结论是：“社会为个人而设，非个人为社会而设也。”大凡抹煞个性的法律及制度均在推翻之列。在这里，“天赋人权”和“主权在民”的含义依稀可辨。这是毛泽东树

① 《毛泽东早期文稿》，湖南出版社 1990 年版，第 201 页。
② 《毛泽东早期文稿》，湖南出版社 1990 年版，第 85 页。

立资产阶级民主主义法律观的理论基础。

以崇尚个性自由和人民主权为基础，毛泽东的法律思想一度受空想社会主义和无政府主义思想的影响颇深。1910年，日本学者武者小路实笃来中国宣传新村主义，创办《新村杂志》，曾风靡一时。毛泽东也读了一些无政府主义的小册子，很受影响，并赞同许多无政府主义的主张。其中，最赞同的要数无政府主义不要法律的主张。毛泽东曾不止一次地说："大同者，吾人之鹄也。"认为人们在极乐之中，"可尽毁一切世法，呼太和之气，而吸清海之波"。① 这表明毛泽东对法律持反对的态度。从1919年毛泽东由北京回湖南后一段时间的活动看，他是希望从事"以新家庭新学校及旁的新社会连成一块为根本理想"的新村实践的。他将自己的"新村"与康有为的"大同"相杂拌，主张建设一个院、社、场、馆、会等浑然一体的新群体。当然，这个新群体也没有给法律留下一席之地。不可否认，这种法律虚无主义思想影响，在很大程度上限制了他的法律思想的活跃。但是也不可否认，在毛泽东法律思想理论的发展过程中，由肯定到否定，由探寻到认识，留下了许多有价值的观点。特别是无政府主义反对现存的国家和法律这一观点较其他理论更接近马克思主义，因而承受无政府主义的法律观成为毛泽东向马克思主义法律观过渡的桥梁。

但毛泽东的新村计划未及实施即被北洋政府实实在在的法律和张敬尧的荼毒所粉碎，现实逼迫他不得不放弃原先不切实际的法律虚无主义的幻想而重新思考民主主义的法律救国之道。

1920年6月11日，湖南军阀张敬尧被驱逐出湖南，湖南自治运动风起云涌。毛泽东迅速成为运动的发起者和主要领导人。从6月14日他在上海《申报》发表《湖南改造促成会宣言》到10月8日湖南各界联合举行"召集人民宪法会议"的集会上毛泽东被推

① 《毛泽东早期文稿》，湖南出版社1990年版，第85页。

选为会议主席止，在自治运动和“省宪运动”期间，毛泽东发文20多篇，集中而系统地阐述了建立“湖南共和国”的民主主义法律思想。

首先，毛泽东针对民国初政治的混乱主张分裂“大中华民国”而将22个行省3个特区2个藩地建为27个共和国，勾画出立法上的联邦蓝图，赞成湖南独立立宪，实行自治，建立“湖南共和国”。后又在《“全自治”与“半自治”》一文中指出，自治不要满足于将“湖南省”改为“湖南国”，而要实现有法律意义的自主权。1920年10月5日在《由“湖南革命政府”召集“湖南人民宪法会议”制定“湖南宪法”以建设“新湖南”之建议》一文中，详细论述了湖南省宪法产生的途径和主要内容，可谓之毛泽东民主法律思想的大纲。文章认为，组织一个代表民意的“人民宪法会议”是实现湖南省宪运动的当务之急，只有这一性质的立法机关才有权制定省宪，其他机关如省政府均无立法权。建立“人民立宪机关”是毛泽东早在4年前阅读梁启超主编的《新民丛报》时就已产生的理想，尽管这一理想当时并未得到实现，但在更远的未来却变成了现实——这就是人民代表大会制度的成功实践。

其次，毛泽东指出，人民是国家的主人，国家主权的神圣化，在于它的人民性，他号召人民起来当家做主，关心政治与法律，过问国家大事。他还指出，有人认为政治是特殊阶级的事，是脑子里装了政治学法律学，身上穿了长褂一类人的专门职业，“这是大错而特错了”。他举春秋子产治郑设乡校允许郑人议论法律和英、意、法、美劳动者“要取现政府而代之”的事例，说明没有学过法律的人也可参与立法，并特别提出，俄国的政治“全是俄国工人农人在那里办理，俄国工人农人都是学过政治法律的吗”？他明确宣布：“以后的政治法律，不装在穿长衣的先生们的脑子里，而装在工人们农人们的脑子里。他们对于政治，要怎么办就怎么办。

他们对于法律，要怎么定就怎么定。"① 可见，毛泽东所设想的"湖南共和国"是人民当家做主的民主国家。

再次，毛泽东设计了以普选制为基础的民主共和政体。毛泽东十分推崇瑞士直接民选的政治制度，明确指出要以瑞士"为吾齐'理想湖南'之影像"。他设想，"湖南共和国"应采取以普选制为基础的直接民主政体，彻底实行"民治主义"，政府一切举措，"以三千万平民之公意为从违"，做到"三千万人都有言论、出版、集会、结社之自由"，"三千万人，人人要发言，各出独到之主张，共负改造之责任"。② 他在参与起草的《湖南自治运动请愿书》中，明确提出了"直接选举"和"普遍选举"的原则。他坚决反对将省自治法委托给少数"无职业的游离政客去制会议"的做法，认为"自治法也是大多数人能够制能够议的，并且要这么大多数人制出来议出来才好"。他主张，凡年满 15 岁，没有神经病，不论你是农人、工人、商人、学生、教员、警察、乞丐等，"你总有权发言，并且你一定应该发言，并且你一定能够发言"，③ 只有这样，才是真正的民主政治。

最后，毛泽东主张实行议会民主制和多党竞争的宪政模式。毛泽东指出，在国家政治生活中，凡属重大的事情，如果没有许多人"做促进运动，以监督于其旁而批评于其后"，这件事是一定办不成的。他举例说："不论哪一国的政治，若没有在野党和在位党相对，或劳动的社会与政治的社会相对，或有了在野党和劳动社会而其力量不足与在位党或政治社会相抗，那一国的政治十有八九是办不好的。"④ 因此，他表示希望在野党和广大民众积极行动起来，推进湖南自治运动的成功。

---

① 《毛泽东早期文稿》，湖南出版社 1990 年版，第 519 页。
② 《毛泽东早期文稿》，湖南出版社 1990 年版，第 490 ~ 491 页。
③ 《毛泽东早期文稿》，湖南出版社 1990 年版，第 520 页。
④ 《毛泽东早期文稿》，湖南出版社 1990 年版，第 522 页。

总而言之，毛泽东展示在我们面前的这一“理想的国家模式”，基本上是一个资产阶级民主共和国。在国家性质上，它是全民的，是三千万湖南人的国家；在国家管理形式上，实行普选的议会民主制和实行多党竞争的宪政体制；在民主形式上，它保证大多数人的民主权利。可以说，一般资产阶级民主共和国的基本特征在“湖南共和国”模式中都有不同程度的体现。“湖南共和国”的主张代表了毛泽东民主主义法律思想的最高成就。

三、“理想国家”的破灭及向马克思主义法律观的转变

尽管“湖南共和国”模式并没有超出一般资产阶级共和国理论的范围，但我们仍不能忽视它在毛泽东早期政治法律思想中的影响，甚至在某种意义上为毛泽东向马克思主义法律观的转型奠定了良好的基础。

首先，毛泽东早期的法律思想不管是改良主义的还是民主主义的，都始终充满了坚定的人民性。从最早确立“人民立宪”思想到省宪运动时期对人民当家做主参与政治与法律，主张实行彻底的“民治主义”的孜孜以求，毛泽东所关注的都是法律是人民意志的体现，并且法律不应该由少数人决定，“不装在穿长衣的先生们的脑子里，而装在工人们农人们的脑子里”。很明显，毛泽东所希望建立的法制并不是纯粹意义的资产阶级的代议民主制，而是要建立劳动阶级自己的法制。因此，他对频频变化的军阀立法不屑一顾。而具有批判精神的无政府主义法制观更坚定了毛泽东对军阀专制统治极端不满的信念。因此，尽管这时的毛泽东还没有完全树立马克思主义的阶级分析的观点，但应该说毛泽东已基本确立了马克思主义的人民法制观。

其次，毛泽东早期的法律思想在时代大潮经受了实践的检验，使他对法律问题的研究更具有现实针对性。湖南省宪运动的失败，更使他对所向往的资产阶级民主共和国彻底失望，在对省宪运动的

批判总结中，毛泽东的法律观迅速向马克思主义、社会主义的方向发生转变，最终确立了马克思主义的法律观。

在湖南省宪运动时期的前期，毛泽东明显的是省宪运动的促进者和领导者，持激进的民主主义立场，而运动后期特别是在1920年10月中旬以后却明显地由促进者、领导者变为省宪运动的促退者、批判者。随着湖南自治运动的深入发展，湖南军阀的反动本质日益显露出来。1920年的“双十节”和庆祝十月革命胜利三周年的两次请愿活动，都遭到谭延闿、赵恒惕的镇压和破坏，没能达到预期目的。事实教育了毛泽东，使他逐渐打消了对自治运动的幻想。他在1920年11月25日写给向警予的信中，不无感慨地说：“几个月来，已看透了。政治界暮气已深，腐败已甚，政治改良一途，可谓绝无希望。吾人惟有不理一切，另辟道路。”① 这说明，毛泽东已经对资产阶级的宪政模式失去了信心，他认识到寄希望于谭延闿、赵恒惕之流搞“政治改良”，是“绝无希望的”；只有通过群众的革命斗争夺取“政治权力”，也就是解决了革命的根本问题——政权问题以后，才能实行真正的改革。从“湖南共和国”模式破产的痛苦教训中学习来的东西，正是推动毛泽东接受无产阶级专政理论和树立马克思主义法律观的最直接的因素。

当然，我们说毛泽东在湖南省宪运动后期开始向马克思主义法律观发生转变，并不是说毛泽东在这一时期才接触到马克思主义学说。早在第一次到北京期间（1918年8月~1919年4月），毛泽东在与李大钊的接触中就对马克思主义有了初步的了解。在第二次到北京期间（1919年12月~1920年4月），他又读了许多关于俄国情况的书，热心地搜寻那时候能找到的为数不多的用中文写的共产主义书籍，对马克思主义有了进一步的了解。不过，他当时还没有树立起对马克思主义的信仰。1920年3月14日，他在写给周世钊

① 《新民学会资料》，人民出版社1980年版，第76页。

的信中说："现在我于种种之一，种种学说，还没有得到一个比较明了的概念。"①

毛泽东正式确立对马克思主义的信仰是在1920年下半年。是年5月，毛泽东到达上海。当时，陈独秀、李达、李汉俊、陈望道等正在筹建上海共产主义小组。毛泽东与陈独秀多次会晤，同他讨论了关于马克思主义和湖南改造等问题。毛泽东后来回忆说："陈独秀谈他自己的信仰的那些话，在我一生中可能是关键性的这个时期，对我产生了深刻的印象。"② 1920年7月，毛泽东回到长沙，他在将主要精力投身于湖南自治运动的同时，先后发起成立了文化书社和湖南俄罗斯研究会，并认真研读了陈望道翻译的《共产党宣言》、考茨基写的《阶级斗争》、柯卡普写的《社会主义史》等著作，开始建立对马克思主义的信仰。在这以后的几个月里，他的世界观处在由激进民主主义向马克思主义转变前的矛盾状态。在理论上，他已被马克思主义所征服；但在情感上，他又不愿马上放弃自己正在为之努力建立"湖南共和国"的理想。因此，他在易礼容的来信中批道：驱张运动和自治运动，"彻底言之，这两种运动，都只是应付目前环境大一种权宜之计，决不是我们的根本主张，我们的主张远在这些运动之外"。③ 同时，他又认为，社会的根本改造决不是一种空话，它需要从具体的改造做起。因此，驱张运动和自治运动，"也是达到根本改造的一种手段，是对付'目前环境'最经济最有效的一种手段"。④

毛泽东世界观的这种矛盾状态最后以湖南自治运动的失败而告结束。他通过总结湖南自治运动的经验教训，进一步认清了反动阶

① 《毛泽东早期文稿》，湖南出版社1990年版，第474页。

② ［美］埃德加·斯诺：《西行漫记》，三联书店1979年版，第132～133页。

③ 《新民学会资料》，人民出版社1980年版，第91～92页。

④ 《新民学会资料》，人民出版社1980年版，第91～92页。

级的本质和人民群众的力量，加深了对马克思主义基本原理和俄国十月革命经验的理解，从而最终确立了马克思主义法律观。

马克思主义法律观是无产阶级以历史唯物主义为认识基础揭示法的本质和表明对法的态度的最基本的法律意识。对此，毛泽东都予以充分的揭示。

首先，他从经济制度入手揭示法律是建立在一定基础之上的上层建筑，认为法律是阶级统治的工具，立法集中反映了统治阶级的意志。毛泽东早在1919年9月《学生之工作》一文中就认识到，“社会制度之大端为经济制度”，① 已经初步树立了历史唯物主义的观点。1920年他在给新民学会会员的一封信中已经开始从经济制度的角度批判资产阶级法的虚伪性：“以资本主义做基础的婚姻制度，是一件绝对要不得的事，在理论上是以法律保护最不合理的强奸。”1921年4月他在《大公报》上发表文章，明确批判《湖南省宪法草案》是保护资产阶级和有产者阶级的。毛泽东指出：“财产是一个根本，教育、职业、婚姻种种都是枝叶。”法律上不给予公民无论是何种形式的占有生产资料的权利，空言“要解决教育、职业、参政、婚姻种种问题，都是说梦”。② 同年，在回复蔡和森的信中，他明确指出：“资本家有议会以制定保护资本家并防制无产阶级的法律，有政府执行这些法律，以积极地实行其所保护与所禁止，有军队与警察，以消极地保障资本家的安乐与禁止无产者的要求。”③ 无产阶级决不能用资产阶级的法律来维护自己的利益，必须冲破这些法律的限制。这说明，毛泽东已对法产生的经济基础和法的阶级性有了明确的认识。

---

① 毛泽东：《学生之工作》，载《湖南教育》第1卷第2号（1919年9月）。

② 毛泽东：《省宪法草案的最大缺点》（一），载《大公报》1921年4月25日。

③ 《毛泽东书信选集》，人民出版社1986年版，第5页。

其次，毛泽东明确主张用无产阶级的暴力打碎旧的法制，建立新型的革命法制，以用于镇压反抗、组织经济、改变旧观念。毛泽东谈法的本质后不久，接到蔡和森寄自巴黎的信，信中说："阶级战争的结果，必为阶级专政，不专政则不能改造社会，保护革命。原来阶级战争就是政治战争，因为现政治完全为资本家政治，资本家利用政权，法律，军队，才能压住工人，所以工人要得到完全解放，非先得政权不可。换言之就是要把中产阶级那架国家机关打破（无论君主立宪或议院政治），而建设一架无产阶级的机关——苏维埃。"① 毛泽东随即复信："你这一封信见地极当，我没有一个字不赞成。"② 这说明毛泽东已经树立了"打碎旧法制"，"建立新型革命法制"的思想。后来，毛泽东在新民学会长沙会员大会上的第二次发言，批判了当时比较流行并且自己曾经深信不疑的资产阶级、小资产阶级的政治法律学说。他指出，改良主义的"社会政策，是补苴罅漏的政策，不成办法。社会民主主义，借议会为改造工具，但事实上议会的立法总是保护有产阶级的。无政府主义否认权力，这种主义恐怕永世都做不到。温和方法的共产主义，如罗素所主张极端的自由，放任资本家，亦是永世做不到的"。他热情洋溢地表示："激烈方法的共产主义，即所谓劳农主义，用阶级专政的方法，是可以预计效果的，故最宜采用。"③ 马克思主义的世界观和方法论是统一的，毛泽东不仅确立了马克思主义的法律观，而且获得了认识和解决中国革命过程中的法制实践方法，开始了马克思主义基本原理与中国革命法制实践相结合的过程。

综上所述，毛泽东早期的法律思想的发展、演变历程本质上是20世纪初叶中国社会政治发展的一个真实写照。近代多种经济成

① 《新民学会资料》，人民出版社1980年版，第154页。
② 《新民学会资料》，人民出版社1980年版，第163页。
③ 《新民学会资料》，人民出版社1980年版，第23页。

分并立的社会存在，决定了该时期人们头脑中必然产生多维共居的法律意识。中国先遗的国粹和由西方采撷来的改良主义和民主主义的法理精华以及一定意义上代表下层小资产阶级和小生产者利益的无政府主义法律观是马克思主义法学传入中国前法律思想的四大主流，匡世济国的毛泽东对其皆有浅尝。然而，最终都被他逐一否定了。五四运动以后，毛泽东开始领略了马克思主义的真谛，随着无产阶级革命实践的发展，他彻底摒弃了旧文化的影响，包括他曾经信奉过的封建主义、改良主义、旧民主主义、无政府主义的法律思想，有鉴别地吸收了资产阶级法律思想，完成了向马克思主义法律观的过渡，融会成一个完整的毛泽东思想体系。毛泽东法律思想的形成和发展过程留给人们的启示是，任何思想都难免打上时代的烙印，要紧的是必须根据时代的变化和发展而不断地革新观念，与时俱进，开拓创新，善于发现事物发展的规律和时代前进的方向，把马克思主义普遍真理同中国实际相结合，全面开创新民主主义和社会主义法制的新局面。这是我们今天学习和了解毛泽东早期法律思想的现实意义。

第二编

中国近代的宪政革新

第七章　清末的宪政改革

清末的“预备”立宪是清政府在特定的历史背景下采取的一次改革活动，这也是中国历史上罕见的经统治者认可的和平改革。从法制现代化的角度来看，这次宪政改革在一定程度上贯彻了近代分权、民权和法治原则，初步实现了从皇权至上到法律至上，由义务本位到权利本位，由人治到法治的历史性价值转型，是中国社会从传统人治社会向现代法治社会转变的开始。这次改革在一定意义上推动了中国政治现代化的进程，也揭开了中国近代宪政改革的序幕，绝非传统的所谓“骗局说”可以概括之，而且它本身对于中国宪政建设也具有一定的参考价值。本章主要从清末“预备立宪”的种种改革措施及其实施效果来重新评价清末立宪的历史作用及地位。

一、官制改革与清末行政体制的近代化

1906 年 9 月，清廷发布《预备仿行宪政》的“上谕”，指出：“时处今日，惟有及时详析甄核，仿行宪政，大权统于朝廷，庶政公诸舆论，以立国家万年有道之基。”从而拉开了清末宪政改革的序幕。

但“上谕”同时指出：“目前规制未备，民智未开，若操切从事，涂饰空文，何以对国民而昭大信。故廓清积弊，明定责成，必

从官制入手，亟应先将官制分别议定，次第更张。”① 以往研究者总认为这是清政府不想立即实行立宪，而拿官制改革来搪塞。是否官制改革真与立宪无关呢？我们不妨看看当时一些大臣官员对这一问题的看法。1906 年，出使世界各国考察政治的大臣戴鸿慈等人在《奏请改定全国官制以为立宪预备折》中，援引日本的先例，认为：“日本之实施宪法在明治二十三年，而先于明治七年，明治十八年两次大改官制，论者谓其宪法之推行有效，实由官制之预备得宜。诚以未改官制以前，任人而不任法，既改官制以后，任法而不任人。……中国今日欲加改革，其情势与日本当日正复相似。”② 显然，预备立宪先定官制，也是援引了日本的做法。

我们知道，中国传统的官制体系是一个以皇帝为中心的金字塔体系，官僚机构的设置着眼于皇权的巩固，其面向社会的职能极不发达。官府对于人民只意味着收取赋税和以军队、刑狱镇压反抗，这主要与传统自然经济的特点及商品经济不发展有关。到了清末，中国的社会经济条件发生了很大的变化，国内出现了资本主义经济和资产阶级阶层，经济、文化、教育、治安等都面临前所未有的新格局，旧的官制体系已不能适应变化了的社会条件。此外，清末官场弊病丛生，机构冗杂，官不举职，吏治腐败，当时在议论官场弊病何以产生时，不少人将眼光投向制度本身。如戴鸿慈在分析中外制度时，觉得西方诸国“条理秩然，事无丛脞”，而清廷吏治“时形竭蹶，弊患潜滋”，其原因“不尽由于才智之悬殊，当归咎于制度之未备”。③ 由此形成官浮于事，责成不明的官场病。因此，官

---

① 故宫博物馆明清档案部编：《清末筹备立宪档案史料》，中华书局 1979 年版，第 43 ~ 44 页。

② 故宫博物馆明清档案部编：《清末筹备立宪档案史料》，中华书局 1979 年版，第 367 页。

③ 故宫博物馆明清档案部编：《清末筹备立宪档案史料》，中华书局 1979 年版，第 367 页。

制改革对于“预备立宪”而言，其重要性是不言而喻的。为了祛除政出多门，官浮于事的弊端，并使官制符合经济社会变化的需要，清廷拟订了“分权以定限”，“分职以专任”，“正名以核实”的官制改革方案。改革的核心内容，实际上是仿行西方“三权分立”的模式进行行政体制改革，以为预备立宪奠定基础。

首先，调整了国家机关，进一步明确职责。早在实行“新政”的初期，清政府就曾对个别部门作过调整，裁撤了一些机关，设立了商部、巡警部、学部等机关。这次官制改革，又将太常寺、光禄寺、鸿胪寺并入礼部；将工部与商部合并，改为农工商部；巡警部改为民政部；户部改称度支部，将财政处并入；兵部改称陆军部，将练兵处和太仆寺并入；刑部改称法部；理藩院改称理藩部，并将部分外交事务权划归外务部；大理寺更名为大理院，并提高其地位，成为专门的诉讼审判机关；另增设邮传部，专门负责铁路、轮船、电线、邮政等事务。经过调整之后，共设十一个部，各部设尚书一人，侍郎二人，郎中、员外郎、主事以下官员，视事务之繁简定名额之多少，使责有专归，官无滥设。

其次，根据西方“三权分立”的思想，“分权以定限”，调整立法、行政、司法三权。立法权在议院设立之前，名义上由资政院代行；行政权属内阁与各部大臣，各部大臣“分之为各部，合之为政府”，“入则同参阁议，出则各治部务”；司法权属大理院，负责申枉理谳，解释法律，主管审判，受法部的监督，不受行政方面的节制。大理院内附设总检察厅，负责有关的检察事务，监督各级检察厅及调度司法警官吏。地方也仿照中央，实行“三权分立”，以省议会为立法机关，以总督、巡抚为地方行政机关，以高等审判厅为地方最高审判机关。在省议会设立之前，先设立咨议局，作为省议会的基础。各府、州、县的机关也按“三权分立”的原则设立。

再次，改革官吏任用制度。在新订的官制中明确规定，任用官吏一律量能授职，择才而用，不分满、汉，并仿效西方的书记官制度，宣布停止任用胥吏，改为聘用书记官、书记生。书记官和书记生必须是专门学校毕业生或积有劳资、富有才干和行政经验的生员，依其能力与水平，可与本衙门各级官吏一样迁调升转。对官员的任用迁调也作了改革。

这次官制改革，显然借鉴了西方"三权分立"和文官制度的某些经验和做法，对旧的官制作了较大的调整和改变，形成了不同于旧式官制的新行政体系。一方面，新增设的机构填补了政府在外交、经济、教育、治安管理等方面的空缺，提高了清政权适应近代变局的能力；另一方面，通过政府机构的调整，使行政机构的名称、机构设置、内部结构、管理职能、管理幅度更趋于合理和科学，有利于行政管理的专门化和行政效率的提高，这为实行预备立宪奠定了基础。

二、清末咨议局、资政院的设立及其性质

清政府"宣布仿行宪政"和在对中央官制进行改革后，所进行的改革之一是在各省建立咨议局，以立地方议会之基础。咨议局的筹设始于 1907 年。1908 年 7 月，清廷批准并颁布了宪政编查馆草拟的《咨议局章程》及《咨议局议员选举章程》。咨议局章程规定，咨议局以"钦尊谕旨为各省采取舆论之地，以指陈通省利病、筹计地方治安"为宗旨。章程规定咨议局的主要职责是：议决本省应兴革事件、预算、决算、税法、公债及本省担任义务之增加事件；议决本省单行章程规则之增删修改、本省权利之存废事件、选举资政院议员；申复资政院咨询、申复督抚咨询事件；公断和解本省自治会之争议事件；收受本省自治会或人民陈请建议事件等。到 1909 年，除新疆外全国二十一个省级行政单位均成立了咨议局，并选举正式议员 1453 人。

各省咨议局的成立，标志着当时清廷推行的地方宪制进入了一

个实质性的阶段。对咨议局我们不能简单以地方官员的咨询机构来论之。咨议局的成立，大大突破了过去封闭式的政权结构，削弱、限制了地方长官的专制权力，它标志着人民参与管理国家政治生活的开始，也是清朝政治制度开始民主化的一个起点。尽管当时咨议局还没有西方地方议会那样完全的立法权，带有过渡的临时性质，但毕竟是初级形态的代议机关，具有一定的独立性。不经其决议，中央和地方政府不能颁布法律。国家与地方的预算、决算、税法、借贷外债、民众的负担等，都要经其通过认可。同时，还有权纠举弹劾各级行政官员。府厅州县和城镇乡正在实行和建立的地方自治制度等，也都具有西方地方议会的一些初步特征。

另外，从各地咨议局的各种规章来看，也基本具备了地方议会的基本特征。以江苏咨议局议事细则而论，从议事日程表的安排，到审查提案；从议员提议，到讨论、表决的程序和方法，以及重要议案采取三读会的方式；从各种审议会的设置、选举、分类、议事，到书记长等办事机构的组织形式和职能，基本精神与西方一些国家的地方议会没什么两样，有一套比较完备、严格、固定、规范化的立法程序；议事录、速记录和议场秩序也大体相同。第一次建立的咨议局就有如此民主程度，这说明当时咨议局本身就是清政府打算推行立宪的一个产物。对于这些个地方立法机构，广大的民众和立宪派人士都是比较欢迎的。实际上，各地咨议局在行使有关立法、财政、监督等权力方面基本上还是比较称职的，特别是在1910年，各地咨议局先后组织发动了规模浩大的敦促清廷速开国会、速组责任内阁、迅速颁布宪法的请愿活动，并通过了一些有关立法、财政、主权等方面的议案。这些都表明咨议局并不是地方官员的咨询机关，而是体现一定民意的地方代议机构。

1907年9月，清廷下谕设立资政院，“以立议会之基础”。1909年8月23日，清廷制定并颁布了《资政院院章》，规定资政院“以取决公论，预立上下议院基础”为宗旨。根据清政府的设计，资政院是作为从预备立宪到正式实施君主立宪制这一阶段的过渡性机构。这一机构的设立，既为应付当时社会各界日趋高涨的宪政要求，同时也希望通过资政院的实际运作，探寻如何确立权力分立体制下议会与行政机构、司法机构、民众的相互关系，进而为正式实施君主立宪制完善一幅既能保持君主的神圣地位和最高权力，又能为各种社会力量所接受的政治蓝图。从资政院院章及选举章程表明，资政院与立宪国家的议院还有很多区别。首先，资政院的立法权不完全，它无权修改宪法，议决的法律还要经过君主“裁可”。其次，军机大臣不对资政院负责而对君主负责，当双方发生冲突则仍然要“圣裁”。再次，资政院议员由钦定、互选两种方式产生，而且对议员的选举条件十分苛刻。因此，资政院并不是完全意义上的议会，它既有咨询的性质，也有议会的性质。这主要是因为中国本身在当时还处在一个由专制国家向立宪国家的过渡时期，这就决定了资政院的过渡性质。

尽管如此，资政院还是表现出了西方宪政体制下议会的部分职能，例如，它拥有议决国家财政预算、决算、税法和公债的职权，由此而制约政府；拥有宪法以外各种新定法典及其修改的职权，一切新的法典不经其决议便不成其为法典，颁布以后不经其议决也不能进行修改，这就意味着君主已经丧失自行颁布法律和修改法律的独裁权力。

从法理上说，资政院具有立法权，是立法机关，虽然立法权并不完全，但它与军机大臣的地位是对等的，不是从属于后者，当彼此意见分歧时，双方都有上奏的权力。不仅如此，资政院还有质问行政部门的权力，有弹劾军机大臣、行政大臣侵夺资政院权限和违背法律的权力；有核议具奏咨议局与督抚异议事件的权力，有核办督抚侵夺咨议局权限或违背法律的权力。所有这些又都说明，资政院并不单纯是一个咨询性质的机构，也不单纯是政府的表决机器，而是具有一定独立性的不完全的立法机构，或者说是一个过渡时期的混合议会。资政院的结构构成、会议程序、议事规则、表决方法、内部组织等，均与立宪国家的议会相同，这表明资政院已经是一个带有较多民主性质的议会组织。

1910年10月，资政院正式开院议事。尽管《资政院院章》在规定资政院职掌、议员的择选以及资政院与行政机构关系时，即已充分考虑到防止其对皇权及行政权的侵削，但资政院在性质上毕竟是作为传统政治体制的异己力量而出现的。因此，资政院自开院议事始，即同时产生与传统政治力量的矛盾和对抗。一方面，资政院议事，受到来自皇帝及军机大臣、行政大臣乃至各省督抚的多方掣肘；另一方面，资政院本身也利用有限的职权，以直接或间接的方式，向传统政治力量提出挑战。在资政院存在的一百天里，以民选议员为主，资政院讨论了许多有关政治、经济、文化、教育以及社会风习等方面的议案，核议了一些地方督抚与咨议局争议的事件，向政府各部门提出质问书几十件。议场气氛时而平和，时而紧张，风波迭起。其中有三件重要议案，一是速开国会案，二是弹劾军机大臣案，三是赦免国事犯案。这三件议案在当时不仅是重要的议案，而且也涉及国家的重要改革问题，尽管这三件重要议案最终并没有在资政院通过，但是对此重要议案的讨论，说明当时资政院的议案已经开始触及国家改革的最重要的问题，同时也从另一个方面说明，资政院已在不同程度上开始发挥议会的作用。

总之，咨议局和资政院存续的时间虽然不长，但议员们在“扩大立宪之功用，树议会之楷模”方面应该说表现非凡，在清王朝搭起的这方合法舞台上，充分行使了自己的“神圣职责”，推动了中国近代民主宪政运动的发展。作为清末立宪的重要组成部分，资政院和咨议局的设立是晚清政府推行君主立宪政体下三权分立模式的产物，是向现代议会制过渡的形式，特别是资政院和咨议局利用拥有一定程度的讨论、制定、修改法律法规的权力以及监督行政、财政的权力，不断向清王朝争民主宪政，争自由平等，并使其政治权力在法律许可的范围内不断得到扩展和强化，议会色彩日渐由淡趋浓。这标志着中国传统的立法、司法、行政一体化的专制集权制度开始崩解，三权分立的政治体制模式开始显现出清晰的轮廓。由此可见，清末资政院和咨议局的创设是中国近代史上前所未有的、崭新的政治景观，开创了中国议会制的先河。

三、《钦定宪法大纲》的颁布及其政治法律意义

清政府“宣布仿行宪政”和对中央官制进行改革后，清政府“预备立宪”最主要的改革是颁布了《钦定宪法大纲》，这是近代中国第一部宪法文件。

《钦定宪法大纲》共23条，内容包括“君上大权”和“臣民权利义务”两部分。“君上大权”确立了皇帝拥有的广泛权力，其主要包括：皇帝行使对帝国的最高统治权，“万世一系，永永尊戴”；皇帝的神圣尊严，不可侵犯；皇帝作为行政、立法、司法各项权力之上的权力，分别行使最高行政权、召集和解散议会之权、总揽司法权；皇帝还拥有统率陆、海军的权力和外交权等。所附“臣民权利义务”概括性地规定了臣民享有的权利以及应承担的义务，其权利包括：任文武官吏及议员的权利；言论、著作、出版、集会、结社权；诉讼权；财产不受无故侵扰权；非照法律规定不受逮捕、监禁及处罚权。其义务包括依法纳税、服兵役、遵守国家法律等。此外还颁布了《议院法要领》、《选举法要领》、《逐年筹备事宜清单》等宪法法规。

这部宪法大纲可谓日本宪法的翻版。一方面，它同样根据“主权在君”的原则，由君主钦定，确定了君主的最高权力。大纲内容主要为“君上大权”，这些规定除个别条款或文字不同外，与日本宪法几乎如出一辙。关于臣民权利与义务，则是依据权利来自君主的原则制定的，“操纵之法，则必使出于上之赐与，万不可待

臣民之要求”。① 关于《议院法要领》，也是依据上述原则，将议院置于君权之下，“议院只有建议之权，并无行政之责，所有决议事件，应恭候钦定后，政府方得奉行”。②

尽管如此，《钦定宪法大纲》颁布的政治法律意义仍不容低估。作为中国历史上第一部宪法大纲，它首次以法律的形式确立了“法在君上”的思想，这是对以往绝对君主专制制度的公开否定。虽然大纲自始至终贯彻的是“大权统于朝廷”的原则，仍赋予君主较大的权力，但这毕竟与专制时代的君主权力不同。在专制时代，“朕即国家”，君主的命令意志就是最高法律，权力至高无上，不受任何限制。《钦定宪法大纲》则对君主权力作了一些限制，首先要受宪法的约束。《钦定宪法大纲》序言即揭示了这一原则：“夫宪法者，国家之根本法也，为君民所共守，自天子以至于庶人，皆当率循，不容逾越。”③ 这里明确规定了君主也要遵守宪法。奕劻也说：“宪法一立，全国之人，皆受治于法，无有差别。”④ 其次，君主行使统治权力要受国家机关的制约。《钦定宪法大纲》前言对国家政体和君主权力做了这样的概括：“君主立宪政体，君上有统治国家大权，凡立法，行政，司法皆归总揽，而以议院协赞立法，以政府辅弼行政，以法院遵律司法。”⑤ 这就确定了国家政体采取“三权分立”的形式，君主在行使权力时必须受议院、政府和法院的制约。事实上，《钦定宪法大纲》对皇权的行使还是作了一些限制，尤其是在司法权的行使方面。皇帝总揽司法权，主要体现为法律颁布权和审判官委任权，皇帝不得以诏令更改法律及干涉司法审判。当然，清廷实行的是“大权政治”，法治原则不可能完

① 《清末筹备立宪档案史料》，中华书局 1979 年版，第 368 页。
② 《光绪朝东华录》（五），中华书局 1958 年版，第 5978 页。
③ 《清末筹备立宪档案史料》，中华书局 1979 年版，第 56 页。
④ 《清末筹备立宪档案史料》，中华书局 1979 年版，第 331 页。
⑤ 《清末筹备立宪档案史料》，中华书局 1979 年版，第 57 页。

全实现。但是，君主再也不可能像以前那样，他说的话就是法，他的意志就是法的化身，多少还要受到尽管是他钦定但却须经议院“协赞”的法律的约束。

另一方面，《钦定宪法大纲》作为近代中国的第一个宪法性文件，它的出台在很大程度上受到外来宪政的实践和理论影响。它如同日本宪法一样，也引进了西方公认的立宪原则。“宪法者，所以巩固君权，兼保护臣民者也。”① 大纲所附“臣民权利义务”，列举了人民的种种权利，包括参政、言论、著作、出版、集会、结社权，以及人身不受侵犯等权利。这是首次以法律宣示的方式对人民基本权利的肯定。这些权利和自由在预备立宪时期都程度不等地得到兑现。如资政院和咨议局就是多少代表民意的机构，体现了人民的参政权。地方自治的兴办，也使人民得到一定的管理本地公益事业的权力。言论、著作、出版自由更是盛况空前。宣布预备立宪，“庶政公诸舆论”之后，“民气日益发舒”，各种报纸书刊大量涌现。几千年的封建文化专制出现了松动，“庶人不议”的禁令解除了。人们第一次可以合法地指陈时政，议论国事，阐发民主思想，“自由发表意见而无所屈避”。② 集会、结社自由也是前所未有的。立宪诏书颁布后几年间，公开性的结社就有数百个，其中很多是政治性团体。中国的民众政治参与意识也开始在形成，传统的专制制度的根基正在逐步发生动摇。

总之，正像有些学者评论的那样，“晚清的宪政改革表明：第一，君主的权力必须予以限制，限制的程度则是另一问题；第二，人民应当拥有参政议政约束国家或政府的权利”。③《钦定宪法大

① 《清末筹备立宪档案史料》，中华书局1979年版，第56页。

② 《辛亥革命前十年间时论选集》第3卷，三联书店1963年版，第628页。

③ 徐忠明：《晚清法制改革的逻辑与意义》，载韩延龙主编《法律史论集》(二)，法律出版社1999年版，第393页。

纲》作为中国历史上的首部近代宪法纲要，不可避免地带有浓厚的封建性，但它毕竟以法的形式向世人宣告了晚清统治者对宪政、民权及议会政治的尊重和赞同，其政治法律意义不仅在于动摇了中国几千年来“皇帝口含天宪，言出法随，任喜怒而乱旧章，私好恶而生杀予夺”的法理基础，同时更向世人表明皇帝的权力必须得到宪法的肯定，皇帝的行为必须符合宪法的规定。从此，专制政体在中国丧失了存在的依据，宪法至高无上的地位逐渐为社会所接受。

四、法制改革与司法体制近代化的推进

早在1901年7月，两江总督刘坤一和湖广总督张之洞就联名上《江楚会奏变法三折》，吁请清廷速定“矿律、路律、商律、交涉、刑律”等各项法律制度。1902年，修律及法制改革活动全面展开。“预备立宪”期间，随着《钦定宪法大纲》的颁布，一批包括《大清新刑律》、《大清民律草案》、《钦定大清商律》以及刑事、民事诉讼律草案等为骨干的系统的带有近代色彩的成文法体系逐渐形成。

清末修律及法制改革是晚清政府使中国的传统法律与西方资本主义国家法律接轨而采取的努力。通过修律不仅在形式上改变了古代的“诸法合体”、“民刑不分”的法律编纂体系，而且构成了以宪法为主导的公法与私法相分离、实体法与程序法相区别的西方式的法律体系。晚清这场规模巨大的变法运动既标志着中国传统法律结构的历史性终结，也标志着西方法律结构在近代中国社会法律生活中的“再版”。新法律的出现结束了中华法系时代。可见，清末修律构成了中国传统法律文化向现代转型的历史起点。

法制改革还促进了司法与行政的分离。清政府于1906年宣布预备立宪方案后不久，就依行政、立法、司法“三权分立”原则开始对政治制度进行进一步改革。由于当时还没有立法机关，所以

只对行政和司法机关进行改革。朝廷上谕指出："司法之权则专属法部，以大理院任审判，而法部监督之，均与行政官相对峙而不为所节制。"① 大理院旋即改组成立，与法部分离，专司审判，并拟定《大理院审判编制法》。该法借鉴国外经验，建立大理院、京师高等审判厅、城内外地方审判厅以及城谳局四级审判机构，实行四级三审制，并令各省分期筹设各级审判厅，以立司法独立基础。1909 年颁行《法院编制法》，按照该法，地方各省第一次把司法与行政划分开来。《法院编制法》除了重申四级三审制、推事单独审判等原则，还规定行政主官及检察官"不得干涉推事之审判"，以确保司法之独立。由此可见，清末司法改革充分体现现代法制司法独立的理念，迈出走向"三权分立"的第一步。此外，清末新政还涉及地方自治、警务与监狱改革等方面，这些都可以看做是对西方法律文明的冲击所作出的反应，也是晚清政府追赶现代西方国家法制所作的努力。

五、行政权的独立趋向与责任内阁的成立

1909 年，光绪和慈禧先后去世。由于社会危机的压力以及立宪救国论思潮的广泛影响，清末的预备立宪运动开始进入要求加速立宪进程的时期。这一时期，发生了要求速开国会的全国范围的请愿运动。请愿的结果是清廷被迫允诺缩短九年的预备立宪期为五年。此外，清廷改动了原来先成立国会、后成立责任内阁的计划，提前裁撤了军机处，设立责任内阁、弼德院、军咨府等机构。这种改变虽有拖延立宪之嫌，但就其具体内容而言，仍可看做是"预备立宪"的深入，不能简单以"骗局"视之。

我们知道，军机处是皇权高度发展的产物，它被责任内阁制度取代，无疑是对专制王权的限制，同时也是中国行政体制现代化的

① 《光绪朝东华录》（五），中华书局 1958 年版，第 5578 页。

重要起点。关于责任内阁，清廷提出“内阁官制自以参访日、德为合宜”。① 从内阁的产生来看，内阁总理各部大臣“均候特旨简任”，即由君主任命，这与日本“国务大臣任免黜涉、君主皆得自由”相同，从而保证“统治之权属诸君上”。但《内阁官制》也规定，君主发布法律敕令及其他关于国务之谕旨，须由总理大臣或主管大臣“署名”，署名即表示有责任。同时，还规定除有法令特别规定者外，“凡例奏事人员，于国务有所陈奏者，由国务大臣代送”，“除国务大臣外，于国务有所陈述者，由国务大臣带领入对”。② 皇帝除按规定可以召见国务大臣外，其余召见官员一律停止，以前各衙门可直接请旨的事件，均需咨行内阁核办，必须具奏的，由内阁代递，凡无须上裁事件，均以阁令行之。由奏事处“传旨”的办法也予取消，内外奏折均经由内阁递发。此外还仿照日本设立了弼德院、军咨府。弼德院“如日本枢密院之例”，“为皇帝亲临顾问国务之所”，其权限“与内阁相为维系”，③ 是皇帝的顾问机构。军咨府的职责是“秉承诏命，襄赞军谋”，④ 是一个如同日本的参谋本部一样独立于内阁之外，赞佐君主统帅海、陆军的总参谋部。

应该说，清廷最后一轮的中央行政体制改革还是有极大的意义的，它在一定程度上体现了对分权原则的承认。“立宪之精意，即以国家统治之权，分配于立法、行政、司法之三机关。”⑤ 就已经建立的责任内阁及其他相关机构和军机处的裁撤来看，在体制上包含着限制君权的要素，体现了行政权的独立倾向。也正由于这一原因，载沣才在人事上玩尽花招，弄出一个“皇族内阁”，实际上也

① 《清末筹备立宪档案史料》，中华书局1979年版，第36页。
② 《清末筹备立宪档案史料》，中华书局1979年版，第559页。
③ 《宣统政纪》卷五二。
④ 《清末筹备立宪档案史料》，中华书局1979年版，第527页。
⑤ 《清末筹备立宪档案史料》，中华书局1979年版，第840页。

是为了防止“君上大权”的丧失。

六、清末立宪的失败及其历史意义

清廷颁布了《钦定宪法大纲》后，由于在立宪问题上，坚持以九年为预备立宪期，对此，立宪派表示非常不满，他们先后组织了三次大请愿，要求召开国会，组织责任内阁。而革命派则更为激进，他们不仅对“预备立宪”不屑一顾，对“君主宪制”更是不满，他们仍然在到处策划暴力活动。1911 年 10 月 10 日，武昌起义爆发，马上成为全国范围的反清暴力革命。

为挽救败局，清廷于 1911 年 10 月 30 日下“罪己诏”，并决定赦免“国事犯”，起草宪法。11 月 3 日，清廷公布《宪法重大信条十九条》，即日起实施，并任命袁世凯为内阁总理大臣，组织完全内阁（责任内阁）。

《宪法重大信条十九条》是非常时期的产物。从它的基本精神和立法技术来看，较《钦定宪法大纲》有着较大的区别：首先，《钦定宪法大纲》基本上是照搬日本明治宪法的“大权独揽”精神，君主仍享有非常大的权力，国会、内阁的权力有限，这是一种典型的二元君主立宪制模式。而《宪法重大信条十九条》则是采用了英国宪法“虚君共和”的精神，对君主的权力作了很大的限制，实际上是议会君主制的宪法。其次，《钦定宪法大纲》只是拟定宪法的纲要，本身并没有法律效力，而《宪法重大信条十九条》则是先行颁布的宪法重要条款，具有法律效力。正因为《宪法重大信条十九条》与《钦定宪法大纲》相比，有着一定的进步，因此，后来的一些宪法学家对其也有不错的评价，认为它是“有清一代之惟一宪法，亦我国历史上之第一次宪法也”。①“《宪法重大信条十九条》深得英宪之精神，以代议机关为全国政治之中枢，

---

① 杨幼炯：《近代中国立法史》，上海商务印书馆 1936 年版，第 56 页。

苟其施行，民治之功可期，独借其出之太晚耳。倘能早十年宣布实行，清祚或因以不斩，未可知也！”① 但是由于革命已经开始在全国蔓延，这样一个“深得英宪之精神”的“君主立宪”的主张已经是流水落花，无力回天了。

清末的“预备立宪”失败了，但后人对其历史地位的评价分歧依然。分歧的焦点在于革命或改良谁是解决中国前途的根本路径。笔者无意卷入其中的争论，只是觉得以结果论动机的史观及方法并不能给人以信服。我们不能简单地以成败来论英雄，不能因为清政权的覆灭而否定其任何符合历史潮流的挽救其命运的努力，更不能简单地以“假立宪”、“骗局”、“拖延战术”等揣度的动机史观来评判其得失，而要实事求是地评价其超越前人的开创之功；否则，为何有人对清末的经济、文化、法律改革我们都能给予肯定的评价，而惟独对于追求宪政的政治努力却茫然无视并予以否定，这难道是历史唯物主义的态度吗？

对于清末立宪，我们不能要求它一切如后人所愿，而要看它超越了前人什么以及给后人提供了什么。从这个意义上讲，清末立宪的历史地位是不能低估的。

首先，它是两千多年来中国最高统治者第一次向传统的君主专制制度发起的主动冲击，也是中国统治阶级第一次主动向“宪政”、“民权”的“拥吻”，同时也是清廷统治者首次幻想通过一次不流血的政治体制改革，实现由专制到宪政和平转变的尝试。中国两千年发生了无数次的王朝更迭和政权变迁，但从来都是一姓帝王代替另一姓帝王，一个专制代替另一个专制，从来就没有现代意义上的“民主”与“宪政”。虽然清末的“预备立宪”准备在中国实行的是“君主立宪制”，但是“君主立宪制”也是一种宪政制度，

① 尚秉和：《辛壬春秋大政记》，引自陈茹玄《中国宪法史》，台湾文海出版社 1985 年版，第 15 页。

表面上似乎没有共和宪制那样完全，还有一个“君主”，但实际上它已经宣布了对民主宪政原则的承认，并第一次宣布要在中国实行“立宪政治”。“立宪”与“专制”完全不同。在专制社会里，皇帝的“言”与“行”就是国家的“法律”，在这种制度下，不仅皇帝的权力是绝对的、至高无上的，而且也是没有限制的。而在立宪制度下，皇帝的权力首先受到国家“宪法”的限制。虽然在清末“预备立宪”所设计的“君主立宪制”的宪法里，皇帝仍然具有极大的权力，但是皇帝权力已经开始从“君权无限”向“君权有限”发生转变，皇权至高无上的现象已经受到冲击，“法在君上”的思想逐渐深入人心，这在当时的中国已经是一个了不起的进步。有人认为，“共和制”比“君主立宪制”更完美，实际上对一个国家来说，实行哪一种“宪制”，要根据各国当时的实际情况而定。就晚清现状而言，在时刻面临皇权可能被推翻的情况下，基于维系皇权的考虑，接受“仿行宪政”的道路，仍是一个不失理智的选择，谈不上所谓“骗局”。清末的“预备立宪”应该说也是一场有准备的主动学习日本“明治维新”宪政改革成果的政治近代化运动，虽然改革的目的是为了挽救清王朝衰亡的命运，改革的过程也充满了曲折，改革后的实际状况也与纸面的谈论大相径庭，但我们并不能因此而抹杀“预备立宪”所带来的积极影响。从政治制度发展的角度考察，清末的宪政改革正是我国近现代政治制度之源，是中国迈向政治民主化的一个重要步骤。“预备立宪”的许多改革也被后来的民国政府所继承，可以说，除了皇帝以外，这场改革几乎为民国政体准备了所有的东西。而且，清末“预备立宪”还向世人表明，宪政民主是不可阻挡的历史潮流，顺之则昌，逆之则亡，从而推动中国的政治民主化和法制建设不断前进。从这个意义上讲，清末立宪，开了中国宪政史之先河。

其次，就清末“预备立宪”的实施进程来看，所采取的循序渐进、稳步推进的方针也大致符合当时中国的社会政治实际，并无超前或滞后之嫌。如在宪改程序问题上，清廷采取的先官制改革，后预备立宪；先定宪法，后筹设议会；先经济、文化、法律改革，后政治改革；先地方，后中央等措施还是比较实事求是，不急于求成的。在宪改进程上，清廷为实施宪政设计了九年的预备期，并具体安排了每年应施行的预备活动。应该说，就方法和步骤而言，九年预备期的设计和各年应施行活动的安排，有其合理性和必要性。在一个实施了两千年专制统治的国度里，在政治结构和统治方法上作出较大变动，尤其是改行对文官系统以及广大国民在政治、文化素质上有较高要求的立宪政体，更需要一个合适的过渡期，以实现体制结构、文官素质、国民意识等多方面的转变。客观地说，中国长期处于封建专制统治之下，百姓的民主意识及权利意识极为淡薄，宪政启蒙运动也仅仅限于知识阶层，而对于广大人民而言，他们中的绝大多数几乎不知宪政为何物。在这种客观现实下，即使召开了国会，制定了宪法，也很难真正实现“宪政”。宪政编查馆与资政院关于逐年筹备立宪事宜的奏折中也认为：“人民程度尚有未及，何以副选举与被选举之资格？地方自治尚无规模，何以享受权利，担任义务？是徒慕开设议院之虚名，而并无裨益政事之实济，非实事求是之道也。”① 而热衷于立宪的改良派人士如梁启超，也以国民意识程度作为反对民主共和的理由。应该讲，国民意识程度的提高与实施宪政确有某种联系。近代世界各国进行宪政实践的历史证明，立宪政治依赖于发达的市场经济和稳定的市民社会作为基础，而就此而言，清末立宪的步伐是太慢，还是太急？我想20世纪的宪政实践历史已经充分说明了宪政不可能像器物移植一样一蹴而就，而是一个循序渐进、不断实践与探索的历程。这也是清末立宪带给我们的深刻教训。

① 《清末筹备立宪档案史料》，中华书局1979年版，第56～57页。

第八章　南京临时政府的宪政革新

辛亥革命标志着中国走出封建传统社会，迈上了现代社会的发展道路。作为辛亥革命的产物——南京临时政府，是近代中国人民和辛亥革命奋斗成果的集中体现，它构建了中国现代国家的雏形，指明了中国未来的发展方向。特别是在宪政革新方面，南京临时政府的成立，不仅结束了延续两千多年的封建帝制，实现了中国国家制度的历史性转变，开辟了中国历史的新纪元，而且还通过一系列政治改革和宪政建设，为人们展示了一个现代国家的美好图景。其历史影响及对中国历史发展的导向作用，是不言而喻的。本章即拟对南京临时政府在宪政革新方面的成就、特点及历史意义略加论述，期望对当今中国的政治文明建设和宪政创新有所裨益。

一、推翻了君主集权的封建专政体制，建立了三权分立的资产阶级民主共和政体

近代以来，封建主义与帝国主义相结合，使中国人民陷入灾难的深渊。孙中山对这种封建专制制度深恶痛绝，他指出："中国数千年来，都是君主专制政体，这种政体不是平等自由的国民所堪受的。"① 因此，他主张以革命手段彻底铲除君主专制制度。铲除君主专制制度之后用什么来代替它呢？孙中山说："由平民革命以建国民政府，凡为国民皆平等以有参政权。大总统由国民共举。议会

① 《孙中山选集》（上），人民出版社 1956 年版，第 75 页。

以国民公举之议员构成之，制定中华民国宪法，人人共守。敢有帝制自为者，天下共击之！”① 这就是要用资产阶级民主共和国代替封建君主专制制度。可以说，建立新的共和制国家，是以孙中山为首的革命党人不懈的追求。

辛亥革命爆发后，以湖北军政府为代表的革命政权明确宣布废弃帝制，建立共和政体。以湖北军政府颁布的《中华民国鄂州约法》为例，该法共60条，分为“总纲”、“人民”、“督军”、“政务委员”、“议会”、“法司”、“补则”等七章。“总纲”规定：“鄂州政府以都督及其任命之政务委员与议会法司构成之”。在《中华民国鄂州约法》的规定下，都督对于权力的行使，要受到议会同意权的限制，从而否定了“朕即国家”的封建专制主义独裁政治。在第五章中规定：“议会由人民于人民中选举议员组织之。”同时规定了议会有立法、质问、对人民请愿的受理、对政务委员的弹劾等权力。这些规定使资产阶级的议会民主制在中国地方政权建设中粗具雏形。

孙中山回到国内后，马上投入到紧张的中央政府组建活动中。在决定政体问题上，孙中山是经过考虑而有所主见的。归国前夕，他在巴黎就曾发表讲话说：“中国革命之目的，系欲建立共和政府，效法美国，除此之外，无论何项政体皆不宜于中国。”② 在孙中山的坚持之下，1911 年 12 月 3 日通过的《中华民国临时政府组织大纲》规定，南京临时政府决定“效法美国”，采用了总统制共和政体，基本上按照美国的模式建立起中央政权。临时大总统在国家政权中负有实际的政治责任。临时政府的行政机构为行政各部，临时政府设陆军、海军、外交、司法、财政、内务、教育、实业、交通等九个部。这是中国行政体制继续向近代化迈进的又一个重要

① 《孙中山选集》（上），人民出版社 1956 年版，第 69 页。
② 《孙中山全集》第 1 卷，中华书局 1981 年版，第 63 页。

的里程碑。

按照《中华民国临时政府组织大纲》的规定，由临时参议院行使国家的立法权。1912年1月28日，来自广东、湖北、湖南、浙江、江苏等18个省的43名代表聚会南京，选举产生了中国历史上的第一个立法机构——临时参议院。临时参议院的成立，使几千年来中国的政权第一次由专权走向分权的道路。尽管参议院当时还不是“以国民公举之议员构成之”，但从其构成的人员来看，43名议员中资产阶级革命派占33人，基本上可以算是一个以革命党人为主的立法机构。

限于当时的政治环境，南京临时政府没有设立独立的司法机构。但按照《中华民国临时政府组织大纲》第一章第六条规定，临时政府的司法权置于总统所辖的行政系统之下。1912年3月11日《中华民国临时约法》公布之后，法院被规定为独立的权力机构，从行政部门中分离出来。因此，尽管在南京临时政府存在期间，司法系统一直没有健全起来，但毫无疑问，南京临时政府的政治体制是以三权分立为依归的。

南京临时政府的成立，正式宣告了中国几千年君主专制制度的终结和中国历史上第一个新型民主共和制国家的诞生，从而决定性地把中国政治推进到近代意义的程度。列宁指出：“民主共和制是资本主义所能采用的最好的政治外壳。”① 尽管资产阶级共和国方案在中国行不通，但民主共和却是中国政治的最佳选择。

二、以宪法大纲的形式维护民主共和的革命成果，保障人民的基本权利和自由

宪法是国家的根本大法，它规定着一个国家的社会制度、国家制度、政权机构及公民的权利义务等。不同时代、不同类型的国

① 《列宁全集》第3卷，人民出版社1984年版，第181页。

家，有不同的宪法内容，它是统治者意志的表现。晚清时期，清政府搞“预备立宪”，颁布了一个《钦定宪法大纲》，但它只是皇权至上，人民无权的宪法。这种不合时宜的预备立宪迅速流产，《钦定先法大纲》也成了一纸空文。

南京临时政府成立后，为了使国家政权能够有序地运作，制定一部全体国民共同遵守的国家大法势在必行。经过多次讨论修改，1912 年 3 月 11 日，南京临时政府公布了《中华民国临时约法》。这是一部带有宪法性质的根本大法。《中华民国临时约法》是近代中国人民奋斗的结晶，是辛亥革命的胜利成果。它从法律上进一步否定了君主专制制度，肯定了民主共和的成果，确认了资本主义生产关系的合法地位以及人民的种种权利和义务。它是一部以保障人民基本权利和自由为特旨的民权宪法。

《中华民国临时约法》明确宣布：“中华民国之主权，属国民全体。”约法根据资产阶级民主自由原则，具体地规定了人民的权利和义务。如规定人民享有人身、居住、迁徙、言论、出版、集会、结社、通信、信教等自由和选举、被选举、考试、请愿、陈诉、诉讼权利，以及依法纳税和服兵役的义务。这些规定反映了辛亥革命的积极成果，表现了资产阶级革命家所主张的“自由、平等、博爱”的民主精神。其更为重要的意义是它使中国人民由过去的封建时代只知道忠孝的臣民变成了参与国事的公民。拥有法定的权利和义务，使人改变了过去的依附和半依附状态，开始真正有了自己独立的人格。强调人的尊严和人的价值，也第一次被提上了议事日程。《中华民国临时约法》还规定：“中华民国人民，一律平等，无种族、阶级、宗教之区别”。这是对中国几千年来的封建等级制度和民族压迫的极大否定。从此，“法律面前人人平等”，日渐深人人心。

对于《中华民国临时约法》，毛泽东在总结近代中国宪政运动历史经验时曾深刻指出：“民国元年的《中华民国临时约法》，在那个时期是一个比较好的东西；当然，是不完全的，有缺点的，是资产阶级性的，但它带有革命性、民主性。”① 《中华民国临时约法》集中体现了中国民族资产阶级的意志和要求，同时也在一定程度上反映了中国人民反帝反封建的革命要求和民主主义要求，是中国法制史上的创举。

三、在实行资产阶级民主制度，推动政治现代化建设方面作出了初步探索

辛亥革命作为中国历史上划时代的伟大事件，其意义不仅仅在于打落皇冠，结束中国数千年的专制统治，而且还在于它为中国社会现代化指明了前进的方向——在现代化的内容模式选择上，辛亥革命第一次真正实现了中国社会变革从器物层面向制度层面的伟大转变；在推翻腐朽的封建专制制度的同时，迅速确立了资产阶级民主制度的基本框架，从而宣告了中国皇权政治模式的终结，开创了中国政治现代化的先河。

政党政治是现代民主政治的一个重要特征。辛亥革命后，正由于《中华民国临时约法》以宪法的形式明确赋予了人民集会、结社的权利，各阶级、阶层均积极组织政党，并通过政党实现执政或参政的目的。民国初年中国出现了一个组党高潮，一时间产生了大大小小数百个政党，呈现出“会所如林，党员如鲫”的景象。这些政党在国会竞选、国会会议中，积极表达自己的政治主张，批评当局的不当作为，呈现出一种生动的政治气象，形成了竞争性政党政治的格局。政党政治的出现改变了中国传统的政治结构和政治行为，加速了中国政治现代化的进程。尽管民国初年政党政治很不规范，但它毕竟初步实现了国民政治意识的组织化和组织行为的有序性。从此，中国人民阶级斗争的组织形式逐渐由秘密结社变为政

① 《毛泽东选集》第5卷，人民出版社1977年版，第127页。

党，中国进入了政党政治时代。

选举制度是现代政治行为的重要方面，是民主政治的重要体现，也是区别专制和民主的重要标志。在专制统治时代，一切由皇帝说了算，包括重要的人事任免和重大政务的决策，都由皇帝决定。现代社会采用选举制度或通过投票方式决策政府大事，是充分发扬民主、最大限度地反映民意的重要方式。南京临时政府在中国历史上首次采用投票方式选举国家元首和国会正、副议长，这是一件了不起的大事，它标志着中国政治向现代化道路迈出了可喜的一步。之后，南京临时政府在政治领域的各个方面均推行选举制度，不仅以投票方式选举、任命国家和政府主要领导人，而且还以投票方式决定国家政务大事，如宣战、媾和、缔结条约等。一些重要的人事、政务议案，都必须达到投票人出席总数的三分之二始获当选或通过。《中华民国临时约法》还规定人民有选举权和被选举权。总之，选举制度的推行是政治领域内的一项重大变革，它集中体现了由“主权在君”向“主权在民”的转变。

现代文官制度是现代民主政治的载体。孙中山在临时大总统就职典礼宣誓时明确表示：“巩固中华民国，图谋民生幸福，此国民之公意，文实遵之，以忠于国，为众服务。”① 为众服务，做民公仆是以孙中山为代表的南京临时政府关于改革旧官僚体制，建立现代文官制度的基本思想。南京临时政府成立后，1912 年 3 月 2 日，孙中山就发布了《临时大总统关于革除前清官厅称呼致内务部令》，宣布此后官厅人员全以官职相称，不得再称大人、老爷，并指出：“官厅为治事之机关，职员乃人民之公仆。”② 他要求民国的官吏要树立“公仆”意识，并在很多场合反复强调官为民仆的角色定位。他指出，新的民国官员“乃人民之公仆”，“不管他们是

① 《孙中山全集》第 2 卷，中华书局 1982 年版，第 1 页。

② 《临时政府公报》第 27 号，江苏古籍出版社 1981 年版。

大总统，是内阁总理，是各部部长，我们都可以把他们当做汽车夫”，“或者当做看门的巡捕，或者是弄饭的厨子，或者诊病的医生，或者做屋的木匠，或者是做衣的裁缝”。① 孙中山不仅说到，而且以自己的实际行动做到了。民国成立不久就将总统之位主动让给袁世凯，以促成国家统一和共和实现，这充分体现了孙中山一心为民、不计个人权位的高风亮节。为了保证发现人才和用好人才，孙中山主张建立官吏选拔的考试制度。孙中山吸取古代科举制的精华，设计出了官吏任用中的考试制度：在将来实行五权宪法的政府组织中，专设一考试院执掌考试权，所有官吏都需经过考试选拔方可任职。为此，南京临时政府专门颁布了《文官考试令》等有关文官制度建设与管理的法规。这是中国文官制度建设的一个重要起点，只可惜在那一时期未及推行。

四、在建立权力制约与制衡的制度，推进宪政制度的创新上迈出了坚实步伐

近代法学奠基人孟德斯鸠认为：“政治自由只在宽和的政府里存在。不过它并不是经常存在于政治宽和的国家里；它只在那样的国家的权力不被滥用的时候才存在。但是一切有权力的人都容易滥用权力，这是万古不易的一条经验。有权力的人们使用权力一直到遇有界限的地方才休止。”“要防止滥用权力，就必须以权力约束权力。”② 由此把国家权力分为立法权、行政权和司法权三种，三种国家权力归属三种不同的国家机关掌握和行使，达到以权力制约权力的目的，从而防止专制独裁，保障自由。

南京临时政府根据三权分立原则，确立了资产阶级的权力分立体制。为防止袁世凯专权，《中华民国临时约法》修改了政权组织

① 《孙中山全集》第9卷，中华书局1986年版，第331～332页。

② 孟德斯鸠：《论法的精神》（上），商务印书馆1982年版，第154页。

形式。《中华民国临时约法》规定设立国务总理，把总统制改成责任内阁制，扩大参议院的权力，加强对大总统权力的制约。从国家权力机构的设置上看，《中华民国临时约法》增加了“法院”一章，并予之以独立的权力，这就使临时政府“三权分立”的建制更为完整了。资产阶级的分权制度，在革命前是反对封建君主专制的有力武器，革命后则有防止专制复辟和个人独裁的进步作用，是保证资产阶级民主和政治稳定的有力工具。

以孙中山为代表的革命党人还积极地规划适合中国国情的政治体制。早在1906年11月15日，孙中山在《与该鲁学尼等的谈话》中，就首次提出了“五权分立”的政治学说，“希望在中国实施的共和政治，是除立法、司法、行政三权外还有考试权和纠察权的“五权分立”的共和政治。”① 这是孙中山在总结西方国家政治缺陷和中国历史经验基础上提出的宪政创新理论，是对“三权分立”学说的重大发展。他试图通过加强权力制衡的方式，防止西方国家政权特别是立法机构滥用考选权和监察弹劾权的弊端再现于中国。孙中山曾经十分诚挚地说：“我期望在我们的共和政治中复活这些优良制度，分立五权，创立各国至今所未有的政治学说，创建破天荒的政体，以使各机关能充分发挥它们的效能。”② 孙中山的“五权分立”模式，使具有西方分权制衡特点的政治体制，涉足中国政治生活，不仅给人们全新的政治空气，而且也给日后中国现代民主政治和法治建设留下了有益的经验教训。

孙中山是彻底的民主主义者。他认为，西方式民主政治实行了一两百年，到头来仍未真正解决民权问题。因此，孙中山在设计一个万能政府的同时，也设计了对万能政府的制约，这就是大多数人以四大民权（选举权、罢免权、创制权、复决权）对政府权力运

① 《孙中山全集》第1卷，中华书局1981年版，第319页。
② 《孙中山全集》第1卷，中华书局1981年版，第320页。

行加以制约。他称之为“权能分治”或“以权制能”。权能分治的理论突出强调人民的政治和民主权利。孙中山认为，作为个人，人民应享有“集会、结社、言论、出版、居住、信仰之完全自由权”。人民的这些权利，既不能被剥夺，也不能被让予。孙中山的宪政思想，将传统的“民本思想”发展成具有现代色彩的民主思想，对唤醒人民的人权意识和确立人民的主人翁地位，无疑具有先导的启蒙价值。

总之，五权宪法，权能分治理论的创立，充分表明孙中山不愿走西方分权制衡的老路，而希冀在中国建立一个以民主主义集权制为原则的新式共和国。由近代的盲目效仿到现代的综合创新，这是中国宪政运动发展史上的一个转折点，而孙中山也不愧为近代中国宪政法治运动的奠基人。

五、大力倡导法治，推行法制改革，保障司法独立

实行法治是民主宪政的内在要求。孙中山不仅在政治上勾画了一个民主、法治的新中国蓝图，而且在实践上也是一个法制现代化运动的积极开拓者。在南京临时政府成立后，孙中山即着手进行法制改革，荡涤烦苛，铲除封建法制的余毒，建立与民主、共和精神相符合的现代新法制。

南京临时政府明确宣告：“中华民国人民一律平等，无种族、阶级、宗教之区别。”据此，南京临时政府一再立法保护人权，要求取消封建时代的贱民制度和人口买卖。1912 年 3 月，内政部先后发布《禁止买卖人口文》和《通令疍户惰民等一律享有公权私权文》，正式废除一切等级特权和人格歧视的不公正法律。积极推动人道、民主的现代司法制度的建立，提出禁止刑讯、体罚等酷刑，推进向人道、文明的近代刑罚制度转变。他主张司法独立，认为“司法为独立机关”，所有司法人员，必须是“应法官考试合格

人员，方能任用”①；主张建立律师制度，为此，南京临时政府还草拟了《律师法草案》；主张法院应该公开审判，审讯时，应该任人旁听，方“庶无出无入之弊”；主张法院断案应重证据不重口供，等等。以上主张，为中国建立现代司法制度迈出了可贵的一步。

除此以外，孙中山为首的南京临时政府还积极地推动近代一系列资本主义法律制度的建立，试图构建资本主义的“六法”体系。1912年1月5日，孙中山在《对外宣言书》中提出：“吾人当更张法律，改定民、刑、商法及采矿法则；改良财政、蠲除工商各界种种限制。”② 在南京临时政府存在的三四个月时间，孙中山推动颁布的新式法规不下几十项，内容涵盖农林、水利、渔业、工业、矿业、商业、铁路、航运、邮政、金融等各个方面，基本上构建起近代意义的法律蓝图。可以说，南京临时政府时期是中国法制现代化的一个十分重要的阶段，大量新制度、新法规的提出，使民主共和国的建设方案更加具体化，使南京临时政府作为现代国家政权的形象更加明确。

六、实行民族团结，反对分裂，维护国家的统一和领土的完整

“国家之本，在于人民”，这是国家政权建立的最基本原则。辛亥革命爆发后，各省纷纷响应，宣布脱离清廷独立。是建立一个民族分离、国土分裂、人民遭殃的国家，还是建立一个民族团结、国家统一、人民幸福乐业的国家？对此，孙中山在就任临时大总统的当天即以《临时大总统就职宣言书》的形式发布了新政权的内政外交方针，进一步明确了中华民国建国的基本原则，即实现

① 《孙中山全集》第2卷，中华书局1981年版，第281页。
② 《孙中山全集》第2卷，中华书局1981年版，第10页。

"民族之统一"、"领土之统一"、"军政之统一"、"内治之统一"、"财政之统一"。这里所阐述的基本建国理念就是要建立一个国家统一、政令畅通、民族团结的新国家。

所谓"民族之统一"，就是"合汉、满、蒙、回、藏诸地为一国，即合汉、满、蒙、回、藏诸族为一人，是曰民族统一"。① 这里，孙中山摒弃了中国历史上存在的大汉族主义，主张在革除满族专制政权对其他民族的压迫之后，就要由"驱逐鞑虏，恢复中华"转入建立"五族共和"的新时期。"五族共和"的实质是坚持民族平等和民族自由，维护国家统一和民族团结。以后，孙中山又进一步指出："我们国内何止五族呢？我的意思，应该把我们中国所有各民族融成一个中华民族。"

所谓"领土之统一"，宣言指出："武汉首义，十数行省先后独立。所谓独立，对于清廷为脱离，对于各省为联合，蒙古、西藏意亦同此行动既一，决无歧趋，机枢成于中央，斯经纬周于四至。是曰领土之统一。"② 在《中华民国临时约法》中也有明确规定。这就用根本法的形式庄严规定了中华民国神圣不可侵犯与分割的领土范围，宣告了中华民国是一个统一的、多民族的国家。《中华民国临时约法》在领土问题上采取列举主义的原则，有助于增强国人的领土及主权观念，进一步维护祖国的统一。在维护祖国领土主权完整、反对侵略、维护国家独立方面，孙中山和南京临时政府表现出了坚强的意志和决心。

以上我们从六个方面论述了南京临时政府在政治改革和宪政建设方面的历史贡献，它集中地反映了南京临时政府在摧毁王权统治后，为奠定现代国家基础所作的努力。南京临时政府在建设新的共和国过程中，较为明显地体现了现代民主、法治社会的一些基本

---

① 《孙中山全集》第1卷，中华书局1981年版，第1页。
② 《孙中山全集》第1卷，中华书局1981年版，第3页。

原则：

其一是主权在民的原则。主权在民，意味着人民才是国家的主人，是国家权力的最后所有者。“受命于天”还是“主权在民”是封建政治制度与资本主义政治制度的根本不同点。辛亥革命后，主权在民的原则得到正式确立，并通过法律固定下来，《中华民国临时约法》明确宣布：“中华民国由中华人民组织之，中华民国之主权，属国民全体。”从“主权在君”向“主权在民”的转变，是近代中国在政治观念和国家体制上的重大变化，它标志着延续了两千多年的封建帝制从此失去了存在的合理性，人民主权的观念开始深入人心。以后的袁世凯称帝、张勋复辟都不过是民主浪潮中的两股逆流，终遭历史无情的唾弃。从这个意义上讲，辛亥革命开创了人民主权的新时代。

其二是法治原则。法治具有多层含义。首先，“它意指所有的权威机构，立法、行政、司法及其它机构都要服从于某些原则。这些原则一般被看作是表达了法律的各种特征，如正义的基本原则、道德原则、公平和合理诉讼程序的观念，它含有对个人的至高无上的价值观念和尊严的尊重”。① 其次，它是指“以法治国”，它“至少意味着法律对社会的全面控制，这个意义上的法律，便是全社会的‘调节器’……在法治社会里，只有法才最有权威，一切机构和个人都要受到法律的约束，也就是说，没有任何人或集团能够凌驾于法律之上”。② 由法治原则的基本含义可知，法治与民主政治是密不可分的。资产阶级为了保证其民主制度不受损害，总是将法治作为其治国的基本原则。以此为标准，南京临时政府的法制建设离公认的“法治”标准还有不少的距离，但他们对宪法及法律的重视是中国近代其他时期所无法比拟的。他们对分权制衡

① 《牛津法律大词典》，光明日报出版社 1988 年版，第 790 页。
② 梁治平等：《新波斯人信札》，贵州人民出版社 1988 年版，第 72 页。

所给予的高度关注及在政体设计上的诸多安排，无疑是中国宪政史上的创举。尽管这一制度设计最后仍被军阀专制的荼毒击得粉碎，长期以来中国的政治现实也是只有宪法而无宪政，但毫无疑问，分权的宪政模式是现代政治文明的必然选择，尽管历届反动政权对此嫉恨三分，经常利用其制度的缺陷来破坏或损害它，但却不敢直接废弃之。这正是辛亥革命给中国政治文明建设带来的积极影响。

其三是人民治国的原则。现代国家是民主国家，其政治生活表现在人民参政议政的实行与不断扩大。辛亥革命推翻清朝，建立民国，用根本大法的形式规定人民的自由民主权利，这是亘古未有的大事，它对于促进人民觉醒、废除封建等级特权制度都具有积极作用。这一时期，通过资产阶级革命派的宣传和《中华民国临时约法》的制定，使原来仅为涓涓细流的民众参政意识变成了一股惊涛骇浪，过去高高在上、为权贵所垄断的参政和议政，走下圣坛，走向世俗生活，变为每个公民的权利，成为老百姓街谈巷议的话题。民国初年的参政热潮和政党竞合充分反映了辛亥革命带给国人的政治观念的变化和民主参与意识的高涨。这是现代民主政治在中国大地上的一次初步尝试。

由于南京临时政府成立时间短暂，同时还面临着繁重的军事、政治以及社会改造和国家建设等任务，其所制定的许多方针、政策、法令、措施等，大多还来不及实践，不少规定也还只停留在纸面上。也有些政策，由于形成过程过于仓促、考虑不周，致使在执行时不够畅通。另外，南京临时政府在建国方略上片面仿效欧美，一味照搬西方的那一套，导致出现食洋不化的局面，脱离了中国实际。尽管有先天不足和这样那样的缺陷，但我们丝毫不能轻视甚至抹煞南京临时政府在近代中国宪政发展史上的重大贡献。南京临时政府在短短的两三个月时间里，就做出了如此轰轰烈烈的大事业，理应赢得我们的肯定和尊敬。尤其是它的政策、方略，有益于中国资本主义经济的发展和民主政治的进步，是代表大多数人民利益，符合现代政治文明发展的基本方向的。南京临时政府的宪政革新是20世纪中国宪政发展的一个重要的里程碑。

第九章　民初宪政实践与孙中山的宪政理论创新

辛亥革命胜利后，以孙中山为代表的南京临时政府锐意改革，勇于创新，建立了一个以法、美为榜样，以"三权分立"原则为核心的资产阶级民主政治制度。这是中国人完全按照西方宪政模式建立的资本主义政治体制的第一次，也是最后一次。经过民初的宪政实践，这个以移植西方制度为范本的体制，逐渐蜕化、变质，最后沦为军阀、政客争权夺利的工具。民初宪政的失败证明了旧民主主义宪政的破产，同时也为中国宪政的转型提供了契机。孙中山在深刻总结民初宪政失败的基础上，借鉴苏俄革命的经验，同时对中国的国情进行深入思考，提出了未来中国宪政建设的一系列理论和策略，从而实现了近代中国宪政理论的伟大创新。

一、民初宪政实践论略

1. 民初的政党政治实践

南京临时政府的成立，宣告了封建帝制的覆灭。面对历史新纪元的到来，各个不同的阶级、阶层，各种不同的政治派别都希望按照自己的方案来塑造新生的共和国，使中国走上民主宪政的道路。于是，纷纷组建政党，发表政见，参与政治竞争，以期在政治上占有一席之地。民初政党政治由此而发轫。据统计，从1911年10月至1912年4月，先后成立的政党达300多个，其中有较大影响的有同盟会、共和党、统一党和民主党等，后来又逐渐演化为国民党和进步党两大党派，形成两党对峙之势，似乎政党政治粗具雏形，成功在望。然而仔细分析，民初的政党政治只是表面上热闹，实际上却与西方近代成熟的政党政治有着根本的区别。

现代意义的政党，不同于革命时代的革命党，它是以一定的相联系的阶层或阶级的群众为基础，反映他们的利益和要求，从中得到力量来源，并以参政议政为目的而获得生存的政治团体。梁启超指出："政党者，人类之任意的相对的结合团体，以共利害为基础，有一贯之意见，用光明之手段为协同之活动，以求占优势于政界也。"① 它具有两个显著特点：一是以自己联系的那部分群众的利益为最高利益，以"共利害为基础"，自身利益服从于群众利益。二是政党间的关系为竞争与合作的关系，彼此竞争以政见取胜，反对使用暴力等不正当竞争手段。而民初的政党实质却离现代意义的政党要求还很远，没能发挥现代政党应有的功能和作用。具体表现在：

首先，民初政党大多严重脱离群众，缺乏政治基础。政党本是将国家机构与公民联系起来的中介，但中国千百年来民众不知道通过何种渠道来表达政见，不识政党为自己利益的代言人。"国人对政党政治之观念极为薄弱"，普通国民对政党的作用和性质知之甚少，以至"所有的政党都与民众不生关系，都成了水上无根的浮萍"。② 由于国民普遍缺乏政治意识，各大政党无法与民众建立像欧美政党与群众那样巩固健全的联系，而他们的政见演说与民众的意愿和要求相隔甚远，常常成为不切实际、无关民生痛痒的空话。有人批评民初各政党："讲求政略，驰骋于议场，发揭于报纸，而各政党之各洋洋昼耳矣。究竟于吾沉沉古国复杂隐密的社会，有何种影响，于吾沉吟憔悴，坐待奴亡，呼吁不闻，救死不暇之下级人

---

① 梁启超：《饮冰室合集·文集之三十一》，中华书局1989年版，第5页。

② 李剑农：《中国近百年政治史》（下），商务印书馆1937年版，第371页。

民有何相关之休戚?"① 政党与普通国民距离遥远，使得政党政治一遭厄运，宪政活动便偃旗息鼓。

其次，从政党活动来看，民初政党政治竞争失序，运行失范，造成政治生活极端混乱，引发政治危机。民初政党之间的竞争受传统“党争”意识的影响，只讲竞争，不讲合作，“虽标政党之名，终不能脱朋党之实”。② 如雨后春笋般诞生的政党成了追逐权力的个人小集团，政党与政党的竞争近乎个人权力之争，“相互视之，则仇仇之”，各党在政治生活中“以overlap灭他党为惟一之能事，狼鸷卑劣之手段无所不至”，“乃各杂以私见，异派因相倾陷破坏；而同派之中，亦往往互相忌刻，势若水火，率以主义目的精神思想丝毫无区别之人，亦复分抗，不欲联合”。③ 这种视若仇敌的竞争由于超出了民主政治的常规而受到多方指责，包括提供给对民主政治怀仇视心理的反动军阀及政客以政治乱象的口实。就连鼓吹“革命军起，革命党消”的章太炎也愤慨地指出：“中国之有政党，害有百端，利无毛末。”④

2. 民初的“三权分立”体系

民初宪政的核心是“三权分立”的国家政权体制。这一制度摈弃了君主专制集权，提倡合理分权、权力制衡，这是资产阶级民主的精义，也是维护资产阶级民主的制度保障。近代西方资产阶级民主革命取得成功之后，普遍采用了三权分立的体制，极大地发展了资产阶级民主。南京临时政府成立后，也采用“三权分立”的政治体制，并以《中华民国临时约法》的宪法保障来加以维护。袁世凯窃取政权后，站在其专制集权的立场上，对这一体制极尽破

① 黄远庸：《远生遗著》卷二，商务印书馆 1984 年版，第 100 页。

② 李华兴编：《梁启超选集》，上海人民出版社 1983 年版，第 630 页。

③ 梁启超：《饮冰室合集·文集之二十九》，中华书局 1989 年版，第 21 页。

④ 汤志钧编：《章太炎政论选集》（下），中华书局 1977 年版，第 648 页。

坏之能事，最后以国会专制、事权不一为名，废除国会，取消责任内阁制，从而使“三权分立”的体制为总统专权所取代，以后又为北洋军阀的专权所取代。

资产阶级的权力制衡为何没有发挥出应有的制衡功能？从根本上说当然主要是与封建思想的遗留与传统政权基础的根深蒂固有关。但民初“三权分立”政治体制运行的失范，制度变形，功能失调，引起政治生活的极端混乱，造成社会的危机也是不可忽视的重要原因之一。

首先，南京临时政府为防止袁世凯专制独裁，在没有进行深入的国情分析与法理论证的基础上，以《中华民国临时约法》的形式改变了政权组织形式，将符合中国传统的总统制改为内阁制，从而为袁世凯处心积虑地破坏《中华民国临时约法》，寻求权力突破找到口实。袁世凯由于有军队及晚清余孽做靠山，起初利用制宪换取国会选举其为正式大总统，达到目的之后即摈弃以国民党人为主制定的《天坛宪草》。以后又宣布责任内阁制不符合中国国情，废弃《中华民国临时约法》，颁布总统集权的《中华民国约法》，解散国会，废除责任内阁，最终走向帝制复辟。袁世凯复辟帝制失败后，历届军阀政府在本质上都想集权，但由于袁死后出现的实力真空，使任何一派军阀都无法排斥异己而独自执政，因而他们在宪政体制上仍维持了“三权分立”的议会内阁体制。在这种政体下，总统虽有国家元首之尊，但实权掌握在国务总理或军阀头子手中。而立法机构为防止再次出现袁世凯那样的政治强人，对内阁限制极严，当两者相持不下时，政治上无权的总统则成了各自争取的对象，由此而引发了宪政体制上的“会阁之争”或“府院之争”。因此，民初的宪政乱象一直延续到整个北洋时期。

其次，根据西方资产阶级的政治学说，“三权分立”的国家政权体制正常运行的关键是该体系的内部运作严格按照法定程序，充分体现制度的权威，严格排斥暴力、阴谋等非制度因素的干扰，这是维护整个制度体系，使其正常发挥作用，显示功能的前提。而民初的政治运作显然是无序的，充满了政治的权谋和血腥的角力，“一山难容二虎”，一方总是以彻底消灭另一方为满足，缺乏政治的妥协与让步，最终带来的是整个制度体系毁灭的代价。“宋教仁血案”及“二次革命”便是宪政体制受阴谋、暴力破坏的最严重表现。“府院之争”也是以破坏制度体系，强行以军权介入解决争端。因此，民初的政治表面上是民主宪政的体制，有总统、议会、总理、最高法院，“三权分立”的名目应有尽有，但实际上这一体制无时无刻不受到军阀专权政治的影响和控制，整个宪政体制始终受到非制度因素的干扰和破坏。因此，从这个意义上讲，民初宪政制度的运行是无序的，政治运行的无序化造成了制度的严重扭曲、变形，如总统缺乏权威，立法权的弱化，行政权的独大，最高法院的名存实亡等，这一切使得民初宪政完全丧失了“三权分立”与制衡的精神实质。

3. 民初宪政的政治文化环境

宪政的实施离不开成熟的市民社会基础和文明进步的政治文化环境。民初政治变迁虽然剧烈，但由于整个社会经济基础未变，政治文化环境也未有根本性的改变。尽管民初资本主义经济有了一定成长，但发展仍极为有限，近代工矿企业在整个国民经济结构中所占的比例不足10%，资产阶级及现代产业工人在总人口中所占的比例十分微小，农民仍占全国人口的绝大多数，封建的自然经济构成整个国民经济的主体。数千年的封建专制和近代经济的不发达，造成了国民文化水平普遍低下，基本上和民主政治处于绝缘状态。他们中的许多人仍把民国的成立看做是历史上的改朝换代，并常常把共和国的总统比做皇帝。有人描述说：“虽然今日共和，策有其表面而已。人民既乏国民之常识，而于风俗习惯尤未改革”，“于共和国之组织，若选举，若议会，及其他人民对于国家种种应尽应享之权利义务均不谙熟”。① 在这样的政治环境中是难以推行宪政的。仅以民国二年的国会选举为例，有资格参加投票的选民仅4000万，不到总人口的10%，其中相当部分是有一定经济基础的资产阶级及有一定文化水平的知识分子，普通工农群众寥寥无几。缺乏广大工农大众的政治参与，民主政治自然缺乏深厚的民意支持，有如无水之源，无本之木，其脆弱性可想而知。

即使是宪政民主政治的拥护者和参与者的中小资产阶级和新式知识分子，他们的政治意识和宪政知识也不比工人农民多多少。这些人分为两派，一派为所谓开明专制派，以国会中的进步党人为代表。他们期望民主政治在中国实现，但厌恶西方式宪政的政治斗争，希望国家事权统一，政局安定，这部分人在策略上支持袁世凯有限度的集权，并在一定意义上充当了袁世凯专制独裁的帮凶。另一派为民主激进派，以国会中的国民党人为代表。他们热心于民主宪政，但却希望民主政治在一夜之间实现，过于热衷于政党政治为反对而反对的原则，却忽视中国基本的国情。在政治斗争遇到挫折后，马上转为革命和暴力，使政治问题的解决超出宪政的范围，不利于政治的正常运行。这两派尽管在宪政进程与方法上存在一些分歧，但应该都是民主宪政的真诚拥护者和参与者，然而两党同样对宪政的真谛缺乏基本的认识。民主宪政的要义在于斗争的艺术和政治的妥协。但政治上的分歧却使两党在政治竞争中形同水火，视异如仇，缺乏起码的体让与团结，最后在袁世凯去掉一翼后，另一翼也不能独存。

两党在政争中的悲剧，从另一方面说明了即便作为所谓懂政治的精英人士，他们的宪政常识也是十分欠缺的。

对此，梁启超曾深刻指出：“我国由五千年之专制一跃而进于共和，旧信条横亘脑中，新信条未尝熏受，欲求新政体之圆满发达

① 《申报》1912年6月11日。

难矣。”① 梁启超的说法不无道理，政治结构必须要有相应的政治基础和政治文化与之相配套才能够保证新政治体系的有效运转。而辛亥革命的成功，很大程度上只是实现了政体的现代转换，却没有实现政治观念与政治文化的革命性转变，这是民初宪政失败的根源之所在。

二、孙中山的宪政理论创新

孙中山是近代民主革命的先驱，也是民初民主宪政的推动者和实践者。但由于“二次革命”的失败，孙中山一直流亡国外，无暇参与到国内政治实践中来。但民初宪政的乱象，孙中山是感同身受的，由此而一刻也没有放弃对宪政理论的探索与研究。通过对民初宪政的深刻反思，特别是对俄国十月革命经验的总结，他终于认识到，革命和建设不是照搬别人的经验，而必须着力于认识本国国情，走综合创新的道路。否则，如果不顾中国的政治现实，只知对欧美的政治发展模式一味仿效、简单移植，中国的民主宪政也必然会发生“橘逾淮则化为枳”的后果。

因此，孙中山在深入总结民初宪政失败的经验与教训的基础上，提出了符合中国实际的宪政发展思路，从而实现了其宪政理论的伟大创新。具体如下：

第一，在实现宪政的途径上，摒弃了西方式的政党政治观，代之以革命政党治国的理念，强调革命政党对宪政建设的责任。

政党制度是宪政制度的重要内容。孙中山早年非常重视政党对实现民权的积极作用，他说：“若无政党则民权不能发达，不能维持国家，亦不能谋人民之幸福。是故无政党之国，国家有腐败民权

① 梁启超：《饮冰室合集·文集之二十八》，中华书局1989年版，第70页。

有失败之患。”“中华民国以人民为本位，而人民之凭借在政党。”①“国家必有政党，政治始得进步。”②但在经历了民初政党恶斗的混乱现象以后，孙中山的思想开始发生急剧的转变。“二次革命”的失败使孙中山认识到，革命党人心的涣散、革命意志的薄弱，是民主政治失败的根本原因。他痛切地指出：革命失败，“非袁氏之力强，实同党人心之涣散”。因此，他于1914年6月在日本成立中华革命党，取代松散的国民党组织。中华革命党“以扫除专制政治，建设完全民国为目的”，一切以革命建国为己任。为此，孙中山提出要强化党的组织，严明党的纪律，并赋予党员革命成功后保有执政地位的权利。这是孙中山以党治国思想的初步萌发。

俄国十月革命后，孙中山从苏俄革命的胜利中看到了希望，更坚定了“以党治国”的信念。他指出：“此后欲以党治国，应效法俄人”，造成“一个有力量有具体的政党”，要用这一“政党的力量去改造国家”。具体而言，就是主张革命政党以革命方式夺取政权，然后运用政权，训练民众，最后实现全民政治。孙中山认为，这种“以党治国”比之于英美式政党“握权更进一步”。③“以党治国”的提出，根源于孙中山对改造中国途径的重新认识。他痛感民初革命政党在民主政治尚未巩固的情况下，由于过早丧失了革命意志和革命纪律，沦为军阀政客从事党争的工具，从而使宪政民主流产的事实，提出要实现真正的宪政民权，就必须依靠一个联合了农民、工人的坚强革命政党，“不单要用革命去扫除那恶劣政治，还要用革命的手段去建设”。④在国家还是大乱，社会还是退

① 转引自张磊著：《孙中山论》，广东人民出版社1986年版，第260页。
② 转引自张磊著：《孙中山论》，广东人民出版社1986年版，第247页。
③ 《孙中山全集》第9卷，中华书局1986年版，第103~104页。
④ 《孙中山全集》第5卷，中华书局1985年版，第400页。

步的情况下，“革命党的责任还是要先建国”，“把国家再造一次”,[①] 革命胜利后，“更应以党为掌握政权之中枢”,[②] 保持政权，训导人民实行民权，以实现真正的民主政治。“以党治国”理论的提出，使民主宪政的实施有了一个坚实的领导者和推动者。这是符合中国革命和建设的实际的。

第二，在宪政的实施步骤上，主张经由军政、训政、宪政三个阶段逐步实现宪政。

孙中山原来期望革命能“毕其功于一役”，但民初的政治现实将孙中山宪政速成论的观点击得粉碎。在经历了护国、护法、二次护法失败的教训后，他开始认识到，国民革命和建设的真正成功，必须有一个经由军政、训政、宪政渐次以达的长期过程，宪政民主方能真正实现。为此，他设计了分三阶段实现宪政的革命程序。“军政时期”，即破坏时期。在此时期施行军法，组织革命军推翻专制制度，扫除官僚体系，改革旧俗恶习，为民主、平等、自由奠定基础。“训政时期”，即过渡时期。在此时期内施行约法，建设地方自治，促进民权发达。“宪政时期”，即建设完成时期。这一时期，各县作为自治团体，实行直接民权，国民对于本县的政治享有普遍的选举权、创制权、复决权和罢免权，而对全国的政治，除了选举权之外，其余的同等权，托付于国民大会的代表去履行。

这里，孙中山反复强调训政时期的必要性。他认为，中国人民久处于专制之下，奴性已深，牢不可破，“不晓得自己去占那主人的地位”，而且，“以五千年来被压作奴隶的人民，一旦抬他做了皇帝，定然是不会做的”。[③] 基于这种认识，孙中山认真考虑了“由革命一跃而几于共和宪政者，其道何由”的问题，并得出了

① 《孙中山全集》第9卷，中华书局1986年版，第97页。

② 《孙中山全集》第9卷，中华书局1986年版，第122页。

③ 《孙中山全集》第5卷，中华书局1985年版，第401页。

"创一过渡时期为之补救"① 的结论。孙中山认为，如果不实行训政，将会导致严重的后果——"第一流弊，在旧污未由涤荡，新治未由进行。第二流弊，在粉饰旧污，以为新治。第三流弊，在发扬旧污，压抑新治。更端言之，即第一为民治不能实现，第二为假民治之名，行专制之实，第三则并民治之名而去之也"。② 应该说孙中山的总结是十分深刻的，这也是民初宪政实践的真实写照。实际上，孙中山的宪政程序论早在同盟会时期就已形成了，但并没有引起太多的重视，包括他本人也是半信半疑的。但在民初宪政失败后，孙中山重新对此问题进行了阐发，更体现出一个革命者在长期奋斗生涯中逐渐由理想主义向现实主义转变的心路历程。

第三，否定代议政治，主张实现直接民权。

孙中山通过对辛亥革命后中国政治严酷现实的观察，看到了代议政治之下人民无权的事实。在此过程中，他也认识到西方代议制的虚伪性和流弊。在他看来，代议制下人民仅有选举权一项，以至于位居要津的官吏，"其始借人民选举以获取其资格，其继则悍然违背人民之意志以行事，而人民莫之如何"。③ 代议制传到中国，更是弊病丛生，代议士"都变成了'猪仔议员'，有钱就卖身，分赃贪利"。有鉴于此，孙中山反对奉代议制为圭臬，反对步欧美后尘，主张用自己的民权主义"把中国改造成一个'全民政治'的民国，要驾乎欧美之上"。④ 孙中山认为，他的五权宪法"是打破"资产阶级专制的"工具"，是"实行民治的根本方法"，其中"最重要的就是县治，行使直接民权"，并认为能够有"直接民权才是真正的民权"。⑤ 在以县为单位的自治中，人民不仅享有选举

① 《孙中山全集》第5卷，中华书局1985年版，第208页。
② 《孙中山全集》第7卷，中华书局1985年版，第67页。
③ 《孙中山全集》第9卷，中华书局1986年版，第313~314页。
④ 《孙中山全集》第9卷，中华书局1986年版，第314页。
⑤ 《孙中山全集》第5卷，中华书局1985年版，第497页。

权，而且享有对官吏的罢免权和对法律的创制与复决权。他称之为“四大民权”。在国家政体方面，孙中山主张设国民大会作为国家的最高权力机关。他比较了国民大会体制与西方议会制的不同。他说，西方的议会尽管权力很大，但根据三权分立原则，它要受到行政权、司法权的牵制，它所决定的东西或它本身都有可能遭到合法的否定，故而不能成为真正的最高权力机关。而五权宪法下的国民大会，行使中央统治权，中央政府各机关均产生于国民大会，并对国民大会负责。国民大会“对于中央政府官员有选举权，有罢免权，对于中央法律有创制权，有复决权”。① 国民大会真正体现了主权在民的原则。

孙中山的五权宪法论突出强调了“人民有权”的原则，即不仅国家权力属于人民，而且人民拥有管理政府的权力。在五四运动以后，孙中山更提出民权应当“为一般平民所共有，非少数人所得而私”；实行“直接民权”，以贯彻“主权在民”的原则；人民享有民主权利，“卖国罔民”的“团体和个人”则不得享有自由和权利。这一新的阐释使其民权主义思想达到了中国近代民主主义思想的最高峰。毛泽东指出：“‘为一般平民所共有，非少数人所得而私’，就是我们所说的新民主主义宪政的具体内容，就是几个革命阶级联合起来对于汉奸反动派的民主专政，就是今天我们所要的宪政。”②

第四，扬弃三权分立，主张“权能分治”、“五权分立”。

在政府与人民的关系问题上，孙中山主张权、能分开。孙中山认为应当将国家的政治大权分成政权和治权两部分：政权即民权，交给全体人民，使全体人民可以直接管理国家；治权即政府权，完全交给政府机关，使之有很大的力量治理全国事务。所谓政权，指

① 《孙中山全集》第 9 卷，中华书局 1986 年版，第 129 页。
② 《毛泽东选集》第 2 卷，人民出版社 1991 年版，第 733 页。

四个方面的直接民权：选举权、罢免权、创制权、复决权。人民有了这四个权，才算是充分的、彻底的直接民权。所谓治权，指立法权、司法权、行政权、监察权和考试权五种。在孙中山看来，政治的力量有两个：一个是自由的力量，一个是维持秩序的力量。这两个力量正如物理学中的离心力和向心力一样。自由太过分，便成了无政府；束缚太过分，便成了专制。所以，自由和束缚两个力量只有保持平衡，政治才能正常发展，并且走上轨道。这四个政权和五个治权并存，便是自由和束缚两个力量平衡的表现。权能分开理论是孙中山在借鉴三权分立学说和实践基础上的一个创造，是其宪政思想的核心。

孙中山不满意西方的三权分立，他认为“三权分立”是不完备的，有弊病的。一是因为三权各不相统，政客巴结选民，运动选民，往往把一些愚昧无知的人选为议员，组织国会。国会既是立法机构，又是监察机构，他们往往擅用此权挟制行政机关，使它不得不俯首听命。因此，常常成为议院专制，这是监察权没有独立的恶果。二是政府的官员由总统委任，随总统的进退而进退，无才、无德、无能之人可以随总统之进而为官，有才、有德、有能之人也要随总统之退而罢官，一朝天子一朝臣，这是考试权没有独立的恶果。为了避免欧美“三权分立”的弊病，孙中山认为应该把立法权中的监察权和行政权中的考试权独立出来，实行“五权分立”，组织政府，才是“世界上最完美最良善”的政体。因此，五权宪法的基本点在于强调权力的分设及加强对权力的合理制衡。

但强调权力的制衡却不能影响政府权力的集中统一。因此，创立一个高效能的为民办事的政府也是孙中山宪法思想的主要旨趣之一。鉴于三权分立常常造成议会专制和政府无权的局面，孙中山力主“以五权分立救三权鼎立之弊”。“分立之中，仍相联属，不致孤立，无伤于统一”。当然，集中和统一不是绝对的，它仍需必要的分职与分工。这“好像一个蜂窝一样，全窝内的觅食、采花、看门等任务，都要所有的蜜蜂分别担任，各司其事”。同样道理，“政府替人民做事，要有五个权，就是要有五种工作，要分成五个门径去做工”，“政府有了这些做工的门径，才可以发出无限的威力，才是万能政府”。① 由此观之，“五权分立”与“三权分立”的差异不仅仅是在三权之外再加上两权，更重要的还表现在：一个强调的是权力的相互制衡，即消极的分权；一个则是在权能分治前提下，强调权力之间的分工以及分工条件下的合作，这与他建立“万能政府”的思想是一致的。

第五，建设民生主义，发展国民教育，奠定宪政民主的基础。

孙中山认为，权利的实现离不开物质保障。为了实现他设想的直接民权，孙中山提出了两个办法：一个是平均地权；一个是节制资本。他认为，中国历史上经济组织不平均的最大原因是土地权为少数人所操纵。为克服这一弊病，应当规定土地法、土地使用法、土地征收法及地价税法，除政府照地价收税以外，地价上涨所得归众人公有。在必要时，对于地主的土地，可以依其报价加以收买，分给没有土地的农民，实现“耕者有其田”。为了防止私人资本操纵国计民生，应将银行、铁路、交通、矿山等具有垄断性质的事业及其他规模过大、私人力量不能办的企业交由国家经营管理，其所获利益归国家公用，以避免私人垄断和资本专制。他又说，实业的开发，可以分个人企业和国家经营企业两条路进行，对于不影响国计民生的个人企业，要从税收、法律、货币、交通及排除官吏干扰等方面给予帮助与扶持。孙中山的民生主义是一个最大限度发展民族资本主义的纲领，它规划了资本主义生产关系的基本框架，是资产阶级民主宪政的物质保障。

孙中山指出，国民教育是实现宪政制度所必不可少的，“民国的人民，人人都是主人翁，人人都要替国家做事的。所以建设一个

① 《孙中山全集》第9卷，中华书局1986年版，第355页。

新地方，首先在办教育，要办普及的教育。令普通人民都可以得到教育，然后人人才知道替国家去做事”。① 因此，他主张凡在地方自治区域的少年男女，不论贫富，在10岁以下的都有受教育的权利，学费、书籍、衣食应由公家供给。他指出：学校是文明进步的源泉，必学校普遍建立而后地方自治才能进一步发展，故应设公共讲堂、书库和夜学，供成年人听讲、阅读、研究，以增长知识，提高文化素养。如果做不到这一点，民国便是贵族制度而不是三民主义的民国。由此可见，孙中山已经注意到，享受文化教育不仅是人民的一项重要权利，而且是实行宪政的必要条件。

孙中山是近代民主革命的先驱。他不仅是一位革命者，也是一位建设者。在几十年的革命生涯中，他始终关心着国家的独立，民权的自由和民生的幸福。他不仅开创了亚洲第一个民主共和国，而且亲自领导了南京临时政府的宪政民主建设。但辛亥革命的失败使他推动中国政治民主化的努力付诸东流。在绝望之时他看到了俄国革命的曙光。通过对俄国革命成功经验的总结，他开始由原来一味地借鉴西方转而看重东方，看重本国的国情，从而实现了宪政理论的伟大创新。他不仅在学习借鉴外国宪政经验的基础上，结合中国国情，设计了一套完整的五权分立的资产阶级共和国建国方案，还科学地预见了其实施步骤；他不仅强调资产阶级国家上层建筑的建设，还注意建设资产阶级民主共和国的经济基础；他不仅重视资产阶级革命派政党政治行为的养成及对宪政建设肩负的责任，还关注全体国民文化素质和政治素养的提高。最为突出的是，孙中山还总结了中国几千年皇帝专制、人民无权的文明史，明确提出实现民主应以实现直接民权为目标，政权应当“为一般平民所共有，非少数人所得而私”。这一新的阐释使其宪政民权思想达到了近代中国民主主义思想的最高峰。除此以外，他所规定的资产阶级民主原

① 胡汉民编：《总理全集》第2集，上海民智书局1930年版，第233页。

则、法治原则、分权原则，在中国近代史上也是最具代表性和先进性的。

由盲目仿效到有理性的综合创新，这是中国宪政运动发展史上的一个转折点，而孙中山不愧为近代中国民主宪政运动的奠基人。

第十章　中国共产党的新民主主义宪政实践

破除专制主义政治，实现由人民当家做主的民主政治，是历史赋予中国新民主主义革命运动的一项庄严而艰巨的使命。中国共产党自成立伊始即将其作为自己的政治目标，并为之进行了不懈的奋斗。抗战时期，基于夺取抗战胜利以及推进中国革命的需要，中国共产党对民主问题给予了前所未有的关注，尤其是在陕甘宁边区和各敌后抗日根据地，中国共产党全面推行普遍的民主选举制度；在政权组成上实行“三三制”原则；建立新型党政关系和民主监督制度；建设新民主主义法制，等等，这些构成了新民主主义宪政的主要内容，也将新民主主义革命时期中国共产党领导下的民主政治建设推向了一个新的高度，并为战后特别是新中国的民主宪政建设积累了丰富的历史经验。

一、中国共产党新民主主义宪政思想的形成

宪政，首先是指民主的政治。“历史给予我们的革命任务，中心的本质的东西是争取民主。”① 新民主主义革命实质上就是民主革命，就是争民主。在中国就是要反帝反封建。只是由于日寇侵略中国，故争民主的重心转向抗日。但民主同样是抗战胜利的前提。对此，中国共产党及毛泽东都有清醒的认识：“对于抗日任务，民主也是新阶段中最本质的东西，为民主即是为抗日。抗日与民主互

---

① 《毛泽东选集》第1卷，人民出版社1991年版，第274页。

为条件，同抗日与和平、民主与和平互为条件一样。民主是抗日的保证”。“没有民主，抗战就不能胜利。”① 正是基于这样的认识，中国共产党在高高举起抗日大旗的同时，也高高举起民主的大旗。

早在1937年5月，毛泽东在《中国共产党在抗日战争时期的任务》的报告中就明确提出要把争取民主作为“目前发展阶段中革命任务的中心一环”，指出：“看不清民主任务的重要性，降低对于争取民主的努力，我们将不能达到真正的坚实的抗日民族统一战线的建立。”强调中国必须立即开始实行两方面的民主改革：一是将政治制度上国民党一党派、一阶级的反动独裁政体改变为各党派、各阶级合作的民主政体；二是实行人民的言论、集会、结社自由，没有这种自由，就不能实现政治制度的民主改革，就不能动员人民进入抗战，取得保卫祖国和收复失地的胜利。在这里，他正式讲到宪政问题。他认为，实行民主改革，“应从改变国民大会的选举和召集上违反民主的办法，实行民主的选举和保证大会的自由开会做起，直到制定真正的民主宪法，召集真正的民主国会，选举真正的民主政府，执行真正的民主政策为止”。②

抗战爆发后，中共更是将争取民主的实现确定为战时的一项重大目标性政策，并郑重地列入中共洛川会议制定的《抗日救国十大纲领》当中，并敦促国民党应该切实而迅速地“实现民主改革，以动员全体民众加入抗日战线”。“然而国民党政策在发动民众和改革政治等问题上依然没有什么转变，对人民抗日运动基本上依然不肯开放，对政府机构依然不愿作原则的改变，对于人民生活依然没有改良的方针，对共产党关系也没有进到真诚合作的程度。”③一句话，它不愿意从根本上改变一党专政的政治体制，不愿意将权

① 《毛泽东选集》第1卷，人民出版社1991年版，第274页。

② 《毛泽东选集》第1卷，人民出版社1991年版，第57页。

③ 《毛泽东选集》第2卷，人民出版社1991年版，第353页。

力还给人民。根据历史的经验和对国民党本质的深刻把握，中国共产党其实从没有将实现民主的希望完全寄托于国民党，而是一方面督促国民党顺应人民的民主要求进行政治改革，另一方面着力在边区和根据地进行民主宪政的实践。

这场民主宪政实践实际上是为未来民主新中国的建立奠定一个坚实的基础。还在抗日战争爆发之前，毛泽东就曾告诉外国记者：抗日战争“也是一个革命的运动，因为抗日斗争伴随着争取民主、争取更好的生活条件和经济建设的斗争。在中国，这两者是结合在一起的”。① 抗战开始后毛泽东又进一步指出：“抗日战争是全民族的革命战争，它的胜利，离不开战争的政治目的——驱逐日本帝国主义、建立自由平等的新中国。”② 我们的目的就是要“建立一个新中国”。③“现在我们全国人民所要的东西，主要的是独立和民主”，争取独立，这件事我们正在做；相对而言，民主“这件事现在还没有做”，民主和抗日“这两件事，是目前中国的头等大事”，④ 所以不仅要把抗日这件事做好，也要把民主这件事做好，尤其要在根据地把民主做好。因为这“为全国观感之所系”，必“将大有助于全国民主化的推动”。⑤

从上面的论述中不难看出，中国共产党从一开始就是将民主抗战看做是摆脱外国帝国主义对中华民族的压迫，结束国内反动势力对广大人民的专制主义统治，实现通往民主新中国坦途的有力武器。而实行新民主主义的宪政制度则是中国共产党在抗日根据地实行民主的具体政治实践。

① ［瑞典］达格芬·嘉图：《走向革命》（中译本），中共党史资料出版社1987年版，第7页。

② 《毛泽东选集》第2卷，人民出版社1991年版，第479页。

③ 《毛泽东选集》第2卷，人民出版社1991年版，第663页。

④ 《毛泽东选集》第2卷，人民出版社1991年版，第731页。

⑤ 《毛泽东选集》第2卷，人民出版社1991年版，第741页。

新民主主义宪政实践无疑是在毛泽东新民主主义宪政理论的指导下进行的。毛泽东指出："我们现在要的民主政治，是什么民主政治呢？是新民主主义的政治，是新民主主义宪政。"① "什么是新民主主义宪政呢？就是几个革命阶级联合起来对于汉奸反动派的专政"，"'为一般平民所共有，非少数人所得而私'，就是我们所说的新民主主义宪政的具体内容……就是今天我们所要的宪政。这样的宪政也就是抗日统一战线的宪政"。② "我们一定要把事情办好，一定要争取民主和自由，一定要实行新民主主义的宪政。如果不是这样做，照顽固派的做法，那就会亡国。为了避免亡国，就一定要这样做"。③ 因此，毛泽东的新民主主义宪政思想构成了抗日战争时期中国共产党新民主主义宪政实践的理论基础。

二、中国共产党的新民主主义宪政实践

1. 实行普选的民主制度

新民主主义宪政实践首先是从实施普选的民主制度开始的。还在抗战爆发之前，中国共产党为尽快促成国共合作，迅速完成抗战准备，就已正式宣布将原来在陕北的工农民主政府改名为中华民国特区政府，"在特区政府区域内实施普选的彻底的民主制度"。④ 对民主选举的重要性，毛泽东指出："实行无男女、信仰、财产、教育等差别的真正普遍平等的选举制，才能适合于各革命阶级在国家中的地位，适合于表现民意和指挥革命斗争，适合于新民主主义的精神。"⑤ 因此，开展群众性的选举运动，也成为根据地实行新民

---

① 《毛泽东选集》第 2 卷，人民出版社 1991 年版，第 732 页。

② 《毛泽东选集》第 2 卷，人民出版社 1991 年版，第 733 页。

③ 《毛泽东选集》第 2 卷，人民出版社 1991 年版，第 739 页。

④ 《中共中央给中国国民党三中全会电》，《中共中央文件选集》（11），中共中央党校出版社 1991 年版，第 158 页。

⑤ 《毛泽东选集》第 2 卷，人民出版社 1991 年版，第 677 页。

主主义宪政的一个基础性环节。为了切实搞好普选，党还制定颁布了边区各级政府和参议会的选举条例、施行细则、组织法等各项具体法规，对选举资格、选举方法等作出了明确规定。首先，在选举资格上规定，“凡居住边区境内之人民，年满十八岁，不分阶级、党派、职业、男女、宗教、民族、财产和文化程度的差别，都有选举权和被选举权”。其次，在选举方式上规定，“采取普遍、直接、平等、无记名的投票选举制”。“普遍，是选举人的资格，没有任何限制……直接，是选民直接选出被选人……平等，是任何选民投的票，其效力都是一样。无记名就是选民在选票上只写被选出人的姓名”。① 这充分表明了边区实行民主的广泛性和真实性。这种普遍平等的选举方式在中国几千年文明史上也是破天荒的创举。

为使广大边区群众能够真正行使民主权利，党的各级地方组织在实际工作中还创造了许多适合人民行使民主权利的选举办法，如适合有一定文化程度的选民行使民主权利的“票选法”；适合识字不多的选民行使民主权利的“画圈法”、“画杠法”、“画点法”；适合广大不识字的选民行使民主权利的“投豆法”、“投纸团法”、“烙票法”；适合解决居住分散和行动不便的选民行使民主权利，由选举委员会组织工作人员背着票箱到选民家去让其投票的“背箱法”，等等，尽量使边区的每一个符合条件的公民都能行使民主权利。在具体实践中，从选民的登记到公榜，从候选人的提出到正式投票选举，都充分反映了人民的民主权利，体现了公民的自由意志。通过选举，产生了乡、区、县、边区各级参议会和抗日民主政府。

由于实行了普遍的无差别的民主选举，根据地的广大人民群众焕发出极大的参政热情，选举成为人民的自觉行动。正是由于共产

① 《中国新民主主义革命时期根据地法制文献选编》第1卷，中国社会科学出版社1981年版，第204页。

党真正实行民主的巨大努力，使得边区人民普遍地真正行使了民主权力，因而在边区的历届选举运动中，公民参加选举投票率均在70%以上，有的选区甚至高达90%。这表明，共产党实行的普选运动是真正的、普遍的、广泛的民主运动，共产党主张并实行的民主政治，是真正高度民主的政治，因此得到了边区各阶级、各阶层的广泛支持和坚决拥护，为巩固和发展边区抗日民主政权打下了坚实的群众基础。

2. 建设"三三制"民主政权

新民主主义宪政的政权形态是"三三制"，"三三制"民主政权也是新民主主义宪政实践中最有特色的民主创举之一。在敌后各抗日根据地的初创时期，共产党由于自己较高的威望得到根据地人民的普遍拥护，以至在初期的选举中党员当选的情况比较普遍，共产党员在政权机关中人数较多，这既不利于充分调动各党各派和各阶层人民共同抗日的积极性，也不利于根据地政权实现真正意义上的民主化。为改变这种局面，中国共产党于1940年春提出了政权建设的"三三制"原则，即在根据地政权人员分配上规定："共产党员占三分之一，他们代表无产阶级和贫农；左派进步分子占三分之一，他们代表小资产阶级；中间分子及其他分子占三分之一，他们代表中等资产阶级和开明绅士。只有汉奸和反共分子才没有资格参加这种政权。"毛泽东强调："这种人数的大体上的规定是必要的，否则就不能保证抗日民族统一战线政权的原则。这种人员分配的政策是我们党的真实政策，必须认真实行，不能敷衍塞责。"①

从1940年下半年开始，在共产党的统一领导下，结合普选运动，边区各抗日根据地普遍推广实行了"三三制"政权建设。在边区各级参议会和政府的选举中，充分体现了"三三制"的原则。如1941年11月，陕甘宁边区参议会选举常驻会参议员和政府委员

① 《毛泽东选集》第2卷，人民出版社1991年版，第750~751页。

时，候选人中中共党员超过了三分之一，著名共产党人谢觉哉、王维舟等十八人立即要求退出竞选，选举结果中共产党员仍多一名，徐特立立即声明退出，让给了党外人士。由于严格执行了“三三制”，结果就使许多其他党派人士、开明绅士、工商界人士、知识分子及社会名流有机会当选，参加民主政权，从而有力地扩大了抗日民主政权的社会基础，充分地调动了各阶层人民的抗日积极性。

正是贯彻了“三三制”原则，抗日根据地的政权性质已经发生了重大的变化，“工农群众已经把自己上升为统治阶级与左翼地主和中等资产阶级共同管理政权，管理国事了。已经把一个封建的国家制度摧毁，建立起一个新的政权了”。① 这个新政权既与地主资产阶级专政不同，又与严格的工农民主专政有别，它“是一切赞成抗日又赞成民主的人们的政权，是几个革命阶级联合起来对于汉奸和反动派的民主专政”。② 这种政权因共产党员和左派进步分子至少占到三分之二而使共产党的方针政策能够得到有效的贯彻，从而确保了新民主主义的政治方向；又因其将政权基础扩大至工农群众以外的其他进步的阶级、阶层而使其更具有了鲜明的民主性。正因为如此，“三三制”的实行得到广大人民包括中间派的衷心拥护，这就大大有利于动员广大人民积极投身于抗战；同时它又推动了根据地民主政治发展的进程，成为中国共产党民主宪政史上一座重要的里程碑。如同毛泽东所说：“人民普选的参议会与‘三三制’的民主政权，是团结各个阶级共同抗日的最好的政治形式。战后更需要贯彻这种精神，团结各个阶级的人民，共同建设民主共和的新中国。”③

① 彭真：《关于晋察冀边区党的建设和各项具体政策的报告提纲》，《中共党史参考资料》第九册，第 90 页。

② 《毛泽东选集》第 2 卷，人民出版社 1991 年版，第 741 页。

③ 《毛泽东年谱》中卷，人民出版社 1993 年版，第 393 页。

3. 建立新型的党政关系和民主监督制度

"三三制"政权一方面保障各抗日党派的合法地位，另一方面又要保持共产党在政权中的领导地位，这是新民主主义宪政的政党制度的两个方面。邓小平当时曾指出："既是几个革命阶级的联合专政，就必然产生政权中的优势问题。我党必须要掌握这种优势，所以产生了我党对政权的领导问题。"① 什么是领导权？如何去实现对政权的领导？这都是亟待解决的。中国共产党认为："所谓领导权，不是一天到晚高喊口号，也不是盛气凌人地要人家服从我们，而是以党的正确政策和自己的模范工作来说服和教育非党人士，使他们诚意地接受我们的提议。"② 尽管共产党在根据地内占有绝对的政治优势，但也不能以党干政，不能用党的机关和职能去取代政权的机关和职能。党对抗日民主政权的正确领导原则是实行指导与监督政策。"领导的意义，决不是党包办与代替政权及直接干涉政权的工作"，而是经过许多为群众"所信仰所选举的党员，获得参加各级政府，在各级政府中来实现已经为群众所拥护的党的主张"。③ 共产党的领导是路线方针政策的领导，并非组织上的隶属。中国共产党要团结广大的工农群众，使自己在政治上占绝对优势；要制定正确的政策，使绝大多数人都拥护，使其正确的主张通过参议会的赞同和认可而成为政府法令。同时，将党的主张变成政府的法令，不能由党组织直接命令政府，"党对参议会及政府工作的领导，只能经过自己的党员和党团，党委及党的机关无权直接命令参议会及政府机关"。④ 在党与政府的关系上，由于中国共产党认真贯彻执行了党政分开的原则，正确处理了党的领导与政权民主

① 《邓小平文选》第1卷，人民出版社1994年版，第9页。

② 《怎样才能实现"三三制"》，《新中华报》1942年10月6日。

③ 李富春：《陕甘宁边区党的工作》，《解放》第90期，1941年1月15日。

④ 《实行三三制——贯彻党的领导》，《解放日报》1942年3月13日。

施政的关系，从而充分保证了边区政权的民主行政，也改变了内战时期苏区政权中党政不分或以党代政的现象，形成了一种新型的党政关系。

以毛泽东为首的中共中央认为："国事是国家的公事，不是一党一派的私事。因此，共产党员只有对党外人士实行民主合作的义务，而无排斥别人、垄断一切的权利。共产党是为民族、为人民谋利益的政党，它本身决无私利可图。它应该受人民的监督，而决不应该违背人民的意旨。"① 为了多方面倾听人民群众对党和边区政府的意见及建议，党和边区政府以多种方式让人民议政。如经常召开党外人士座谈会和劳动英雄大会，来征集各阶层人民的意见和建议。如开明绅士李鼎铭先生于1941年11月在陕甘宁边区第二届参议会上提出的"精兵简政"建议就是一个典型的例子。该建议引起党中央和毛泽东的高度重视。从1941年12月至1943年，边区各级政府在党中央领导下先后进行了三次大规模的精兵简政，基本上达到了党中央要求的精简统一、效能、节约和反官僚主义的目的。同时，边区政府鼓励人民监督政府工作人员，反对党政干部以权谋私，徇私舞弊，以及对群众打骂威吓，任意拘捕、捆绑等侵犯人民财产及人身权利的行为。广大的人民群众不仅对参议员及行政人员有监督、检查、批评和控告的权力，一定数量的选民对参议员还有罢免权。边区法律亦有明确规定："不论任何公务人员如有非法行为或失职渎职事情，致使人民之人权财权遭受损害时，任何人得以任何方式，向县以上任何一级政府控告之。"② 此外，在选举过程中，人民群众对自己的代表和政府行政工作人员进行了多方面的评议，充分行使了法律赋予他们的批评和弹劾权力，积极地发挥

① 《毛泽东选集》第3卷，人民出版社1991年版，第809页。

② 中共江苏省委党史工作委员会、江苏省档案馆编：《苏中抗日根据地》，中共党史资料出版社1990年版，第372页。

了自身的监督作用。

与此同时，中国共产党还积极强化政权机关的内部监督机制。边区政府普遍采用议会制，各级政权都建立了民意机关，从边区到县区和村。边区政府组织法规定各级参议会是同级政权的最高权力机关，有创制立法，选举政府官员，罢免政府官员，监督政府工作的权力。司法机关独立行使审判权，受民意机关监督，受政府领导，但不受行政指挥。立法、行政、司法机关分工明确，各部门独立行使其职权，不仅提高了政权的效能，而且充分保障了民权的实现。

由于充分行使了人民参政、议政、管理政权的权利，使得边区人民真正感到有了自己的政权，感到当家做主的自豪，感到共产党和边区政府是真正为人民谋幸福的，从而更加拥护共产党和边区政府，使党和边区政府与广大人民之间形成了牢不可破的密切联系。

4. 加强新民主主义法制建设，保障人民权利

"宪政就是用作为国家根本法的宪法来确定国家的基本制度，确定人民的权利和义务，并保障政府和人民得以实现由宪法规定的制度、权利和义务。"① 法制建设对于新民主主义宪政建设是非常重要的。

各根据地都用民主方法通过参议会制定了政府的施政纲领。陕甘宁边区在毛泽东和中共中央的直接领导下，1939 年 1 月首先制订了《陕甘宁边区抗战时期施政纲领》。这份纲领规定，要"发扬民主政治，采取直接、普遍、平等、不记名的选举制，健全民主集中制的政治机构，增强人民之自治能力"；"保障人民言论、出版、集会、结社、信仰、居住、迁徙与通讯之自由"；"建立便利人民的司法制度，保障人民有检举与告发任何工作人员的罪行之自由"；"发扬艰苦作风，厉行廉洁政治，肃清贪污腐化，铲除鸦片

① 王永祥：《中国现代宪政运动史》，人民出版社 1996 年版，第 265 页。

赌博”等。① 1941年11月陕甘宁边区第二届参议会通过了修正后的《陕甘宁边区施政纲领》。修改后的纲领比原来的纲领内容更加充实，政策也更加具体、完善，特别是将保障人权的内容列入纲领之中。如明文规定：“保障一切抗日人民（地主、资本家、农民、工人等）的人权、政权、财权及言论、出版、集会、结社、信仰、居住、迁徙之自由权，除司法系统及公安机关依法执行其职务外，任何机关部队团体不得对任何人加以逮捕审问或处罚，而人民则有用无论何种方式，控告任何公务人员非法行为之权利。”② 在《陕甘宁边区施政纲领》颁布前后，各抗日根据地都根据本地区情况，采用民主方法制订了施政纲领，如《晋察冀边区目前施政纲领》、《晋冀鲁豫边区目前施政纲领》、《山东省战时施政纲领》等，这些施政纲领的制订和实施，对于边区的政治、军事、经济、文化建设和人权保障都起了重要的作用。

此外，各根据地还十分重视司法法制建设。《陕甘宁边区施政纲领》提出要“改进司法制度，坚决废止肉刑，重证据，不重口供”等。③ 各地制定的司法条例，还针对一些干部在工作中容易产生侵犯人权的错误等若干问题逐条作了详细的规定，如规定公安机关或司法机关逮捕人犯应有充分的证据，依法定手续执行，不得草率从事；接受人犯的机关应在24小时内开始传讯，要重证据，严禁刑讯逼供；司法机关审理民刑案件不得超过30天，判决后要准许当事人上诉；对犯人的管教应按看守规则进行，不得虐待和随意处罚犯人；一般犯人应准其家人定期探视，患病者要尽量给予治

---

① 转引自张希坡、韩延龙：《中国革命法制史》，中国社会科学出版社1987年版，第42页。

② 《中共中央文件选集》第13册，中共中央党校出版社1991年版，第91页。

③ 《中共中央文件选集》第13册，中共中央党校出版社1991年版，第91页。

疗，或批准其保外就医。对边区个别乡级和部队基层干部打骂威吓群众，任意拘捕捆绑，滥用刑讯以及随便砍伐树木、侵占土地房屋、敲诈勒索等情况，党和政府都给予了高度重视。1937 年 10 月边区高等法院在董必武的主持下，依法判处自恃有功枪杀陕北公学女学生刘茜的延安抗大六队队长黄克功死刑的事例，充分体现了在法律面前人人平等。正因为做到了平等执法，共产党才在人民群众中树立起了崇高的威信。

三、新民主主义宪政实践的历史意义

1945 年 7 月初，黄炎培等六位国民参政会参政员造访延安，其间与毛泽东进行了一次关于中国古往今来政治成败的谈话。黄炎培说：我生六十多年，耳闻的不说，所亲眼看到的，真所谓"其兴也勃焉"，"其亡也忽焉"！一人，一家，一团体，一地方，乃至一国，不少单位都没有能跳出这周期率的支配力。一部历史，"政怠宦成"的也有，"人亡政息"的也有，"求荣取辱"的也有，总之没有能跳出这周期率的。中共诸君从过去到现在，我略略了解的了，就是希望找出一条新路，来跳出这周期率的支配。不知这条路途中共是否找到了？毛泽东满怀信心地回答说："我们已经找到新路，我们能跳出这周期率。这条新路，就是民主。只有让人民来监督政府，政府才不敢松懈。只有人人起来负责，才不会人亡政息。"①

是的，中国共产党通过自己的真诚努力，已经基本找到了民主这条跳出历史"周期率"的新路，这也就是新民主主义的宪政之路。在环境异常艰苦的广大抗日根据地区域里，中国共产党始终站在民族利益和人民利益的高度，对民主倾注了极大的热情，并努力付诸实践。它充分相信人民的觉悟和智慧，把普选引入根据地，使

① 《毛泽东年谱》中卷，人民出版社 1993 年版，第 609 页。

人民第一次有了自由选择自己的“公仆”的权利；它以“三三制”的政治原则组建民意机构和政权机构，破除了一党一阶级对权力的垄断，使根据地政权具有了相当的民主性；它以民主的原则指导政府的建设和施政，使根据地各级政府真正成了代表人民利益、为人民服务的政府；它以法制建设为保障，建立新民主主义法制体系，确保人民民主权利的实现。所有这些，代表了中国共产党实践新民主主义宪政建设的真诚努力，这是向民主新中国迈进的新的战略起点，必将使中国真正彻底地跳出历史的“周期率”。

中国共产党在各抗日根据地实行民主宪政，从根本上改变了根据地的社会性质。“判断一个地方的社会性质是不是新民主主义的，主要地是以那里的政权是否有人民大众的代表参加以及是否有共产党的领导为原则。因此，共产党领导的统一战线政权，便是新民主主义社会的主要标志。”① 新民主主义宪政的推行，标志着抗日根据地已进入新民主主义社会。同时，新民主主义的社会性质，也决定着新民主主义宪政的基本方向。新民主主义宪政既不同于西方的资本主义民主制，也不同于苏联的社会主义民主制，是具有新民主主义特点的民主制度。体现在国体上，它是无产阶级（经由共产党）领导下的各个革命阶级联合专政的共和国，即新民主主义共和国；体现在政体上，就是采取民主集中制，由各级人民代表大会选举政府，保障人民民主权利的政权制度，这就是新民主主义的政治，新民主主义的宪政，这也就是孙中山所向往的“为一般平民所拥有，非少数人所得而私”的新民权主义政权。

抗日根据地新民主主义宪政实践的成就是相当辉煌的。我们从抗日根据地的日益发展壮大可以看得相当清楚。中国共产党从抗战开始时的3万多人民武装力量，发展到抗战胜利时的129万军队，19块根据地，1亿多人口的解放区，并在3年后成功实现了新民主

① 《毛泽东选集》第2卷，人民出版社1991年版，第785页。

主义政权在全国的胜利。对于中国共产党所取得的成就，就连长期敌视中国共产党的张君劢也不得不承认其成功的原因是“初由于以共同抗日之号召，凭借中华民族之民族意识”，又由于“凭借中国人民之民主要求，造成国民党精神之崩溃”，“由此二者，即可证明中共之有所成功乃是由于它凭借了中国人民之民族意识及民主要求”。① 而美国远东国际问题专家托马斯·比森更直接指出：“现在中国有两个中心。一个封建的中心，在重庆；一个民主的中心，在延安。”② 中国共产党实施的宪政民主制度，得到了根据地各阶层人民真诚的支持和拥护。人民的支持不仅表现为人力、物力、财力的支援，还表现为人民积极参与、管理和监督政府，使这个政府始终是人民的政府，民主的政府，守法的政府，从而深得人民的拥护。新民主主义的宪政实践成为中国共产党战胜强大敌人的有力武器。

抗日民主政权的宪政建设也为新中国的宪政建设积累了丰富的经验。从一定意义上讲，抗日民主政权的宪政实践是中国共产党新民主主义宪政运动的重要组成部分，是我们今天社会主义民主宪政运动的雏形。尽管它还有很多不完善的地方，但却开创了中国民主政治建设的先河，在中国共产党民主宪政史上占有不可忽视的重要地位。

① 《当代新儒家》，三联书店1989年版，第36~37页。

② 《解放日报》1941年6月23日。

第三编

中国近代的经济立法

第十一章　清末的经济立法

近代中国的经济立法，始于清末新政时期。20世纪初，清政府为推行新政，发展近代工商业，陆续制定并颁布了一系列前所未有的带有近代资本主义性质的经济法律、法规，这些经济法律法规的制定和颁行，不仅在中国近代立法史上具有开创之功，而且对当时的社会经济生活产生了深远的影响，在中国近代法制史上占有十分突出的地位。

一、清末经济立法的历史背景

清末经济立法的出现，有着深刻的社会历史根源。

首先，社会经济的遽变，引起法制的遽变。经济立法的产生和发展是由一定物质生活条件或社会经济发展程度决定的。鸦片战争以来，外国资本主义经济势力的进入和加强客观上刺激了中国民族资本主义的发展，通商口岸的近代厂矿企业应时而生。据统计，"1895年民族资本总额为2400万元，到1911年增加到13200万元，增加了三倍多。"① 这种情况造成了中国社会结构的新变化，并引起阶级关系的新变动，出现了资产阶级和无产阶级。清末社会经济关系的变动和资本主义的产生发展，是清末进行经济立法活动的重要原因。

① 汪敬虞：《中国近代工业史资料》第2辑下册，科学出版社1957年版，第649页。

其次，庚子之后严重的政治、经济危机和民族危机，使得清政府的经济政策被迫由“重农抑商”转向农工商并举，相应地要求在经济法律制度上作出调整，以适应日益发展的民族资本主义经济的需要。以商部的设立为标志，清末重商主义政策开始全面实施。随着晚清经济政策的改变以及民族资本主义经济的迅速发展，统治阶级日益意识到制定有关经济法规的重要性。在1902年3月发布的上谕称：“为治之道，尤贵因时制宜。今昔情势不同，非参酌适中，不能推行尽善。况近来地利日兴，商务日广，如矿律、路律、商律等类，皆应妥议专条。”谕令各出使大臣“查取各国通行律例，咨送外务部”，令袁世凯、刘坤一、张之洞等督抚大员“慎选熟悉中西律例者，保送数员来京，听候简派，开馆编纂”。①

再次，清末的经济立法活动也隐然包含维护国家利益、抵制外国侵略势力进一步扩展的动机。《辛丑条约》签订后，统治集团中一部分有识之士意识到权利外溢的严重性，主张通过经济立法予以遏制。如两江总督刘坤一、湖广总督张之洞认为，列强对我矿山、铁路久已垂涎，“知我于此等事务，尚无定章，外国情势，未能尽悉，乘机愚我，攘我利权”。他们认为，欲筹挽救办法，只有“访聘著名律师，采取各国办法，秉公妥订矿路划一章程”，以使“华洋商人一律均沾”。②

最后，新兴的中国资产阶级要求营造一种合适的经济环境，迫切需要政府不仅在政策上，而且在法律上承认和保护民族资产阶级的合法权益，支持和鼓励民族工商业发展。甲午战争以前，民间资本企业始终处于非法地位；甲午战争以后，虽然不再视为非法，民族资本在新式工矿企业和近代交通、通信以及金融、保险等业都有了长足的发展，但工商业者仍然未能在法律上获得与其经济地位相

① 朱寿朋编：《光绪朝东华录》（五），中华书局1958年版，第4388页。

② 朱寿朋编：《光绪朝东华录》（五），中华书局1958年版，第4803页。

适应的独立人格和从事近代工商业的权利，而社会上各种传统陋习的桎梏与层层封建势力的刁难，都使得工商业者举步维艰。“激励工艺，反为行规压制；制造新颖，指为搀夺；工厂女工，诬为藏垢纳污；土货仿照洋式，捏为妨碍厘规。”① 而在与外商的竞争中，原本实力薄弱的工商业者，既得不到本国法律的保护，又无法洞悉世界各国律法通例为自己辩护，只得忍受外商欺诈侵吞之苦，因而提高商人——新兴资产阶级的社会地位，通过经济立法来促进民族工商业的健康有序发展，已成为新兴资产阶级的迫切要求。

二、清末经济立法的主要内容

从 1903 年 4 月起，清政府陆续制定并颁布了一系列经济法令、法规，初步形成了带有近代资本主义色彩的经济法规体系。其内容大致可以归纳为以下几个方面：

（一）制订商法

制定商法，最早为早期改良派提出，但未能引起清朝统治者的重视。“新政”期间，随着清朝重商政策的确立，这一问题才被提上日程。刘坤一、张之洞在著名的《江楚会奏变法三折》中论述了制定商法的必要性，而清朝统治者也鉴于长期以来各口岸华洋交涉总是“华商吃亏”，其原因之一在于无商律，“无商律则办事无所依据”，于是也主张“酌定商务律例，以卫华商”。② 1903 年 4 月，商部成立，派载振、伍廷芳等“修订商律”，陆续制定并颁布了一系列商事法规。

最先制定出来的是《商人通例》和《公司律》。《商人通例》

---

① 《广东总商会简明章程》，《东方杂志》第 1 卷第 12 期。

② 盛宣怀：《愚斋存稿》卷三，第 62 页，思补楼 1932 年藏本。

共9条，它规定："凡经营商务、贸易、买卖、贩运货物者均为商人。"① 以法律形式确认商业活动以营利为目的，确认商人的合法地位。《公司律》共131条，该律最主要的特点有二：一是给予商办企业合法的法律地位。《公司律》第30条规定："无论官办、商办或官商合办各项公司均应一体遵守商部定例办理。"这样使得商办企业同官办、官商合办企业处于同等的地位，同享"一体保护之利益"。二是确定了近代股份制经济运作的基本法律规范。《公司律》将公司分为合资公司、合资有限公司、股份公司、股份有限公司等四种，确立了不同性质的公司享有不同的法律责任和义务。

此后，以《公司律》为核心，清政府又陆续颁布了一系列近代商事法规。如1903年12月，颁布了《公司注册试办章程》，规定公司须经合法注册"方可享一体保护之利益"，并对如何注册作了具体规定。② 1904年7月，又颁布了《商标注册试办章程》及细目。1906年5月，又颁布《破产律》，明确规定对"破产之商不得涉及其兄弟叔伯及妻并代人经理之财产"，③ 从而摒弃了封建时代动辄株连九族的反人道律例。

（二）制定路矿法规，保护利权

甲午战争以后，中国的路矿利权成了列强攫夺的重要对象，中国路矿利权大量丧失。清政府被迫改变原先禁止筑路开矿的禁令，先后制定和颁行了一系列路矿法规，向民间开放路矿，借此抵制西方日益扩展的侵略。这些法规有：1898年10月，颁布《矿务铁路公共章程》，共22条，将铁路与办矿采取同一规章进行管理，允许

① 《商律》，《东方杂志》第1卷第1期。

② 《商部奏定公司注册试办章程》，《东方杂志》第1卷第5期。

③ 《破产律》，《东方杂志》第2卷第3期。

民间集股兴办路矿，并对华人承办路矿独立出资50万两以上者给予优奖。同时对洋商进行诸多限制，规定："凡办路矿，无论洋款洋股，其办理一切权柄，总应操自华商，以归自主。"1904年3月，商部制定《矿务暂行章程》，共38条，进一步对领照开矿作了明确限制，规定："集股开矿，总宜以华股占多为主，倘华股不敷，必须附搭洋股，则以不逾华股之数为限。"① 1907年，农工商部会同外务部制定了更为详细的《大清国矿务正章》，共15章74款，从总要、管理、矿产分类、地权、以地作股、请领执照、矿租、外人合股等方面作了具体规定，同时对外商掠夺中国矿产开采权作了更多的限制。

在铁路立法方面，1903年12月，商部制定了《铁路简明章程》，共24条。② 该章程对于华商请办铁路，仍予以支持和奖励，如第9条规定：华人请办铁路，如原独立资本至50万两以上，查明路工实有成效者，由商部专折请旨给予优奖，以资鼓励。其招集华股至50万两以上者，俟路工告竣，即按照商部奏定三十二等奖励章程核办。同时，该章程修改了原矿务铁路公共章程中"华三洋七"的有关条款，规定"集股总以华股获占多数为主，不得已而附搭洋股，则以不逾华股之数为限"。

（三）制定金融法规，整顿金融秩序

银行是近代资本主义工商业经济发展的产物。1897年5月清廷批准盛宣怀于上海创办中国通商银行，这是近代中国的第一家商业银行。同时，清廷为摆脱日益严重的财政危机，开始积极筹设国家中央银行。1904年3月，财政处奕劻上奏试办大清户部银行。

---

① 汪敬虞：《中国近代工业史资料》第2辑上册，科学出版社1957年版，第26页。

② 《商部重订铁路章程》，《东方杂志》第1卷第3期。

随即，户部草拟了《试办银行章程》，共32条，这是我国近代第一部国家银行法规。该章程规定，户部银行开办之初，参照股份有限公司办法，额定股本为库平银400万两，户部认股半数，其余一半准私人自由入股。但私股只以本国人民为限，外国人不得入股，也不得将股票转卖给外国人。章程还规定了户部银行的营业项目为："专作收存出放款项，买卖荒金荒银，汇兑划拨公私款项，折收未满限期票及代人收存紧要物件。"① 章程还规定，国家授予户部银行铸造货币、代理国库、发行纸币之特权，凡该行发行之纸币，不论公私出入款项及解库官款，一律通用。同时还规定，该行有统一币值之权。所有这些，说明户部银行是我国最早的中央银行。

1908年，户部改为度支部，户部银行改称大清银行，添招股本600万两，并拟定《大清银行则例》共24条，明确规定了该行八大业务，即："短期拆息、各种期票之贴现或卖出、买卖生金生银、汇兑划拨公私款项及货物押汇、代为收取公司银行商界所发票据、收存各种款项及保管紧要贵重物件、放出款项、发行各种票据。"② 这样，大清银行作为中央银行的职能更趋完善和加强。

大清银行成立后，各地银行如雨后春笋般产生。为了加强对银行的管理，1908年度支部奏准颁发《银行通行则例》，共15条，规定银号、票号、钱庄及各省所开之官银号、官钱局等经营金银划汇贸易者，皆为普通银行，一律遵守该则例。对凡欲创立银行者，均须预定资本总额，取具殷实商号保结，呈由地方官查验，报"度支部优加保护"，并规定"未注册者统限三年均应一体注册"，"各省官办之行号或官商合办之行号统限于本则例奏定后六个月内

① 《户部奏试办银行酌拟章程遴派妥员折片》，《东方杂志》第1卷第4期。
② 周葆銮：《中华银行史》，商务印书馆1919年版，第11页。

报部注册”。① 此外，还对银行结账办法、营业时间等作了规定。《银行通行则例》的颁布，在中国第一次实现了对银行业的管理，银行业开始走上依法发展的道路。

为了加强对银行业发行纸币的管理，1909年2月颁布《通用银钱票暂行章程》，共20条，它是我国第一部关于纸币发行与管理的金融法规。章程首先规定了暂准发行银钱票行号的条件：“必须有殷实同业五家互保，担任赔偿票款之责，方准发行。”并规定该章程颁发后，新设官商行号不准发行银钱票。其次，该章程还规定建立发行准备金制度，“无论官商行号，必须有现款十分之四作准备，其余金数可以各种公债及确实可靠之股票、借券储作准备，另外存库立账，不得与寻常营业账目款项相混，以备抽查”。此外，该章程还明确规定，除大清银行外，“凡准发行此项纸票各行号，自宣统二年起，每年须收回票数二成，限以五年全数收尽”，② 以后不准再行，从而把纸票发行权集中于国家银行，以便币制的统一。《通用银钱票暂行章程》是制止滥发纸币、加强纸币法制管理的重要法规之一。

另外，针对清末币制混乱的局面，清政府于1910年4月颁布了《奏定币制则例》，共24条，规定以元为单位，定银元为国币，将铸币权收归中央。这是晚清货币制度的一项重大改革。由于银元成色好（每元含银七钱二分），信用足，使用方便，逐渐成为一种通用货币，并开始取代过时了的银两制度。

（四）制定奖励实业章程，倡导设立商会

重商政策推行后，清廷决定“立奖励实业宠以爵衔之制”③，

---

① 《银行通行则例》，第5卷第5期。

② 大清银行：《度支部厘定通用银钱票奏折与清单》，宣统元年六月初八日。

③ 茶圃：《中国最近五年实业调查记》，《国风报》第1年第1号。

陆续颁布了一些奖励实业发展的章程和法规。

1903年底，商部首先颁布《奖励华商公司章程》，规定官商绅民投资兴办公司，凡能集股50万元以上者，按集股数目分别给予不同品级的顶戴或顾问官、顾问议员等荣誉称号，以刺激人们投资实业的积极性。由于授奖条件过高，农工商部于1907年又颁布《改定奖励华商公司章程》，规定获商部头等顾问官加头品顶戴者，由原定集股2000万元改为800万元，获头等议员加五品衔者，由原定300万元改为100万元，其余授奖条件依次降低。同年，农工商部还颁发《华商办理实业爵赏章程》，规定凡集股创办企业的华商，根据资本额多少，分别授予一、二、三等子爵、男爵及三品卿、四品卿等爵赏。为奖励发明创造，农工商部还颁布了《奖励商勋章程》，规定凡能制造轮船、机车、电机等新式机器者，奖以三等至一等商勋，赏加四品至二品顶戴；凡在中国原有工艺基础上翻新花样，精工制造者，奖以五等至四等商勋，赏加六品至五品顶戴；对有特别发明创造者，给予破格优奖。① 奖励实业法规的颁布，有助于改变“贱商”的社会习俗，促进商人对近代工业的投资。

在传统的抑商政策下，工商同行不通声气，漫无组织，所谓“不特官与商隔阂，即商与商亦不相闻问；不特此业与彼业隔阂，即同业之商亦不相闻问”②。除传统意义上的工商业行会组织外，中国近代缺乏类似西方各国的保商组织，中国商人内受封建官府的压制，外受西方列强的侵略，难以适应世界资本主义的挑战，也缺乏团结一致的阶级组织。随着甲午战争后中国国门完全洞开，外资蜂涌而来，“商战”愈演愈烈，被惨败惊醒的中国先进分子和开明

① 汪敬虞：《中国近代工业史资料》第2辑上册，科学出版社1957年版，第640页。

② 《大清光绪新法令》，第10册，第30页。

官员，纷纷主张广设商会，与西方进行“商战”。郑观应提出：“今朝廷欲振兴商务……准各直省创设商务总局。总局设于省会，分局即令各处行商择地自设。”① 郑观应所说的商务局实际上就是商会。1903年商部设立后，清政府也开始注意到商会的作用，认为东西诸国“以商战角胜”，“实皆得力于商会”。② 因此在制定《公司律》的同时，颁布了《商会简明章程》，并在京师倡设商会，以开风气。《商会简明章程》规定：“商会总理、协理有保商振商之责”，有代商人向地方官“秉公伸诉之权”。③ 规定凡属商务繁富之区，均应设立商务总会，商务发达稍次之地则设商务分会，前此所设商务公所等类似组织，一律改为商会。同年，还颁布了《商部接见商会董事章程》，规定商会董事可随时赴商部禀告有关商务重要事宜，吏役不得刁难阻遏，违者予以严厉处罚。④

由于设立商会符合商民意愿，一时间，“凡贸易繁盛各村镇，均欲遵章请设”⑤。到1908年，全国已设立商务总会44处，分会135处。到1910年，全国除黑龙江、新疆和西藏等边远地区外，各省省会和商业繁华地区都已设立了商务总会，商务分会和商务分所的设立就更广泛了。

三、清末经济立法的特点及作用

清末经济立法同旧式经济立法相比，更多地体现了社会政治、经济发展的客观要求，具有鲜明的时代性和进步意义，表现出不同于以往旧式经济立法的许多特征。

首先，它以“参酌中西”、“模范列强”为宗旨，立法中大量

① 夏东元编：《郑观应集》（上），上海人民出版社1988年版，第606页。

② 《商部奏劝办商会酌拟简明章程折》，《东方杂志》第1卷第1期。

③ 《奏定商会简明章程》，《东方杂志》第1卷第1期。

④ 《商部接见商会董事章程》，《东方杂志》第1卷第11期。

⑤ 《大清光绪新法令》，第10册，第37页。

参考和模仿西方各国的经济法律制度，表现出明显的与国际接轨的时代特色。1902年清政府在上谕中指示修律大臣“按照交涉情形，参酌各国法律，悉心考订，妥为拟议，务期中外通行，有裨治理”。① 修律大臣沈家本据此提出“参酌古今，博稽中外”、“模范列强”的宗旨，强调在立法实践中，“以中国法律与各国参考互证”。② 例如，《公司律》作为中国第一部专门的企业法，基本上就是参考西方资本主义国家的企业法，从公司分类、创办申报、股东权益、董事职责到各项罚例等都与西方近代商法相同或类似。

其次，在立法原则上，它参照了资本主义法律的精神，各类法规中大多能体现资本主义的法治原则，表现出明显的进步意义。清末经济立法一反传统的“贱商”、“抑商”作风，以“振商”、“护商”相号召，积极鼓励兴办资本主义工商业，这一精神直接体现在它所制定并颁布的一系列经济法规之中。如《公司律》明确规定以确定商人权力为中心，给予商办公司与官办、官商合办公司同等的法律地位，同享“一体保护之利益”，这就使民族工商业的权利得到法律的维护。《简明商会章程》明确规定了商会所具有的社团“法人”地位，有史以来第一次将分散在各行业的资产阶级、工商业者凝聚成一个相对统一的整体，商会成为资产阶级政治、经济活动的主要阵地。因此，清末的经济立法具有鲜明的资产阶级法律性质，反映了正在成长的资产阶级要求发展资本主义、改善经济环境的意见和主张。

正因为清末经济立法所具有的进步性，它在晚清立法史上具有十分重要的意义，而且对当时的社会经济发展产生了深远的影响。

第一，它开中国近代经济立法之先河，为近代中国经济法制的建设奠定了基础。清末经济立法是半殖民地半封建社会发展的必然

① 《大清光绪新法令》，第1册，第7页。

② 沈家本：《寄簃文存一·删除律例内重法折》。

产物。清政府在19世纪末20世纪初进行了带有近代资本主义色彩的经济立法活动，比起以往封建时代，从形式到内容都发生了重大变化。就形式而言，出现了调整有关新兴经济部门的独立法典、法规；就内容而言，调整的经济关系以近代工商业经济的发展为主要调整对象。因此，清末的经济立法有着不同于以往农耕时代的自然经济的法律规范，而呈现出近代商品经济发展时期体现资本主义特征的法律规范，因而揭开了中国近代资本主义经济立法的序幕，促进了近代中国经济法制的现代化。清末的经济法规，除个别外，绝大部分在中国历史上都属于首创，如《商人通例》、《公司律》、《破产律》、《试办银行章程》、《铁路简明章程》、《商会简明章程》以及各种奖商章程等。这些法律、法规在某种程度上反映了清末中国社会经济的发展变化所必然带来的经济法律制度上的变革，因而是符合时代发展的潮流的，它不仅在中国法制史上有着前驱先路的重要历史地位，而且对以后的中国经济法制建设也有着明显的奠基作用。如1914年北洋政府颁布的《公司条例》就是在清末《公司律》的基础上，经农商总长张謇邀请各方面专家"复加审视修正"后编纂而成的。①

第二，清末经济立法，从法律功能而言，客观上是对传统抑商政策的否定，这对专制统治下的中国起了开风气的作用。直到19世纪末，中国虽已出现官督商办、官商合办和商办等各种形式的近代企业，但商人的地位依然低微。诚如郑观应所说："中国尚无商律，亦无商法，专制之下各项，股东如之何?"② 提高商人的地位，用法律形式确定商人的权力，已成为当时新兴资产阶级的迫切要求。清末经济立法在客观上适应了时代发展的要求，满足了正在成长的资产阶级要求在经济领域获得法律地位的愿望。清末颁布的各

① 《时报》1913年12月30日。

② 夏东元编：《郑观应集》（上），上海人民出版社1988年版，第626页。

类经济法规，不仅第一次从法律上确立了华商自由经营工矿、交通运输等业的合法性，而且受到奖励。从此之后，华商附股外商企业的情况明显减少，纷纷集资独立创办近代企业，促进了中国民族工商业的发展。

第三，清末一系列经济法规的颁布，也为民族资产阶级的实业及经商活动提供了某种法律上的保障，并为解决一系列商事纠纷提供了一定的法律依据。以铁路建设为例，自从《铁路简明章程》宣布“无论华洋官商”都可“禀请开办铁路”之后，中国资产阶级一时大受鼓舞，纷纷主张“合各商之力，兴各处之路”，组成了许多商办铁路公司。这些铁路公司的成立，有力地推动了全国商办铁路事业的发展。1911 年，清政府改变铁路政策，宣布所谓“铁路国有”，公然出卖路权，激起了全国范围内的保路运动，其中最具号召力的口号便是“铁路准归商办”的法律规定。从某种意义上讲，20 世纪初叶广泛兴起的收回利权运动与清政府颁行新经济法制，尤其是实施铁路章程和矿务章程有着非常密切的联系，这在一定程度上促进了中国资产阶级政治和法律意识的日益成熟。

此外，商会法颁布后，民族资产阶级以商会为阵地，开始由分散走向联合，商会承担起了保商、护商的历史重任。例如 1906 年，江苏省当局饬令牙贴税加征十倍，消息传出，各地牙商无不怨声载道，纷纷申诉于商会。江苏各地商会以苏州商务总会为首，联合全省二十多个商会，领衔禀告商部，吁请按牙户大小分等加征五成，并发动下属各地牙商具呈说略，还通过《商务官报》公开刊出商会和商人的要求，造成强大声势，最后迫使江苏当局同意商会所请。①

第四，清末一系列经济法规的颁布，在一定程度上促进了民族

① 马敏、朱英著：《传统与近代的二重变奏》，巴蜀书社 1993 年版，第 353～354 页。

资本主义工商业的发展，推动了清末实业高潮的出现。《公司律》的颁布实施，对于促进我国股份制经济的发展起了积极的示范、促进作用，股份有限公司在这时期大量出现。据农工商部统计，1903～1907年注册登记的127家公司中，股份有限公司有98家，占总数的78%，合资有限公司有17家，而独资或合资无限公司仅有12家。①《大清银行则例》的颁布，使得大清银行作为国家银行的职能更趋完善和加强。从此以后，不仅户部款项，就连各省、各海关的款项，凡是大清银行所到之处，不论是地方经理的，还是过去由票号经理的，都收归大清银行经营，票号汇兑官款的数额急剧减少，仅以1911年为例，就比1906年最高峰减少76%多。② 票号、钱庄等旧式金融机构的"黄金时代"已一去不复返了。

此外，《奖励商勋章程》、《出洋赛会章程》等法规的颁布，对工艺改良和技术创新均起了积极的促进作用。1906年，山东德州商人吴金卯仿造滕草编织，"美观适用，销路大畅，实足挽回利权"，被清廷"赏给五等商勋"；③ 广东商人谭世廉"独出心裁以机器制造灰沙白砖，颇合建筑之用，已禀请省宪转咨农工商部准予专利年限以资鼓励"。④

四、清末经济立法的历史局限

清末的经济立法活动同政治上的所谓"预备立宪"活动一样，从根本上讲是为了在新的形势下继续维护清王朝的统治地位。在半殖民地半封建的社会条件下，这些振兴工商业的法律、法规并没有充分发挥其应有的社会功能。

---

① 汪敬虞：《中国近代工业史资料》第2辑下册，科学出版社1957年版，第726页。

② 黄鉴晖：《中国银行业史》，山西经济出版社1994年版，第94页。

③ 《实业》，《东方杂志》第3卷第8期，第171～172页。

④ 《实业》，《东方杂志》第4卷第12期，第204页。

首先，近代经济法制明显不容于腐败的封建统治阶级。

近代资本主义经济就是法制经济，法律一经颁布，即成为全社会成员共同遵守勿违的准则。但清政府颁布的许多法律、法规，有的形同具文，有的被任意践踏，有的则朝令夕改。以铁路为例，1903年商部就宣布对商办铁路如同其他商办公司一样，随时“维持保护”，并表示不用官督商办名目，亦不委派监督、总办等员，以防弊窦。但到1906年，当湖南绅商奏请自办湘境铁路时，清政府却说：“铁路系军国要政，仍应官督商办。”① 1910年9月，邮传部为了对外借款筑路，更以“铁路决非寻常商业公司可比，不能将普通公司律附会牵合”为理由，公然否定了已经颁布的《铁路简明章程》。② 1911年更宣布：“所有宣统三年以前各省分设公司集股商办之干路，延误已久，应即由国家收回。”③ 这样，清政府出尔反尔，不仅不再奖励商办铁路，而且一举剥夺了民间集股承修铁路干线的权利，使原先颁定的铁路章程等于一纸空文。最高统治集团如此，地方各级官员更有恃无恐，蔑视、践踏法律更有过之而无不及。

其次，近代经济法制也不容于外国帝国主义对华统治的需要。

清末经济立法虽含有保护国家利益，抵制外国经济侵略进一步深入的一面，但同时又有适应外国侵略需要的一面。这一点从清朝统治者最初的立法意图可看得相当清楚。张之洞最早提出聘请外国专家参与中国的经济等项立法，并建议由总理衙门电致各驻外使节，“仿求各国著名律师，各大国一名，来华充当该衙门编纂律法教习。博采各国矿务律、铁路律、商律、交涉刑律若干条”。④ 此

① 《清德宗实录》卷561。

② 《大清宣统新法令》，第20册，第3页。

③ 《宣统政纪》卷52，宣统三年四月十一日上谕。

④ 《遵旨筹议变法谨拟采用西法十一条折》，《张文襄公全集》卷54《奏议54》。

举当时不仅得到清廷的认可，也得到各帝国主义列强的支持。例如，英国当即表示："中国深欲整顿律例，期与各国改同一律，英国允愿尽力协助。"① 制定法律是一个国家的内政，立法权是一个国家的主权体现，由外国人为中国起草法律草案，这是晚清半殖民地半封建社会特有的现象。在涉及商标权问题上，列强干预中国司法权的丑恶嘴脸更是暴露无遗。他们不仅事先制定了商标法草案，处处强调如何保护洋商在华商标不受损害，而对华商商标的保护只是附带提及，根本不予重视，同时将中国商标管理权置于帝国主义控制的海关管辖之下，并将"治外法权"推及对商标侵权控告的审判。清政府虽与之进行了抗争，但最后还是以妥协、退让而告结束。② 诚如时论云："皇皇商部，名曰保商，吾恐华商被洋人欺凌灭绝，而商部诸公尚高枕不知也。"③ 清末经济立法的历史局限性由此可见一斑。

① 杨鸿烈：《中国法律发达史》（下），上海商务印书馆 1937 年版，第 872 页。

② 崔志海：《中国近代第一部商标法的颁布及其夭折》，《历史档案》1991 年第 3 期。

③ 《中华报》第 157 册，光绪三十一年四月十七日。

第十二章　南京临时政府的经济立法

1911年辛亥革命推翻了腐朽的清王朝，建立了资产阶级民主共和国，作为旧的政治制度和法律制度的对立面，辛亥革命无疑开创了一个中国资本主义经济立法的新时代。

南京临时政府虽然仅仅存在了前后不过五个月的时间，却在经济法制的变革与实践方面作出了一些有益的尝试，在中国经济法制史上占有十分突出的地位。

一、南京临时政府经济立法实践的内容

辛亥革命是一场资产阶级性质的革命运动，它的任务是推翻反动腐朽的清朝专制统治，为中国的资本主义发展扫清道路。南京临时政府始终致力于法制建设，希望用根本大法来确立资本主义新秩序，为资产阶级民主共和国奠定基础。从这个基本原则出发，南京临时政府的经济立法以保护资产阶级的社会地位，促进中国民族资本主义的发展为宗旨，颁布了一系列发展民族工商业，加强金融与财政管理的法令、法规。

1. 颁布保护人民财产、营业自由的法令

南京临时政府成立后，立即颁布了处理清政府官产及官吏私产的法令，规定："前为清政府官产，现入民国势力范围者，应归民国政府享有"，"现为清政府官吏，而又为清政府出力反对民国政府，虐杀民国人民，其财产在民国势力范围内者，应一律查抄，归

民国享有”。[①] 明确宣布废除封建官僚、地主阶级的特权。与此同时，南京临时政府又颁布了一系列保护人民财产、维护资产阶级利益的法令。《内务部通饬保护人民财产令》指出：“凡在民国范围之内人民，所有一切私产，均应归人民享有。”[②] 即使是前清官吏的财产，只要无反对民国的证据，也一律归其所有，不得侵犯。其后，孙中山在《大总统令各都督保护人民生命财产正文》中又规定：凡人民财产受侵害者，“许其按照临时约法来中央平政院陈诉，或就近向都督府控告，一经调查确实，应予尽法惩治……以昭儆戒”。[③] 在《临时约法》中更明确规定：“中华民国之主权，属于国民全体”，“中华民国人民一律平等”，“人民自由保有财产”、“人民营业自由”。这样，通过制定国家根本大法，正式确立了法律上人人平等，私有财产神圣不可侵犯和营业自由的资本主义经济制度的基本原则，从而为民族资本主义的健康发展奠定了基础。

南京临时政府还明确宣布以发展资本主义工商业为总目标，希望通过制定经济法规来确立资本主义经济新秩序，为资产阶级共和国奠定基础。孙中山在就职宣言中提出，要“改良社会经济组织，使人民知有生之乐”。[④] 临时政府实业部提出要以立法来保护工矿实业，对于“农工商矿诸要政”，要“确定经济政策，统筹进行方法”，[⑤]“须立永远之计，毋为权宜之策”。[⑥] 这些都表明了南京临时政府进行经济立法实践的坚强决心。

2. 颁布有关振兴和发展实业的法规

首先，解除申办实业的若干限制，积极鼓励民营企业的发展。

---

① 《辛亥革命资料》，中华书局 1961 年版，第 42 页。
② 《辛亥革命资料》，中华书局 1961 年版，第 43 页。
③ 《辛亥革命资料》，中华书局 1961 年版，第 383 页。
④ 《辛亥革命资料》，中华书局 1961 年版，第 3 页。
⑤ 《辛亥革命资料》，中华书局 1961 年版，第 202 页。
⑥ 《辛亥革命资料》，中华书局 1961 年版，第 58 页。

明确宣布商人呈请开办厂矿，“只要资本实在”、“无有纠葛”，符合注册条例章程，政府皆视为“当务之急”、“于民生主义，国计前途，均大有裨益”，即予照准，并“力为保护”。① 据此法令，临时政府迅速批准创办了一批实业。据《临时政府公报》统计，实业部在不足四个月的时间里办理有关实业各类事项就达四十余起，及时处理了一批有碍实业发展的积案。

其次，临时政府还颁布了保护商民和商业的管理法规。针对“各埠公司呈请保护、注册、立案、给示等事纷至沓来”的情况，实业部制定并颁布了《商业注册章程》，规定工商企业成立须到实业部登记注册、领取执照，以便“注重公司财产，保卫债主权利，上以裕国课之支艰，下以顺商户之吁恳”。② 目的是为了保护企业的财产，维护投资者的利益，同时保证国家的课税收入。该章程还对营业税的征收作了规定，实行轻税政策，以鼓励商业的发展。

再次，临时政府宣布废除厘金制度。湖北、湖南、江苏、浙江、福建、广东等省都相继停征厘金。有的地方虽改厘金为附加税，但“遇卡抽厘”的现象不复存在了。与厘金相比，附加税的税率有所降低。如浙江省改厘金为统捐，另设生丝、茶叶、酒等特别捐，两者的税率都较前为轻。原来运丝 80 斤需缴正附捐税 29 元，光复后运丝 100 斤只收正附捐税 20 元。这样就降低了工商企业的原料价格及产品成本，减轻了工商业者的税负，有利于民族工商业的发展。

此外，南京临时政府还十分重视以立法来保护农业的发展。《大总统令内务部通饬各省慎重农事文》要求对农民严加保护。对其中缺乏农具者，公田由地方公款提供，私田由田主资助，以不误农时。财政部还拟定了创设农业银行等计划，以支持农垦。这些法

① 《辛亥革命资料》，中华书局 1961 年版，第 268 页。
② 《辛亥革命资料》，中华书局 1961 年版，第 732 页。

令及措施推动了农业经济的恢复和发展。

3. 加强财政立法与管理

南京临时政府成立时，面临严重的财政困难。财政部报告说："自军兴以来，用途益繁，支出之数不下亿万。所有田赋、漕粮、盐课、茶课、税捐等项……一无所恃。即各省有继续征收者，而机关林立，实成分划之形，事权纷歧，甚于前清之世。……财政状况将陷入无法律之悲境。"① 为扭转财政的无法律状况，南京临时政府出台了一些法令措施，力图进行整顿。

首先，为统一财政，颁布了制止地方自行募捐和发行公债的法律文件。如《陆军部电致各省都督各军政分府严禁私募军饷文》、《大总统令陆军部遵照财政部公债票定章并饬所属一体遵行由》、《大总统通令统一财政限制各省办理公债文》等。上述文件规定由中央政府统一发行公债，严禁在中央发行公债后地方再发行地方公债，并严禁地方政府私募军饷。为改变军队干预地方财政的不正常状况，还颁布了《大总统令陆军内务财政三部照参议院议案将各省军政分府酌改为司令长不得干预民政财政由》的法令，强调"民政、财政悉由地方官主政，司令长绝对不得干涉"，② 从而进一步加强了财政的统一管理。

其次，在财政管理体制上也作了较大的改革。一是建立金库制度。财政部拟订了《国家金库则例》、《金库出纳事务暂行章程》等法案，按照资产阶级财政金融的范例，划分收支命令机关与现金出纳机关的权限，加强对财政的管理、监督，以"兴利除害"、"统一国库"，稳定国家财政、金融体制。二是建立预算制度。财政部在将《会计法草案》交参议院议决的呈文中指出："顾财政之施行，必以整理为前提，预算为中权，监督为后劲。自整理以达预

---

① 《辛亥革命资料》，中华书局 1961 年版，第 429 页。

② 《辛亥革命资料》，中华书局 1961 年版，第 168 页。

算，监督有必经之手续，即应有一定之法规。”① 因此，在《会计法草案》中规定，由国会握议定之权，财政部握执行之权，审计院握监督之权，“三权并行，而财政之运用始臻完美”，② 从而确立了近代财政预算制度及财政监督体制。这在中国财政制度史上是一个重要的进步。

4. 进行货币金融立法实践

孙中山早在离沪赴宁组织临时政府的前夜即表示：“币制改革，亦当于最短期内实行。”③ 就任临时大总统后，他又提出“币制以统一为要”。④ 财政部也表示“造币之权，应归国有”，⑤ 对各地自行铸币的申请一律不予批准。各地军政机关急需军用赈灾款，应当“核定确数，编成预算”，经申请核准，由财政部拨发统一的公债票券。市面交易短缺的流通货币，应通过法定手续，由中央调拨造币总厂铸造。同时，临时政府还宣布各地已发行的军用钞票，应在全国流通，以打破省区界限。这不仅有利于活跃金融，而且也为统一币制创造了条件。

为把货币铸发权收归中央，实现币制的统一，临时政府将南京的江南造币厂更名为中华造币总厂，作为“全国鼓铸之总机关”。同时，为加强对造币厂的管理，财政部拟订了《造币总厂章程》，共12条，规定：造币厂归财政部管辖，掌造国币一切事宜；确立分厂四处，分厂统归总厂直辖；总厂正副部长，由财政部荐任；总分厂铸造国币数目由中国银行斟酌市面情况随时拟订，呈交财政部核准饬厂照铸，并每十日一次呈报财政部核查；铸成新币重量成色公差之类，必须遵照定章，并派人随时化验，如有不符即回炉重

① 《辛亥革命资料》，中华书局1961年版，第428页。
② 《辛亥革命资料》，中华书局1961年版，第429页。
③ 《孙中山全集》第1卷，中华书局1981年版，第582页。
④ 《辛亥革命资料》，中华书局1961年版，第287页。
⑤ 《辛亥革命资料》，中华书局1961年版，第257页。

铸，等等。这一章程是临时政府对造币实行法制管理的一项重要举措，显示了临时政府改革币制的坚定决心。此外，临时政府还准备条件铸造“开国纪念币”，“采本位之成法”，以立国币制度的基础，推动货币制度的统一。

临时政府成立后，将上海大清银行改称中国银行，作为中华民国的中央银行总行，并拟订了《中国银行则例》，规定中国银行享有代理国库，发行钞票，代政府募集公债等特权。财政部专门派员监理，“检查该行之票据、现金及一切账簿，并出席股东总会及其他一切会议”。① 这是近代中国的第一部中央银行法规。

为规范商业银行的秩序，临时政府拟订了《商业银行暂行则例》，共14条。《商业银行暂行则例》规定：“凡开设店铺经营贴现、存款、放款、汇票等事业者……总称之曰银行。”② 凡欲开设银行者，须将详细章程呈报地方主管厅转报财政部核准，方可开业。该则例还规定了银行公司的资金数额，规定了银行注册登记、营业统账的具体办法。这一条例的颁布使得银行业的发展开始走上依法发展的道路。

此外，临时政府为适应各种实业发展的需要，还拟订了《海外汇业银行则例》、《兴农银行则例》、《惠工银行则例》、《殖边银行则例》、《庶民银行则例》等一系列专业银行法规。这是一个比较完备的资本主义金融体系蓝图，又是一个大规模的实业发展计划，反映了临时政府希望通过开办银行振兴工商百业、发展经济的迫切愿望。

与此同时，临时政府还对信用狭窄、封建行帮性严重的旧式钱庄实行限制。实业部为此制定了《约束钱庄暂行章程》，授权各地方政府派员对钱庄营业状况进行调查、监督，“略加限制，俾免因

① 《辛亥革命资料》，中华书局1961年版，第235页。
② 《辛亥革命资料》，中华书局1961年版，第416页。

纷歧而召恐慌之患”。① 这一措施的实施，实际上是为银行取代钱庄的历史性变革开辟道路。

二、南京临时政府经济立法实践的作用及影响

辛亥革命是一场比较完全意义上的资产阶级革命，这一性质决定了南京临时政府的经济立法实践具有鲜明的时代性和革命性特征。

首先，南京临时政府的经济立法是对传统的封建性经济法制的根本变革。与清末经济立法相比，辛亥革命无疑开辟了一个中国资本主义经济立法的新时代。

政治、法律是经济制度的产物，是以社会经济制度为基础的上层建筑，它反映着统治阶级的意志和利益，归根结底，就是反映着一定社会的经济关系和生产关系。同时，政治和法律又反作用于经济基础，统治阶级利用这个工具，来维护本阶级所需要的经济制度和生产关系。南京临时政府是以孙中山为首的资产阶级革命派在中国建立的资产阶级共和国政府，它鲜明的阶级性和明确的政治目的，决定了它的经济立法实践是为其确立资本主义新秩序服务的。从南京临时政府颁布的《临时约法》以及一系列奖励实业发展的政策、法规，我们可以看出它是否定封建地主、官僚的特权，保护资产阶级的基本权利，促进民族资本主义发展的。仅以辛亥革命后民族资本主义工业的发展为例，由于临时政府免除了清末对投资设厂的若干限制，给予工商业自由经营的权利，广大群众在爱国激情的鼓励下，纷纷投资兴办实业。据统计，辛亥革命前后历年设厂数，1910 年为 986 家，1911 年为 787 家，1912 年猛增为 1504 家，

① 《中华民国史档案资料汇编》第 2 辑，江苏人民出版社 1981 年版，第 455 页。

1913 年仍有 1378 家，1914 年为 1123 家。[1] 这说明，在辛亥革命后我国出现了一个兴办实业的热潮。这一局面的出现无疑与临时政府颁布的保护人民财产、营业自由、鼓励实业发展的法令有很大关系。除此以外，临时政府大力倡导"国货运动"，对于民间以本国原料生产的工业品给予奖励并减轻税赋的政策，这使得那些原来因无力与外商竞争，处于歇业或处境困难的工厂重新开工。例如宁波电灯厂、正太火柴公司、通久源纱厂，寂而不动已近一年或半年，这时均先后复业，生产蒸蒸日上。[2] 同时，临时政府对工商企业实行"一体允其自由呈注"的鼓励政策，也使得民间资本弱小的中、小企业如雨后春笋般涌现。据统计，1912～1916 年资本在 1 万元以下的中、小企业约占公司总数的 50% 左右。这反映了临时政府所颁布的保护工商业的规章的确为推动资本主义的发展创造了前所未有的条件。即使袁世凯篡权之后，也不敢任意改变和否定这些政策、法规，他表示，"营业自由，载在国宪，尤宜尊重"，并通令各省务须"加意保护"、"善为提倡"。[3] 这表明南京临时政府的经济立法措施符合中国社会发展的需要，具有明显的进步作用和深远的社会影响。

其次，南京临时政府的经济立法实践，还表现出革命党人为建立资本主义新经济法体系的强烈愿望和巨大勇气，尤其在制定财政金融法规方面开创了近代财政金融体制变革的新篇章。

财政金融在近代国家的经济生活中扮演着十分重要的角色。西方的历史实践证明，近代资本主义的产生与发展，离不开先进的货币金融体系的支撑，也离不开国家财政的扶持。因此，财政金融是近代一个国家的经济命脉。南京临时政府一开始就表现出改革旧的

① 北洋政府农商部编：《农商部统计报告》，第 365 页。

② 汪敬虞编：《中国近代工业史资料》第 2 辑下册，科学出版社 1957 年版，第 850 页。

③ 《袁大总统书牍汇编》卷 2《政令》。

财政金融制度的巨大勇气，它直接承接了近代以来从资产阶级改良派到革命派的货币金融思想和财政管理思想，并勇敢地运用政权的力量付诸实践。临时政府在运用立法手段统一币制，疏通金融，建立近代财政金融体系方面所作的努力在中国近代是一个创举，并取得了一定成效。如在促进银行业发展方面，整个晚清时期新设银行仅17家，而在1912年一年之内，即有14家银行开业，且多为实业银行，主要从事工商业放贷业务，因而深得社会的支持，群众集资踊跃。如湖北实业银行发起时，“到者300人，一时认股达六、七万之多”;① 中华实业银行原拟官商合办，后因认股踊跃改为完全商办，以商股1000万元为实数，而以政府500万元为准备金。②这些银行多能给工商业者以数量可观的贷款，如1912年7月成立的湖南实业银行，营业以“实业投资为主”;③ 广东实业银行，“计划集股3000万元，以500万元兴办实业”;④ 浙江兴业银行共有资本404万元，用于定期放款即达256万元，与上海闸北水电公司、汉口既济水电公司以及扬子江机器公司等企业都有借贷关系。这些都说明，南京临时政府在规范银行运作体制，促进银行业向工商业贷款方面发挥了积极的作用，有力地推动了实业高潮的出现。在鼓励新式银行业发展的同时，对旧式钱庄的限制与整顿，对改革旧的金融制度、促进金融秩序的完善有着积极的影响。在财政管理体制变革方面，建立国库制度、财政预算制度，强化监督职能，这是中国财政管理体制走向近代化的一次重要的改革尝试。

当然，由于南京临时政府过早夭折，它不可能完成历史赋予它建立资本主义经济法制体系的使命。已经颁布的法律、法规也由于是在瞬息万变的特殊的政治环境中仓促制定出来的，因而大多显得

① 《时报》1912年6月24日。
② 《申报》1912年12月30日。
③ 《中国实业志》(湖南省)，第9编，金融机关。
④ 《民立报》1912年5月11日。

零散、粗糙，缺乏系统性，许多法规带有应急的政策性法规的性质，缺乏稳定性和权威性。如临时政府的实业措施，许多是命令或政见宣言式，缺乏系统、完整的实业政策和法规，在鼓励积极兴办实业的同时，提不出具体的保护与奖励的政策及法规，在减免厘税方面多流于政策形式，缺乏具体法规的指导与规范，这使得减轻工商业税赋的政策难以落到实处。这些政策性法规虽是客观环境所迫，但却严重影响了法规的实施效力和经济指导作用。如临时政府的财政金融政策显得心有余而力不足，财政方面的严重困难使得临时政府不敢对财政经济制度作根本性的变革，而只是在财政收支制度和运作上借鉴西方国家作某些技术性的改革，自然收效甚微。又如在整顿金融方面，临时政府虽然强调要"划一币制"，铸造新币，但江南造币厂在呈临时大总统书中却表示："时军需孔殷，日促拨款，势难停工以待新币之颁布……是以暂用旧膜。"① 最后，临时政府铸造新币、确立国币制度的设想也就难以实现。

中国民族资产阶级是一个具有两面性的阶级，它反对帝国主义、封建主义的革命性，使它能够制定出一批具有资产阶级革命性和民主性的法律制度，南京临时政府经济立法实践的资产阶级性质说明了这一点。而它对帝国主义和封建主义的妥协性，又使它制定的法律制度带有很大的局限性。这方面的突出表现是：它对外国资本主义经济剥削和压迫没有采取任何立法措施予以反对和限制，对本国的封建土地制度没有任何触动。临时政府虽然颁布了保护农业经济的法令，但对阻碍农业经济发展的主要障碍即封建的生产关系却不敢涉及。因此，南京临时政府的经济法令对当时的农业经济并没有产生多大的影响。

尽管如此，南京临时政府的经济立法实践在中国近代经济立法

① 《中华民国史档案资料汇编》第 2 辑，江苏人民出版社 1981 年版，第 383 页。

史上仍有特殊而重要的地位，它对传统的封建性经济法制的大胆变革，以及它为建立资本主义经济法制所表现出来的强烈愿望和巨大勇气，无疑是辛亥革命留给后人的宝贵精神遗产。而把经济法制建设作为经济近代化的推动器、调节器，特别是希望借助立法手段来推进实业发展，建立健全的财政金融秩序，维护稳定的经济环境，这对于中国这样的后现代化国家来说是尤为重要的。近代中国的经济法制建设明显滞后于近代中国的经济变革，这从清末的经济立法活动中已看得相当清楚，法律的滞后既使经济近代化的进程多有曲折，也使政府在经济近代化中的领导作用处于被动地位。南京临时政府的经济立法实践一方面是为了适应近代中国经济变革的需要；另一方面也是勇于面对法制滞后的现实，希望通过加快经济法制建设来推进经济近代化的健康、有序和迅速发展，这是非常难能可贵的。作为一个充满改革精神的资产阶级革命政权，南京临时政府的经济立法实践，永远闪耀着革命民主精神的光辉。

第十三章　北洋政府的经济立法

辛亥革命开创了中国资本主义经济立法活动的新时代。以袁世凯为代表的北洋军阀政府政治上虽然反动、独裁，但随着民国初年经济与社会的转型，北洋政府在资产阶级代表人物的要求和推动下，仍然开展了一系列经济立法活动，从而推动了中国近代经济法制建设的发展与完善，并在一定程度上促进了民初资本主义经济的发展。北洋时期的经济立法虽在中国近代经济立法史上具有承上启下的历史地位，却并不能推动中国经济走上依法治理的法制化轨道，半殖民地半封建的社会国情制约了北洋政府经济立法功能的发挥。

一、北洋政府经济立法的概况及主要内容

辛亥革命后南京临时政府颁布的一系列经济政策、法规，为民族资本主义工商业的发展扫清了若干障碍，这些带有资本主义性质的经济法令、法规对保障资产阶级革命的成果，促进中国资本主义经济的发展创造了有利的社会环境，也为以后的近代经济法制建设奠定了基本的方针。袁世凯窃取政权后，虽然政治上专制独裁，但在经济上没有立刻否定南京临时政府自由发展资本主义的原则，他表示："营业自由，载在国宪，尤应尊重"，"民国成立，宜以实业为先务"，"一切商办公司，其现办者务须加意保护，即已停办者及有应办未办者，亦应设法维持，善为提倡"。① 为加强对经济的

① 《袁大总统书牍汇编》，上海广益书局1914年版，第53～54页。

管理，他还指示工商部“从速调查中国开矿办法及商事习惯，参考各国矿章、商法，草拟民国矿律、商律，并契比古今中外度量衡制度，筹订划一办法”。① 同时，资产阶级上层代表人物也被延揽参加政府，分别担任各部门要职。1913 年 9 月，近代著名实业家张謇出任农林、工商总长，他认为晚清 20 年来实业步履艰难，推原其故，“无法律之导之故也”，“故农林工商部第一计划，即在立法”。② 这一认识获得袁世凯的赞同。在张謇等人的主持下，北洋政府开始系统地制定、颁布经济法规，并为以后历届政府所继续，从而开启了北洋政府经济立法活动的序幕。到 1921 年为止，北洋政府累计颁布经济法规 40 余项（不包括各种法规的实施细则），涉及工商、矿冶、金融、权度、农林、经济社团、利用外资和侨资等各个方面。其主要内容如下：

1. 颁布公司条例，规范商人及企业行为

张謇特别重视公司法规的颁布，他说：“无公司法，则无以集厚资，而巨业不举；无破产法，则无以维信用，而私权于以重丧。”③ 在张謇的主持下，先后制定颁布了《公司条例》、《商人通例》、《商业注册规则》、《公司注册规则》等法规。这些法规较之清末颁布的法规不仅法理日趋成熟，而且内容更加完备。如《公司条例》共 251 条，较清末《公司律》多 120 条，明确了公司的性质，规定“以商行为业而设立之团体”称为公司，“凡公司均认为法人”，④ 受国家法律保护，并具体规定了公司组织、计算、变更、债务、破产、清算、罚款等方面的条文。《商人通例》比清末

① 《大总统秘书厅交工商部拟定矿律商律等文》，《政府公报》第 14 号，1912 年 5 月 14 日。

② 沈家五：《张謇农商总长任期经济资料选编》，南京大学出版社 1987 年版，第 9 页。

③ 张謇：《实业政见宣言书》，《张季子九录·政闻录》卷 7，第 1 页。

④ 《中国大事记》，《东方杂志》第 10 卷第 8 期。

多64条，明文规定一切商业主体之人为商人，其合法经营受国家法律保护。新公司法颁布后，在规范企业行为，促进民族工业发展方面起了积极作用。

2. 制定保息、专利条例，吸引和奖励实业投资

农林工商部鉴于“公司组织往往以资本薄弱，开办为难”，且开办之初多不获利，决定对新办企业实行保息制度，并于1914年11月颁布了《公司保息条例》，规定由政府拨公债2000万元作为公司保息基金，每年以其利息作为新成立的甲、乙两类公司股本保息。甲类为棉织业、毛织业与制铁业，乙类为制丝业、制茶业和制糖业。该条例旨在保证新成立的上述企业在开办初期有利可图，且不为“官利”之累，同时又持“民立公司之信用”。① 张謇还认为，“人民生产力薄弱，非奖励无以诱起其殖利之心”，② 于是在1915年7月颁布了《农商部奖章规则》，对商人经营企业予以奖励，奖励的范围包括建设工厂、经营输出贸易、承垦大宗荒地、发明或改良工艺品、开采大宗矿产、从事公海渔业及其他实业等各个方面，目的是鼓励人们创办新企业、增加新产品。为奖励发明创造，农林工商部制定了《暂行工艺品奖励章程》，规定：“凡关于工艺品上之物品及方法，首先发明或改良者得呈请专利，其年限定为三年、五年两种。”“在专利年限内，如有他人私自仿造妨害专利权时，享有专利权者得呈请禁止。”③专利制度的建立，有利于发明创造，促进工商业的进步。

3. 制定矿业条例，鼓励矿业发展

清末颁布的矿业章程，重矿区业主之利而轻开矿投资者之权。如章程规定，矿商所得矿利“除开支一切费用外，净有余利，业

① 《致财政部会拟保育商业呈》，《张季子九录·政闻录》卷七。

② 《政府公报分类汇编·矿政》，第132页。

③ 北洋政府农商部参事厅编：《农商法规·工商》，北京和济印书局1925年版，第1页。

主应得十成之二五，国家酌提十成之二五，矿商应得十成之五”，① 投资者最多只能获余利的一半。此外，采矿还必须征得矿区业主的同意，而业主往往借故刁难勒索，使商民裹足不前。1914 年颁布的新《矿业条例》给予矿商勘矿、开矿优先权和各种便利。如矿章明确规定地下矿产为国有，除地面盖屋用地应偿地价外，地主不得任意加索，地价须照时价出售，不得任意抬高。为鼓励商人开矿，还减轻了矿产税。旧章程中规定矿产税抽 10%；新章程则规定按出产地平均市价抽 1% ~1．5%。新矿章规定的开矿区域也比以前扩大，旧章程规定矿区最大不得超过 960 亩，新章程则规定煤矿区最大可达 10 平方里（合 3750 亩），其他矿区为 5 平方里。开矿区域的扩大，有利于矿商扩大经营规模，促进矿业发展。

4. 整顿税法，减轻民族工业税赋

厘金和苛捐杂税一直是民族资本主义发展的障碍。为促进民族工商业的发展，北洋政府对传统税法进行了整顿。具体做法是：(1) 机械制西式货物之输出外国者，免除一切税厘；(2) 机械制西式货物之运销国内者，于经过第一税局（海关、常关或厘金局）纳一次之正税后，除京师崇文门落地税外，免除一切税厘；(3) 机械制品或货物之正税，或依现行输入税率，或纳从价五分，由纳税者自由选择。② 这样，机制货物不论其经过海关与否，缴纳第一次正税后，即给予特别运单，所有出口税、沿岸贸易税、常关税、厘金及落地税概予免除，从而大大减轻了民族工业产品税赋。除此以外，还对机制货物以外的产品如手织棉布、野蚕丝制品、草帽辫及地席、纽带、发网及罐头产品减免出口税或沿岸贸易税等。③ 此外，对于工业原料的课税亦予减轻，旨在推进国货，抵制洋货，增

① 《大清国矿务正章》，《东方杂志》第 4 卷第 6 期。
② 阮湘：《第一回中国年鉴》，商务印书馆 1924 年版，第 1420 页。
③ 阮湘：《第一回中国年鉴》，商务印书馆 1924 年版，第 1420 页。

强民族工业产品的竞争力。

5. 制定新《商会法》，以适应工商业发展的需要

清末设立的商会，尚带有浓厚的官办色彩，如商会总理、协理须由政府委派即是一例。随着工商业的发展，旧商会法和商业组织越来越不适应新形势的需要。1914 年 9 月，在张謇的主持下，制定并颁布了新《商会法》，明确规定了商会的法人地位，商会是商人自己的“合群组织”，商会及商会事务所从职员到正、副会长，皆由商会会员选举产生；同时还明确规定“会长、副会长、会董、特别会董均以二年为一任期”，“再被选者得连任，但以一次为限”。①《商会法》还对商会的职责作了如下规定：“一、筹议工商业改良事项；二、关于工商业法规之制定、修改、废止及与工商业有利害关系事项，得陈述其意见于中央行政长官或地方行政长官；三、关于工商业事项答复中央行政长官或地方行政长官之调查或咨询；四、调查工商业之状况及统计；五、受工商业者之委托，调查工商业事项或证明其商品之产地及价格；六、因赛会得征集工商物品；七、因关系人之请求，调处工商业者之争议；八、关于市面恐慌等事有维持及请求地方行政长官维持之责任；九、得设立商品陈列所、工商学校或其他关于工商之公共事业。”②这样，商会的责任更加明确，商会成了一个“联商情、开商智，以扩商权”的“合群组织”。③

6. 制定金融法规，疏导金融秩序

张謇在《实业政见宣言书》中指出，发展实业“当求助于金融”，“盖国家金融基础不立，无吸收存款之机关，无以供市场之

① 北洋政府农商部参事厅编：《农商法规·工商》，北京和济印书局 1925 年版，第 2 页。

② 北洋政府农商部参事厅编：《农商法规·工商》，北京和济印书局 1925 年版，第 66 页。

③ 《余姚商务分会章程》，《商业杂志》第 2 年第 1 号。

流转，遂至利率腾贵，企业者望而束手”，惟有在中央银行之外，“又立地方银行以为辅，厉行银行条例，保持民业银行、钱庄、票号之信用”。① 为建立统一的金融疏通机关，北洋政府接收了中国银行为国家银行。1913 年 4 月，公布了《中国银行则例》。该则例规定，中国银行有代国家发行货币、经理国库、为国家管理并持有黄金、外汇的权利，并为商业银行作最后资金融通者。同时北洋政府还把清政府邮传部所办的交通银行接收过来，使其也代理部分中央银行的功能。中国银行、交通银行成为北洋政府的两大金融支柱。为鼓励银行业的发展，北洋政府在原有商业、海外汇业、兴农、农业、殖边、惠工、储蓄、庶民银行则例的基础上，又先后颁布了劝业、农工、农商银行条例和章程，使得金融制度粗具规模。与此同时，随着民族工商业的发展，工商投资者日多，要求进行股票和证券交易的人越来越多。1914 年 12 月，北洋政府制定了《证券交易所法》，允许私人投资开设证券交易所，进行国债票、股份票、公司债票及其他有价证券的交易，以“便利买卖、平准市价”，筹集社会闲散资金，并规范债券市场的运作。针对流通领域币制不一，流通混乱的现象，北洋政府于 1914 年召开财政会议，制定了《国币条例》，规定“国币之发行权，专属于政府”，货币发行采用银本位制，以一圆银币为主币，“以库平纯银六钱四分八厘为价格之单位，定名曰圆”。② 该条例的实施细则还规定，凡公款出入，完粮纳税一律用银元。实行了几千年的银两制度终于为银元制度所打破。

7. 加强财政立法与管理

1914 年北洋政府颁布了《国家税地方税法草案》，规定“国家

① 沈家五：《张謇农商总长任期经济资料选编》，南京大学出版社 1987 年版，第 12 页。

② 《政府公报》1914 年 2 月 8 日。

税为供中央及地方行政所需经费而征收之租税”，将田赋、盐课、关税、厘金等17种税列为国家税收，由中央管理；“地方税为地方自治团体因处理自治事务诸经费所征收之租税”，将田赋附加税、商税、牲畜税等20种捐税列为地方税收，由各省财政司管理。①这一措施的目的是加强中央对财政税收的管理，削弱地方政府的财税大权，因而遭到各地方当局的消极抵制。该法案最后没有实行。1914年10月，北洋政府还颁布了《会计法》草案，对国家预算编制、财政收支、决算、会计制度等都作了一般规定，以法律形式确立了资本主义的财政管理制度。与此同时，还颁布了《审计法》及其实施细则。

值得注意的是，北洋政府时期虽然是我国首次从法律上确立近代财政体制的时期，但这个时期恰恰是自清末以来财政最混乱的时期，特别是袁世凯死后，北洋军阀分化成许多派系，北洋政府的财政更是陷入国、地不分，自收自支，管理体制极为混乱的局面，上述财政管理法规名存实亡。

二、北洋政府经济立法的社会影响及其作用

北洋政府的经济立法虽然同清末一样，带有浓厚的半殖民地半封建色彩，但由于辛亥革命结束了统治中国几千年的封建君主制度，树立起民主共和的旗帜，使得社会生活诸领域从经济到政治，从思想文化到人们的心态、生活方式都发生了不同程度的变化。北洋政府面对日益兴起的民族资本主义发展潮流，不得不在经济领域向资产阶级开放权利，制订并颁布了一些有利于资本主义发展的经济法律、法规，这些经济法律、法规构成了民国初年经济法制建设的重要内容。因此，北洋时期的经济立法在中国近代经济法制建设

① 《财政部咨各省检送划分国家税法草案请饬各属一体遵照文》，《政府公报分类汇编》(23)。

史上占有十分重要的历史地位。

首先，北洋时期的经济立法是继清末以来又一次系统而完备的资本主义经济立法活动，它不仅使中国的经济法制跨入近代法律的范畴，而且基本奠定了中国近代资本主义经济法制体系。

经济法制建设与国家的政治、经济状况以及人民生活息息相关。清末经济立法虽带有一定的资本主义色彩，但清统治者顽固坚持“中学为体、西学为用”的指导思想，不敢对政治制度和经济法制作大的改变，因而清末立法虽然在形式上一味模仿西方，但“定法律的人没有法律思想，也不明商业习惯，徒有规定不能实施”。[①] 这些法规不仅功能不全，且实效不佳，难以切实保护资产阶级的利益，使他们仍感到处于无商法保护之中。辛亥革命后“振兴实业”高潮兴起，使得资产阶级要求加快经济立法进程以保护民族资本主义发展的愿望大增，他们大力鼓吹资产阶级法律思想，要求北洋政府采取资本主义的立法方针，认为我国商人由于“没有保护的法律，商业腐败一日不如一日”,[②] “我们今日要商务发达，学人家的新法，先要把我们旧来的商业上许多障碍除去了……由国家制定一种商法，教商人遵守”。[③] 北洋政府为了笼络资产阶级，也不得不加快经济立法进程，并邀请资产阶级参与经济立法工作。资产阶级的大力鼓吹和广泛参与使得北洋时期的经济立法带有浓厚的资本主义色彩，初步形成了中国资本主义经济法制体系。与清末相比，北洋政府的经济立法涉及范围广泛，基本涵盖了社会经济的各主要部门，且不同程度地涉及生产、交换、分配、消费和政府经济管理等领域，从种类数量到条文内容都较清末有明显进步。同时，北洋政府比较注意征询工商业者的意见，从而使立法

① 《无商法之弊害》,《中华全国商会联合会报》第1年第1号。

② 《无商法之弊害》,《中华全国商会联合会报》第1年第1号。

③ 《法学通论》,《中华全国商会联合会报》第1年第1号。

在许多方面照顾到资产阶级的利益。如根据工商业者意见而制订的《公司保息条例》就基本满足了民族工商业者要求对棉织、毛织、制铁等新兴产业实行“保育”政策的愿望；《公司条例》在制定过程中，“曾专聘通晓商律之士，调查各埠商业习惯，历时三载”始“成此草案”，① 在修改过程中还增加了许多进一步明确股东权利和责任，确定政府管辖权限的条款，以保护企业和股东的正当权益；在《商会法》的修改过程中，几乎全部接受了商联会提出的修正商会法案。正是由于资产阶级对经济立法活动的广泛参与，使得北洋时期的经济立法不仅在法规构成上日趋完善，而且在立法程序上注意中西结合，广采众议，充分尊重工商业者的意见，这一切使得北洋政府的经济立法较之清末具有明显的针对性，比较符合当时的国情。

其次，北洋政府的经济立法进一步调整和完善了自清末新政以来开始产生的资本主义经济法律秩序，客观上对中国经济的近代化起了积极的促进作用。

在促进企业的规范运作方面，北洋政府颁布的《公司条例》，详细规定了公司的各种形式、设立的条件、集股手续、股东的权利和义务、营业之法律责任及解散清算等事项，从法律上防止了虚设假冒公司的出现，保障了投资者的权利，发生债务纠纷亦有法可依，从而维护了公司的信用，有利于公司经济的健康有序发展。尤其是新公司法明确规定，“凡公司均认为法人”，有照章招集和运用资本之权，其财产受政府法律保护，这就进一步确定了企业和企业家的法律地位，保证了资产阶级的财产所有权和自由经营权，有利于资本主义近代企业制度的建立和完善。据农林工商部统计，新公司条例施行前，在农林工商部注册的各类公司计 110 家，平均每月 3.5 家；新公司法颁行后自 1914 年 9 月至 1915 年 12 月，共注册

① 《张季子九录·政闻录》卷 7，第 6 页。

120 家，平均每月 7.5 家。① 这显示企业发展开始走上法制化轨道。

在促进公平竞争、引入竞争机制方面，北洋政府颁布的《公司条例》和《矿业条例》等法规使得企业和企业家拥有合法自由竞争的权利。《公司条例》允许企业主在任何地区开办企业或设立分支企业。《矿业条例》规定，矿业权一经取得，即被"视为物权，准用关于不动产诸法律之规定"，地面业主或任何他人不得抗拒或侵犯。《暂行工艺品奖励章程》还废除了晚清实行 20 多年的设厂"专利"垄断权制度，打破了封建特权阶层的经营垄断权利，保障了资产阶级的营业自由，维护了合法的自由竞争机制。

在疏通金融秩序、促进融资社会化方面，北洋政府颁布的一系列金融法规也使得金融融通制度更加完善。在确立中央银行制度方面，北洋政府先后颁布了《中国银行则例》、《中国银行章程》、《交通银行则例》、《交通银行代理国库章程》等中央银行法规，促进了中央银行功能的日趋完善；在加强商业银行管理方面，北洋政府颁布了《劝业银行条例》、《农工银行条例》等专业银行法规和《银行公会章程》、《银行稽查章程》等银行管理法规，促进了银行业的发展和金融秩序的完善。《证券交易所法》的颁布，直接推动了证券交易业的发展，促进了融资渠道的社会化。《国币条例》的颁布，使得货币不一的混乱状况有明显改善，便利了国内外商品的流通和社会经济的发展，促进了国内市场的统一化。《矿业条例》中对中外合资办矿作了明确规定，使得利用外资和引进外资的制度开始走上法治化的轨道。同时还出台了一些保护和奖励华侨回国投资的措施，所有这些都使得国内的投资环境得到明显改善，促进了融资的社会化和国际化。

北洋政府在运用法律和经济手段管理经济方面也迈出了重大步

---

① 沈家五：《张謇任农商总长时的经济政策及其措施》，《中国近代经济史研究资料》第 8 辑，上海社会科学出版社 1987 年版，第 72 页。

伐。针对清末颁布的奖商法规所定奖商条件过高，广大中小工商业者难获其利的情况，北洋政府在鼓励和引导社会经济活动方面，不仅采用了舆论号召和荣誉奖励的办法，而且采用了经济的或法律的手段。如《公司保息条例》就明确限定是对新创办的棉织、毛织、制铁、制丝、制茶、制糖六类企业实行保息，以扶植这些新办产业资金的不足，吸引社会资本投资民族工业。《植棉制糖牧羊奖励条例》则是将"保育主义"移植于农业，促进棉、糖、林、牧等业的发展，为工业发展提供所需的原材料。这些奖励措施采用的是经济和法律手段，对于这些部门经济的发展有明显的促进作用。此外，北洋政府还颁布了一些减免税厘政策，如对机械仿制洋货物品、土布及其他自制工业品减免税厘，对矿业税及新办企业注册费予以减免等，这些措施均以法规的形式公布，不仅使得广大工商业者获得了实际收益，而且更具有普遍的鼓励意义，与清末以官爵奖励实业相比，这无疑体现了政府对经济的管理趋向法制化。

最后，北洋政府所制定的一系列经济法规在实际操作中，大部分都得以贯彻，在一定程度上促进了我国资本主义经济的迅速发展。

北洋政府的经济立法在初期还是取得了一些成果，特别是一些界定和规范类法规产生了一定的效力，在一定程度上对促进中国资本主义经济的健康、有序发展有积极作用。如《公司条例》规定了公司注册的资格与条件，使得注册手续大为简化。为贯彻该条例，农林工商部还专门发出"关于制止各级地方政府对商人注册刁难勒索致各省区咨文"，指出"嗣后遇有商人禀请注册，务须遵照法定日期详转"，"有在法定应缴注册费外勒索者……一经查实，尽法惩办"。① 据农林工商部所言，自《公司条例》颁布"一年以

① 《政府公报》第1012号，1915年3月4日。

来，新公司之遵章组织，旧公司之依照改组，来部禀请者不下数百起”。① 仅从公司注册数量来看，以清末1903～1908年为例，在商部注册的仅有265家，平均每年注册约44家；而1912～1921年在北洋政府农林工商部注册的企业则有794家，平均每年约80家，比辛亥革命前增加一倍。② 由于取消了清末在投资设厂方面的诸多限制，直接推动了辛亥革命后设厂高潮的出现，促进了民族资本主义经济的发展。保护专利的法规也得到一定程度的贯彻，据统计，从1913年5月至1916年3月，农商部共办理专利34件，如1914年10月农林工商部批复广东商人梁鹤巢发明“七色美术玻璃制造法”，“准照工艺品奖章给予专利五年”。③ 而对于周学熙创办的华新纺织公司呈请设厂“专利权”30年，并限制华北地区设置新纺织厂，农林工商部指出：“直鲁豫三省旧设此项工厂尚属无多，不应限制经营，致阻进步，所请碍难照准。”④ 此举打破了长期以来人们对专利制度存有的一种错误、片面认识，有利于合法竞争的开展。《矿业条例》颁布后，采矿事业迅速发展。据统计，1912年向农林工商部领取矿照的为21件，1913年为32件，1914年为58件，1915年猛增为158件。矿区面积也较前扩大，以煤矿为例，1912年新批矿区面积为5145亩，1913年为8397亩，1914年新条例颁布后增为253524亩。⑤ 在减轻矿产税方面，据直隶巡按朱家宝估计，仅“煤税改就市价千分之三十五征收，以直隶一省计，减收已逾银洋十万之数”⑥。在对民族工业品及土货减免税厘方面，

① 《农商公报》第18期，“政事”第7页，1916年1月。

② 李新、李宗一：《中华民国史》第2编第1卷（上），中华书局1987年版，第379页。

③ 《中华全国商会联合会报》第2年第2期，“法令”第1页。

④ 《中国大事记》，《东方杂志》第13卷第1期，1916年1月。

⑤ 《第四次农商统计表》，第812、813页。

⑥ 沈家五：《张謇农商总长任期经济资料选编》，南京大学出版社1987年版，第172页。

在北洋政府初期应该说做得还是比较好的，也产生了一些实际效果。另外，一些金融法规的颁布旨在引导和鼓励银行业的发展，增强银行对农工实业的投资。《国币条例》的执行更在统一币制上迈出了一大步，由各省依法铸发的袁头币，由于成色足、信用好，风行全国，逐渐成为流通中的主币，极大地改善了民国初经济发展的金融环境。

综上所述，北洋政府的经济立法在一些制度、规范层面上还是能够得到较好贯彻的，对促进中国资本主义经济的发展起了积极的作用。当时一些工商界有识之士就评论说："民国政府厉行保护奖励之策，公布商业注册条例、公司注册条例，凡公司、商店、工厂之注册者均妥为保护，许各专利，一时工商界踊跃欢忭，咸谓振兴实业在此一举，不几年而大公司大工厂接踵而起。"①

三、北洋政府经济立法的局限性

同清末、南京临时政府时期的经济立法一样，北洋政府的经济立法活动，由于受各种主客观条件的限制和制约，仍存在着明显的缺陷和不足，这主要体现在以下几个方面：

首先，法规种类较欠缺，法制体系极不完善。北洋政府的经济立法，虽较清末有很大进步，但与同时期欧美诸国及日本等国相比，无论在种类构成，还是在内容、体例等方面均极不完备。例如，有关地租、公债、航海、保险、劳动等方面的法规尚未制定，或很不完全，因而不利于这些经济部门本身的有序发展。由于土地制度没有改革，中国农业经济一直处于封建的小农业生产状态，落后的农业生产和地租剥削，不仅不能为资本原始积累提供资金，反而使得大官僚、大资本家有可能将大量的工业利润转向土地投机买卖，极大地阻碍了中国工业化进程。又如，由于公债发行无法可

① 《中华实业界》第2卷第5期，1915年5月。

依，极度混乱，不仅没有起到为经济发展筹集资金的作用，反而使得大量企业利润和社会闲散资金流入投机行列，乃至转为内战经费。财政税收制度的混乱，使得北洋政府视实业为财薮，重聚敛而轻建设，这种财政本位，非经济导向的特质，成为社会经济发展的致命毒瘤。在涉外经济法方面，北洋政府继续延承清末恪守不平等条约的惯例，不敢在税收、贸易、航运、路矿等方面制定维护国家主权的法律、法规，使得北洋政府的经济立法仍具有半殖民地半封建社会立法的色彩。不仅如此，在洪宪帝制后的12年间，经济立法几乎再无建树可言，这使得本来滞后的中国近代经济立法事业又进一步拉大了与世界先进国家的距离。

其次，法律缺乏权威，存在着严重的有法不依、执法不严的情况。张謇就任农商总长之初曾表示，对于民间工商企业，“不外余向所主张之提倡保护奖励补助，以生其利；监督制限，以防其害而已”。[①] 但事后则大为感叹说，扶植与奖励或可事倍功半，补助则无能为力。如《公司保息条例》可以说是扶植民族幼稚工业发展的一项极为有效的法规，但在条例颁行后不到两个月，农林工商部即表示：“惟财政支细万状，列入预算，则使每年增加一百八十万元之支出，常恐不能确实应付，而拨给六厘公债票，每年支出六厘息一百八十万元，同一列入预算，同为不能确实。”结果不了了之。《植棉制糖牧羊奖励条例》规定的奖励金，亦因“财政部筹款为难”，一直“悬而未断”，[②] 最后亦未有结果。再如《国币条例》颁布初期曾得到较好的执行，但好景不长，北洋政府和造币厂从追求利润出发，擅自降低国币的成色，使得新币的信用开始跌落。后来各地军阀又私铸劣质货币，使得国币制度受到严重破坏。还有些

① 沈家五：《张謇农商总长任期经济资料选编》，南京大学出版社1987年版，第9页。

② 《政府公报》第676号，1914年3月26日。

法规形同虚设，如北洋政府曾颁布了《证券交易所法》和《物品交易条例》，却难以起到规范证券市场的作用，仅在1921年的几个月内，上海就有112家，全国有近200家交易所竞相设立，使得证券市场出现空前混乱，引发“信交风潮”，大量证券公司和交易所倒闭。① 以后，证券市场沦为十足的公债交易所。这些事例都说明北洋政府的经济立法并未起到指导经济运行的法律基础作用，反映出北洋政府贯彻执行法律制度的无能和低效。

最后，北洋政府经济立法的步伐仍相当缓慢，法制建设明显落后于社会经济发展的需要。北洋政府的经济立法虽较清末有很大进步，但法制建设仍滞后于社会经济发展。如北洋政府颁布的经济法规种类虽达40余项，但领先或同步于社会经济活动的经济立法却不多见。除《商会法》、《国币条例》、《证券交易所法》等少数法规稍稍领先或同步于社会经济活动，带动了北洋时期的商会建设、币制改革和证券市场的发展外，大部分经济立法并未超出清末立法的范围，特别是在货币金融、财政税收、政府经济职能等宏观经济法规方面既乏建树，且混乱无章，这些都严重影响了国家运用经济立法指导经济活动，规范经济秩序的法律功能。而少数领先或同步于社会经济活动的法规，如《公司保息条例》、《国币条例》等，由于种种原因，在实际操作中也未得到有效的贯彻，这些都严重影响了经济立法示范、引导、监督功能的发挥。而人存政举、人去政废的个人色彩浓厚的立法局面更使得经济立法活动缺乏权威性和连续性。如北洋政府经济立法活动的开展大部分是在张謇任农商总长时期，张謇立法的指导思想是为其“棉铁主义”政策服务的，立法带有浓厚的个人色彩。即便如此，张謇仍感到经济法规在实际操作中难以得到贯彻。张謇在任职两年后挂冠而去，他任内所制定的

① 陆仰渊、方庆秋：《民国社会经济史》，中国经济出版社1991年版，第105～106页。

有关法规也随之烟消云散。袁世凯死后，政局动荡，内战频仍，北洋军阀政府政令不出国门，经济立法最后沦为各派军阀势力搜刮民脂民膏，聚敛财富，争权夺利的工具，经济立法已完全丧失了引导和推动中国经济近代化的积极意义。实践证明，不改变中国半殖民地半封建的社会经济秩序和政治秩序，不普及以法治国、以法兴国的法制观念，中国近代的经济法制建设只能以失败而告终。历史证明了这一点。

第四编

中国近代的刑法、民法及司法制度改革

第十四章 清末的刑法改革

20 世纪初叶，清朝政府在各种压力之下，被迫进行了一系列法制变革活动，史称“清末修律”。从清廷主观上来说，虽是不得已而为之的权宜措施，但清末修律却在客观上揭开了中国法制现代化的序幕。其中尤以刑法改革为当时争议最大、影响最为广泛的一个环节。本章拟对清末刑法改革的有关背景、过程及其历史影响等问题作一初步探究。

一、清末刑法改革的背景

首先，传统封建法制根基的动摇是清末刑法改革的根本原因。

中国是世界文明古国之一，长期以来封闭的、分散的地主经济和自给自足的小农经济占统治地位，正是这种独特的经济、政治环境，塑造出了礼法结合、诸法合体、民刑不分、以刑为主的中国封建法制，俗称“中华法系”，并在中国历史上创造过辉煌的业绩。但在 19 世纪中期，却受到了来自西方资本主义经济侵略和西方资产阶级政治、法律制度的严重挑战。西方资本主义的殖民侵略，打破了纳入其势力范围的殖民地、半殖民地国家的法律制度的原状，各殖民地国家的法律被迫中断了自己的发展之路，改而接受宗主国所属的法系，如印度法系、伊斯兰法系就在外国武力的打击和政治干预下衰落下去了。原属于中华法系的日本，从明治维新开始也走上全面向西方学习之路，不仅学习西方的先进技术，而且引进了西方的政治法律制度。经过改革，日本法律脱离了中华法系，纳入到大陆法系的体系之下。这种世界性法制西化的潮流也必然对中国产生深刻的影响。

其次，经济现代化的起步促进了以刑法为主体的法制现代化变革。

《马关条约》签订后，清政府为了解决财政危机，放宽了民间设厂的限制。从1895年到1900年的短短6年间，国内商人、地主就创办了厂矿企业104家，资本总额达2302万元。《辛丑条约》订立后，帝国主义更把中国作为他们的原料产地和商品、资本输出地，加快了对华的投资步伐。各帝国主义列强纷纷在华修筑铁路、开采矿产、兴办工厂、设立银行，并出现了许多华洋合股的工矿企业。民族资本主义经济的发展和社会阶级构成的复杂化以及由此而产生的利益冲突，都要求法律的多方面调整。此外，民间纠纷的日益增多，也要求清廷改变传统法制，以适应时代发展的需要。以刑法涵盖诸法的体系显然已完全不能满足社会的要求。

最后，领事裁判权制度弊害的日益显露也在一定程度上坚定了清廷修法的决心。

帝国主义列强早在入侵之初，就借口中国法律残酷和审判不文明，强行取得领事裁判权，使外国侨民不受中国法律管辖。后来，这种权限越来越大，不仅涉及外国人的民事和刑事诉讼等案件，由各国领事自行处理，就是逃匿于外国人住所的中国犯人或受雇于外国人的华民犯罪时，亦须先通知各国领事，征得其同意后方可拘捕。在20世纪初，在华享有领事裁判权的国家竟有15国之多。领事裁判权凸显了西方侵略加深的一面，但也暴露出中国传统法制落后、不适应近代法制文明的弊端。19世纪末20世纪初，西方资本主义国家为进一步加强对中国的控制，逐渐认识到“以华治华”的重要性，一再表示“待中国律例与各国改同一律”时，即放弃在华的“治外法权”，藉以换取清政府更加死心塌地地投靠帝国主义。1902年初，英、日、美等国均曾一再向清廷表达此意。显然，紧守传统的民、刑不分，诸法合体的法律制度，不仅落后于世界法制文明进步的潮流，而且也将为外国侵略者继续保有“治外法权”提供借口。这也成为清廷被迫进行以修订刑律为主要内容的法制改革的重要因素之一。

在清末修律立法时机成熟之时，掌握清廷命运的慈禧太后一改过去“祖宗之法不可变”的态度，转而积极支持变法修律活动。1902年清廷下诏：“中国律例，自汉唐以来，代有增改。我朝《大清律例》一书，折衷至当，备极精详。惟是为治之道，尤贵因地制宜，今惜情势不同，非参酌适中，不能推行尽善。”① 不久又颁布上谕指出：“现在通商事务烦多，著派沈家本、伍廷芳将一切现行律例，按照交涉情形，参酌各国法律，悉心考定，妥为协议，务期中外通行，有裨治理。”② 1902年5月沈家本、伍廷芳被任命为修律大臣，主持修律事宜，设立修定法律馆，着手修律工作，从而拉开了清末法制改革的序幕。而“各法之中，尤以刑法为切要”。因此，刑法的改革便成为清末法制改革头等重要的大事。

二、清末刑法改革的过程及主要内容

从1902年清廷颁布修律的上谕开始，清末刑法的修订，大致经历了三个发展阶段。

第一阶段：清廷修订《大清律例》，颁行《大清现行刑律》。

《大清现行刑律》是在对《大清律例》等清朝传统律典进行局部修改的基础上完成的。清廷颁布《大清现行刑律》的目的是把它作为新刑法典完成之前的一个过渡性的法律，以缓和国内对改革刑法的呼声及列强对清朝刑法的讥评和抨击。因此，《大清现行刑律》对沿袭已久的《大清律例》并没有作根本性的改动，其基本

① 《清德宗实录》卷45。
② 《清德宗实录》卷49。

内容也是秉承旧律旧例而来。但这部属于新刑法颁布以前具有过渡性法典性质的法律仍具有不可忽视的意义和特点：

首先，改律名为“现行刑律”，并突出“刑律”二字，足以表明法典已为一单纯之刑法典，显示与旧律之不同。“现行”二字又说明此法典明显的过渡性质，并不是完全意义上的新式法典。

其次，在体系结构上，废除旧律按吏、户、礼、兵、刑、工六部职权而设立的六律总目，除保留“名例”作为总则外，余则将各条按其性质分隶三十门，以示在体例上之改进。

再次，基于需要对律例条款进行调整、删节。这种局部的调整，包括两个方面：一是“因时事推移及新章递嬗而删者”，如《名例》中的“犯罪免发遣”、“军籍有犯”条，《户律》中“户役”门下之“丁夫差遣不平”条，“婚姻”门下之“同姓为婚”、“良贱为婚姻”条等与刑事无关之条款，被逐条摘出，予以删除；二是“缘政体及刑制迁变而改者”，如将《户律》、《刑律》中原有“奴婢”条款中的“奴婢”改为“雇工人”等。经过调整以后，律文的数目有所减少，一些关于继承、分产、婚姻、田宅、钱债等纯属民事性质的条款不再科刑，以示民事法与刑事法的区别。

复次，废除了一些残酷的刑罚方法，如删除了凌迟、枭首、戮尸、刺字等刑罚及缘坐制度，改笞杖刑为罚金、苦役，并停止刑讯，确立了以罚金（分十等罚）、徒刑（由一年至三年，仍分五等）、流刑（仍分三等）、遣刑（分极边足四千里及烟瘴地方安置与发新疆当差二等）、死刑（分斩、绞二等）等为主要内容的新的刑罚体系。

最后，适应社会发展的要求，增加了一些新的罪名，如“妨害国交”、“妨害选举”、“私铸银圆”、“破坏交通”等罪行。

由此可见，《大清现行刑律》只是对原《大清律例》进行了局部和形式上的改动，大部分条文也仍沿用了《大清律例》的条款。对于《大清律例》的基本精神和主要原则，也未作根本性的改变。

因此，无论是从表现形式、法典结构还是从风格、内容上看，《大清现行刑律》都不能算是一部新式的专门刑法典。但这部刑律在保留封建刑律的前提下，加入了新的内容，在当时的历史条件下，也可算得上是一部进步的法典。

第二阶段：清廷修订并公布中国历史上第一部近代意义的专门刑法典《大清新刑律》。

《大清新刑律》的起草工作始于1906年。在法典起草过程中，修订法律馆除翻译参考西方各国的刑法以外，还先后聘请日本法学家冈田朝太郎、松冈义正担任法律顾问。经数易其稿，于1907年完成新刑法总则和分则两编五十三章387条。1911年清廷予以正式颁布。沈家本在《奏进呈刑律草案折》中指出，新律于旧律变通者"厥有五端"："一曰更定刑名。一曰酌减死罪。一曰死刑惟一。一曰删除比附。一曰惩治教育。"① 正是由于在修律中贯彻了以西为主、以中为辅、中西结合的基本指导思想，从而使新刑律在体例、概念、罪名、内容等方面都与旧刑律有着明显的区别。主要表现在以下几方面：

首先，《大清新刑律》抛弃了以往旧刑律"诸法合体"的编纂形式，明确地将涉及罪名与刑罚及其运用等专属刑法范畴的条文作为法典的惟一内容，与罪名、刑罚无关的其他法律条款被排除在新刑法之外。如把旧刑律中的继承、分产、婚姻、田宅、钱债等民事的条款分离出去，以示民、刑分开。所以，从技术层面看，《大清新刑律》基本上可以看做是一部纯粹的刑法典，已经具备了近现代意义上的刑法典的特征。

其次，《大清新刑律》在体例结构上也抛弃了以往旧刑律以名例、吏律、户律、礼律、兵律、刑律、工律分类编纂的陈旧形式，改而采用西方近代大陆法系的刑法典体例，分为总则和分则两编，

① 《大清光绪新法令》第19册，第26页。

下设各章、逐条罗列的方式。以总则统率全律，以分则具体规定罪名与处罚。这种结构和体例，体现了法典编纂者试图采用西方国家近现代法律观念来构建新的刑法体系的主旨，在客观上改变了中国传统刑法的面貌。

再次，《大清新刑律》还改革传统的刑罚制度，采用近代西方刑罚体系。经过变法修律以后陆续推行的“删除律内重法”以及修订《大清现行刑律》等前期改革措施，到《大清新刑律》修订时，改革旧有残酷刑罚体系已无太大障碍。因此，《大清新刑律》规定了一套新的刑罚体系，第一次将刑罚改为主刑、从刑两类。主刑有罚金、拘役、有期徒刑、无期徒刑和死刑，死刑分为斩刑、绞刑两种；从刑则分为褫夺公权和没收两种。《大清新刑律》在中国历史上第一次废除了封建五刑制度。

复次，《大清新刑律》还大量采用了西方资产阶级的刑法原则。如采用了罪行法定主义原则，删除了旧刑律中的“比附援引”制度，反对司法审判人员根据刑法的条款进行主观推测，主张“刑不准比附援引”，这显然是西方法制精神中“法不禁不为罪”原则的具体运用。采用了近代的法律面前人人平等的原则，取消了因官秩、良贱、服制而在刑律适用上形成的差别，并取消了沿用数千年的“八议”、“官当”制度，确立同罪同罚的近代西方刑法原则。改变了自古以来的以身份定罪量刑、同罪异罚的封建刑法原则，体现出近代西方法律上崇尚平等的法制精神。

最后，《大清新刑律》按照西方刑法理论采用新的法律术语，使用新罪名取代旧罪名。《大清新刑律》使用了西方的法律概念，如既遂与未遂、惯犯与偶犯等概念，对故意、过失、正当防卫、紧急避险等也作出了具体规定，并增设缓刑、假释、时效等专章，这些新概念和新罪名的使用为法典增加了一定的系统性、严谨性和科学性。此外，为适应社会发展的需要，还增设了妨害交通、妨害卫生、妨害安全、伪造外国货币、妨害外交等罪名，以示对新潮流的跟进。

单纯从技术的角度看，《大清新刑律》显然与包括《大清律例》在内的中国古代成文法典在结构、体例、表现形式以及部分内容上，均有较大的不同，应该属于近现代意义上的新式的专门刑法典。

沈家本在主持修订新刑律时还认识到中国传统法制的弊端在于民、刑不分，实体法与程序法也不分，因此他主张："以刑法为体，以诉讼法为用。体不全，无以标立法之宗旨；用不备，无以收行法之实功。二者相因，不可偏废。"① 于是，他在主持修订刑律的同时也展开了诉讼法典的草拟工作。1906 年中国历史上第一部程序法——《大清刑事、民事诉讼法》告成，该诉讼法大量采用了西方诉讼法的原则和制度，如公开审判、陪审制度和律师制度。之后他又组织起草了单独的刑事和民事诉讼法典，并于 1911 年 1 月告成。此外，沈家本还主持修订了《各级审判厅试办章程》、《大理院审判编制法》、《法院组织法》等程序法规，基本建立起三审终审制、独任制和合议制等原则。这标志着近代刑事法律体系及刑法司法制度开始确立。

第三阶段："礼法之争"与清廷颁布《暂行章程》五条。

清末刑法改革是一场近现代意义的法制变革运动。由于刑法等的改革比较多地运用西方国家通行的法理来对传统的封建法制进行大规模的变革，因此遭到以张之洞、劳乃宣为代表的"礼教派"的猛烈攻击，从而引发了修律过程中的"礼法之争"。礼教派死抱"礼法合一"的封建伦理法教条，顽固坚持家族主义的立法宗旨，对以沈家本为代表的法理派进行围攻和抨击。他们指责新刑律大量采用资产阶级刑法体例和原则，是"蔑弃礼教"、"不合吾国之礼俗"之举，提出旧刑律中有关"亲亲"、"尊尊"、"长长"和"男

① 《大清光绪新法令》第 19 册，中华书局 1986 年版，第 2 页。

女有别”的条文，均是不可变革的，他们顽固地指出，在中国道德问题就是法律问题，故无夫妇女通奸当治罪，子孙对尊长不能实施正当防卫，而尊长对违反教令的子孙有权送官治罪，认为这是保障教化的有力措施，应当保留。而以沈家本为首的法理派则坚持认为，要以“折衷各国之良规，兼采近世之新说”为修律指南，主张贯彻个人本位的国家主义原则，在制定新刑法时，应删除《大清刑律》中体现亲疏、长幼、尊卑、男女之间关系的不平等条款，引进西方刑法原则和制度，规定无夫妇女通奸不为罪，卑幼对尊长的侵害有权实施正当防卫，子孙违反教令只是教育问题，不以刑法处论。但因礼教派在朝廷占优势，清廷最后仍明令沈家本重新修订，并重申：“刑法之源，本乎礼教……中国素重纲常，故于干名犯义之条，立法特为严重。……凡我旧律义关伦常之条，不可率行变革。”① 因而，清末修律过程中的“礼法之争”，其结局只能是以法理派的妥协和退让而告终。最后，除了在新刑律正文中保留了大量的体现君主专制、封建家庭伦理的条文，对侵犯皇帝权威、违反宗法伦理行为设立了许多特别的规定外，还在律文之后附有五条《暂行章程》，在以下五个方面又作了特别的规定：（1）凡属意图谋害皇帝、颠覆政府、通谋敌国、图利敌国以及杀伤尊亲属者，死刑仍使用斩刑；（2）凡毁弃他人尸首、毁弃尊亲属尸首、挖掘尊亲属坟墓者，最高可处死刑；（3）犯强盗罪者，因其情节仍处死刑；（4）无夫妇女犯和奸之罪及与之和奸者，加重处罚；（5）对尊亲属有犯，不得适用正当防卫之例。

这五条《暂行章程》的通过，实际上又走上了封建法律的重刑主义以及法律与礼教相结合的老路，从而抛弃了《大清新刑律》的资产阶级刑法原则。这场“礼法之争”最终以礼教派的胜利和法理派的失败而告终，这也反映了清末刑法改革的异常艰难。

---

① 《大清法规大全·法律部》，第1661页。

三、清末刑法改革的历史影响

需要指出的是，清朝末年的中国是在尚未完全觉醒的状态下被卷入到世界现代化的潮流中去的，当时的中国，资本主义的发展还极不充分，封建政治势力还相当强大，建立资本主义上层建筑的物质基础和思想基础都还很不牢固。因此，修订法律受到清廷保守的修律方针的紧紧束缚和礼教派的重重阻挠。清末在刑法改革过程中所表现出来的“礼法之争”本质上就是这种不成熟的经济、政治状况在法律文化上的反映。清末刑法改革是很不彻底的，在内容上仍保留了大量的与近代资产阶级刑法原则相抵触的封建的东西，这在一定程度上阻碍了中国刑法现代化的发展历程。但另一方面，尽管法理派在礼法斗争中失败了，然而其对封建法律体系的冲击和对中国现代法律制度发展的意义却是深远的。综观近代中国法制发展的历程，晚清修律为中国的法制现代化奠定了坚实的基础。而就清末刑法制度改革而言，其进步意义及开创之功更是不言而喻的。

首先，清末刑事立法促进了“诸法合体”的中华法系的解体和资产阶级“六法”体系的建立。

法律作为一种社会规范是社会发展不可缺少的，在一定程度上代表着社会文明的发展进程。法律发展的初期，世界各地具有一定的相似性，无论是罗马的“十二表法”，还是中国的律例，都体现了诸法合体的属性。近代以来，随着社会的进步发展，西方出现了调整不同法律对象的部门法，而中国则由于封建经济基础未变，反映在法律上则是依然固守“诸法合体，民刑不分”的传统，并对刑法更为偏爱，形成了“重刑轻民”的特征。在清末修律以前，中国从来就不存在民法与刑法之分、实体法与程序法之分的情形，更无从谈起西方强调的程序中心主义。清末修律改变了这种落后状况。《大清新刑律》作为清末变法修律的直接产物，吸取了大量近代资产阶级刑法理论、原则和制度，从体系到内容都有力地突破了封建传统法律体系落后、保守、封闭的藩篱。它的出现，标志着中国刑法制度开始由传统向现代发生转变，同时也标志着“诸法合体”的中华法系的解体。1906年起草的《大清刑事、民事诉讼法》，又开创了实体法和程序法分离的先例。此外，为配合刑法改革，清廷还在司法制度方面也仿照西方进行了改革，专门制定了《大理院审判编制法》、《法院编制法》、《各级审判厅试办章程》、《大清监狱律草案》等法规。从1906年清朝颁布《钦定宪法大纲》到1911年各个部门法的起草完毕，中国逐步从过去庞大而杂乱的“诸法合体”封建法律体系过渡到以仿效西方近代法制文明为特征的资产阶级“六法”体系。

其次，清末刑事立法使西方资产阶级的一系列法制原则开始在中国确立。

中国封建法律，自秦汉以降，虽有变化，但长期以来只注重刑的镇压功能，维护封建统治主要依靠这个工具，因此，其法残刑酷的特点是坚持始终的。在中国古代，很早就形成了以摧残罪犯的肉体为主要特征的刑罚制度，从“墨、劓、剕、宫、大辟”的奴隶制五刑到“笞、杖、徒、流、死”的封建制五刑，酷刑一直延续到近代。这种刑罚制度不仅容易造成封建社会以人为主的劳动生产力的严重破坏，极不人道，而且与人类刑罚愈来愈轻的大趋势明显背道而驰。与此同时，封建统治者在司法中还广泛采用“比附援引”的制度，运用活的比附援引制度来弥补死的法律惩戒之不足，这就给了封建司法官员在审理案件中以很大的权力，从西周《吕刑》的“上下比罪”到《大清律例》的“断罪无正条，用比附加减之律”，三千多年的“比附”制度使人治司法发展到极端，从而加剧了封建司法的黑暗、腐败。此外，传统的特权法制度也助长了贵族、官吏的违法犯罪行为。所有这些都表明，传统的刑法原则及制度已陷入绝境。清末刑法改革不仅从形式上仿效了西方的法制，而且在内容上也开始以轻刑主义、罪刑法定、罪刑相适应等资产阶级的法律原则取代了野蛮落后的封建主义法律原则，使法律特别是刑法趋向文明。《大清新刑律》不仅正式废除了传统的封建制五刑，还废除了残害人体使其终身受辱的刺字刑，全面采用近代刑罚制度，标志着中国刑罚制度开始走向现代化。《大清新刑律》还全面废止了“比附援引”制度，要求严格依法定罪量刑。《大清新刑律》第7条规定：凡律例无正条者，不论何种行为，不得定罪。《违警律》第2条也规定：凡本律所未载者，不得比附援引。这是西方资产阶级罪刑法定原则在我国的最早体现。《大清新刑律》还确立了“同罪同罚”的近代刑罚原则，将延续三千多年的“礼不下庶人，刑不上大夫”的官民同罪异罚的“八议”、“官当”等特权法制度废除，并取消了满族人犯罪所享有的种种特权，体现了中国法制向“法律面前人人平等”的近代法制精神的迈进。

另外，从清末刑法改革的历史作用来看，其对后世的影响也是非常深远的。继《大清新刑律》首次历史性地突破封建礼教的束缚之后，民国元年颁布的《暂行新刑律》又将《大清新刑律》中最具封建特色的《暂行章程》及侵犯皇室罪全部删除，使《暂行新刑律》较之《大清新刑律》更加远离了封建礼教的轨道。当然，旧中国刑法改革的道路并不是一帆风顺的，其间也经历了一些曲折和反复。《暂行新刑律》颁布后不久，《暂行新刑律补充条款》及《第一次刑法修正案》便因“隆礼重典”而出台，使“亲属加重”等维护封建礼教的条文得以复出。尽管如此，中国刑法的现代化仍是大势所趋。1928年颁布的新刑法再也没有看到类似《暂行章程》或《暂行新刑律补充条例》等刻意维护旧礼教的法典附则以及卑幼不得对尊亲属实行正当防卫等条文。1935年国民政府颁布的《中华民国刑法》在此基础上又再度缩小了侵犯亲属加重处罚的范围。旧中国的近代刑事立法也由此达到顶峰。从这个意义上讲，清末的刑法改革，尽管有很多缺陷，但仍不失为中国刑法制度近代化的先驱。

第十五章　清末的民法改革

在漫长的古代社会中，中国传统的法律是诸法合体，民、刑不分，以刑为主，对民事和行政违法行为也采取刑罚制裁的专制法律体系。一直到1911年，中国才有了历史上第一部民法典——《大清民律草案》。虽然由于清王朝的灭亡而没有实施，但《大清民律草案》的制定却揭开了中国民法近代化的序幕，是中国近代民法改革的历史起点，其历史意义是不可忽视的。本章拟对清末民法改革的背景、《大清民律草案》的主要内容、历史意义及局限性等进行一番剖析。

一、清末民法改革的历史背景

中国传统法系的一个基本特点是诸法合体，民、刑不分，没有独立的民商法典来维护工商业者的利益，法律以维护国家的统治权为首要任务，由此造成了中国古代刑法典的发达和一枝独秀。历代统治者对于刑事犯罪的规定详尽、具体且惩罚严重，堪称世界之最。与此相比，对于私人之间的财产纠纷，则被视为“细故”，常常依据礼的规范或习俗进行调整，而不以法律为准绳。在古代法律结构中，与刑法的一枝独秀相反，民法的发展水平极其低下，民事法律规范缺乏独立的地位，没有自成体系，独立发展。古代中国民事法规在国家法律中所占的地位和分量是极其有限的。以《大清律例》为例，律文共436条，其中90%的律文都是对一般社会成员犯罪及处罚的规定，而对婚姻、继承、尊卑关系等有关民事方面的内容，数量上仅占总律文的10%左右。[1] 即便如此，这些屈指可数的民事规范也被刑法化了。此外，在中国古代，由于自然经济支配着社会的整体面貌，“它无言地而又沉重地压抑着人们的财产观念、私有观念、平等概念等一系列与民法携手同来的观念”。[2] 这些观念在自然经济的土壤上既难以萌生，又难以发展。

1840年鸦片战争后，由于外国资本主义的经济侵略，破坏了中国长期占统治地位的自然经济结构。自给自足的自然经济开始解体，中国城乡商品经济迅速发展。19世纪60年代开始的洋务运动，孕育了中国最早的民族工商业，也产生了最早的民族资产阶级。到20世纪初，中国的资本主义经济获得了较大的发展，并在社会经济中开始占有一定的地位。这种新产生的生产关系以及由此而形成的复杂的财产关系已经不是原有的零散残缺的民法渊源所能调整的，因而迫切要求制定新的民事法律规范予以调整与保护。同时，资本主义生产关系的发展也带动了阶级结构上的新变化，资本家与工人在民事法律关系上处于平等的主体地位，广大的农民、手工业者、中小商人也日益卷入到商品经济中来，他们对地主、作坊主等的人身依附关系进一步减弱，要求更多的民事平等权利。中国传统的法观念和制度面临着新的冲击。

另一方面，鸦片战争后，中国法文化的封闭状态逐渐被打破，西方私法文化开始输入中国，也使得开明的官僚和士大夫的法观念发生了变化，他们逐渐抛弃了重农抑商、重刑轻民的传统认识，开始热切思考制定独立的商律和民律，以法护商，维护利权。这方面尤以早期改良派最具代表性。19世纪末，资产阶级维新派的代表人物康有为，向光绪皇帝上书，要求修订法律，指出：“吾国法律，与外国异，故治外法权不能收复，且吾国旧律，民法与刑法不

① 朱勇：《清代宗族法研究》，湖南教育出版社1987年版，第139页。
② 武树臣：《中国传统法律文化》，北京大学出版社1994年版，第741页。

分，商律与海律未力求，尤非所以与万国交通也。今国会未开，宜早派大臣及专门人士，妥为辑定。”① 这是晚清第一次明确提出仿照资本主义法律制定民法，民、刑分开的主张，可惜这种主张未能付诸实行。

在经历了庚子之变的惨痛教训之后，清廷被迫下诏进行变法。1901年7月，两江总督刘坤一与湖广总督张之洞向清廷上《江楚会奏变法三折》，提出要仿照西法“定矿律、路律、商律、交涉刑律”，这里虽然没有直接提出制订民法，但商律被认为是特别民法，因此也触及民法的领域。在这个奏折中，刘、张二人详述了制定商律的必要，指出：“必中国定有商律，则华商有恃无恐，贩运之大公司可成，制造之大工厂可设，假冒之洋行可杜。华商情形较熟，工价较轻，费用较省，十年以后，华商即可自立，骎骎乎并可与洋商相角矣。且收印花税，其公司、工厂、行栈挂号等费，皆系与商律相辅而行之多，必有商律，方能兴办，故又不可不急行编定也。”② 从1903年开始，一批关于商事方面的法律规范陆续制定了出来，“轻商”、“贱商”的政策得到了初步纠正，工商业者的合法权益开始得到了法律的保障。商律的起草对晚清统治者制定并颁布民法提出了迫切的要求。

1907年4月，民政部正式奏请清廷制定民律，指出：“查东西各国法律，有公法私法之分。公法者，定国家与人民之关系，即刑法之类是也：私法者，定人民与人民之关系，即民法之类是也。二者相因，不可偏废。……各国民法编制各殊，而要旨闳纲，大略相似。举其荦荦大考，如物权法定财产之主权、债权法坚交际之信义，亲族法明伦类之关系，相续法杜继承之纷争，靡不缕晰条分，

① 康有为：《请开制度局议行新政折》，转引自李贵连《沈家本与晚清变法修律》，载张晋藩主编《20世纪中国法治回眸》，法律出版社1998年版，第40页。

② 《光绪政要》第26卷。

著为定律。临事有率由之准，判决无疑似之文，政通民和，职由于此。中国律例，民刑不分，而民法之称，见于尚书孔传。历代律文，户婚诸条，实近民法，然皆缺焉不完……窃以为推行民政，澈究本原，尤必选定民律，而后良法美意，乃得以挈领提纲，不至无所措手。拟请饬下修律大臣斟酌中土人情政俗，参照各国政法，厘定民律。会同臣部奏准颁行，实为图治之要。”① 这道奏折论证了速定民法的理由，介绍了各国民法的大略，展示了民法的调整对象，也初步规划了制订民法的步骤，成为晚清民事立法的基本依据。

1907 年 9 月，清廷派沈家本、俞廉三、英瑞为修律大臣，参考各国成法，体察中国民情，主持修订民律。1908 年 10 月，沈家本聘日本学者志田钾太郎、松冈义正起草民律，一方面参酌世界各国民法的成例；另一方面兼顾中国固有法系的特质，博采各省民间习惯、民间礼俗，于 1911 年 9 月完成《大清民律草案》5 编，该草案成为中国历史第一部独立的民法典草案。

二、《大清民律草案》的主要内容和基本特征

《大清民律草案》分为 5 编，依次为总则、债权、物权、亲属、继承，共计 36 章，1569 条。② 每一编的具体内容如下：

第一编：总则。下设法例、人、法人、物、法律行为、期间及期日、时效、权利之行使及担保，共 8 章，对民法中带有根本性的问题，如自然人的权利能力、行为能力、责任能力、住所、人格保护、法人的意义和成立要件、法人的各项民事权利、社团法人、财团法人、意思表示、契约行为、代理行为、取得时效、消灭时效等

---

① 朱寿朋主编：《光绪朝东华录》（五），中华书局 1958 年版，第 5682 ~ 5683 页。

② 关于《大清民律草案》的内容及引文，参见修订法律馆编《法律草案汇编》（上），1926 年刊印。

都作出了详细的规定。

第二编：债权。下设通则、契约、广告、发行指示证券、管理事务、不当得利、侵权行为等 8 章，对债权的标的、效力、让与、承认、消灭以及各种形式债的意义和有关当事人的权利义务等作出了规定。

第三编：物权。下设通则、所有权、地土权、永佃权、地役权、担保物权、占有，共 7 章，对各种形式的财产权的法律保护以及财产使用，进行了规定。

第四编：亲属。下设通则、家制、婚姻、亲子、监护、亲属会、抚养之义务，共 7 章，对亲属的种类与范围、家庭制度、婚姻制度、未成年人和成年人的监护、亲属间的抚养等问题作出了规定。

第五编：继承。下设通则、继承、遗嘱、特留财产、无人继承之继承、债权人与受遗人之权利，共 6 章，对自然继承的范围和顺序、遗嘱继承的办法与效力、尚未确定继承人的遗产的处置办法、债权人和受遗人利益的法律保护等作出了规定。

1911 年 10 月 26 日，修订法律大臣俞廉三、刘若曾在合奏的《编辑民律前三编草案告成缮册呈览折》中总结了编辑《大清民律草案》的宗旨，“约分四端”：(1)“注重世界上最普通之法则”；(2)“原本后出最精之法理”；(3)“求最适于中国民情之法则”；(4)“期于改进上最有利益之法则”。① 这四点正道出了这部民法草案的最显著特点，那就是既采纳了西方资本主义的民法原则，又吸收了中国一些传统的礼教民俗，希望能够中西并用，以济时需。但由此形成了《大清民律草案》进步性与保守性兼存的特征。

1. 进步性

《大清民律草案》不仅在体例上克服了以往民、刑不分，诸法

---

① 故宫博物院明清档案部编：《清末筹备立宪档案史料》，中华书局 1979 年版，第 912～913 页。

合体的缺陷，初步形成独立的、系统的、完整的民法典，而且在内容上确立和贯彻了近代民法的基本原则，表现了一定的进步意义。

首先，它确立了近代民法的权利平等原则。

权利平等是近代民法产生和存在的基础。没有权利平等为前提，个人私有财产所有权、契约自由、过失责任等原则也不可能实现。《大清民律草案》初步认可了权利平等的原则。在第一编总则编第4条中明确规定，“人于法令限制内得享受权利或担负义务”，草案为本条加附按语指出：“凡人（即自然人），无男女老幼之别，均当有权利能力，否则生存之事不得完全。”在这里，第一次用法律的形式规定了人在法律范围内既享有权利，同时也承担义务，这种权利与义务的统一是封建法律中民事法律所没有的。草案尽管在总则中没有完全规定平等原则，但在分则部分却也规定了各阶级、阶层可以平等地参与民事法律活动，尤其强调了契约双方权利平等。更为重要的是民律草案中将过去作为物品、畜产对待的奴婢，不再视为物，而是作为权利主体，这无疑是一种进步。

其次，确立了近代民法的保障私有财产所有权原则。

保障私有财产所有权原则是西方国家宪法的基石，也是民法的核心。《大清民律草案》从日、德民法典移植过来关于所有权保护的条款，其第三编物权编第二章即是关于所有权保护的专门规定。如第983条规定“所有人于法令之限制内得自由使用、收益、处分其所有物”；第984条规定“所有人于其所确物得排除他人之干涉”；第986条规定“所有人对于以不法保留所有物之占有名或侵夺所有物者，得回复之”，体现了对财产所有权的法律保护。

再次，确立了近代民法的契约自由原则。

契约自由是商品交换的必然要求，是近代人们相互联系的主要纽带，通过契约自由，人们才能进行经济交易和社会联系。因此，契约自由是古典资本主义的三大民法原则之一。《大清民律草案》确立了契约自由的原则，草案第513条明确规定：“依法律行为而债务关系发生或其内容变更消灭者，若法令无特别规定，须依利害关系人之契约。”这实际上承认了人们可以按照体现个人意志的契约进行经济交易和社会联系，也表明人们从传统身份的约束中解放出来。

最后，确立了近代民法的过失责任原则。

过失责任原则也是古典资本主义民法的基本原则之一，民律草案肯定了这一原则。关于民事责任的承担，《大清民律草案》在第一编总则的“责任能力”一节中规定，凡“因故意或过失而侵害他人之权利者，于侵权行为须负责任”（第37条）；在第二编债权的“侵权行为”一节中再次规定，“因故意或过失侵他人之权利而不法者，于因加害而生之损害负赔偿之义务”（第945条），体现了近代民法的过失责任原则。

权利平等、私权神圣、契约自由和过失责任是世界上第一部近代民法典《法国民法典》所确立的民法基本原则，此后相继为各个国家所仿效。《大清民律草案》对这四项基本原则的确认，是中国民法走向近代化最突出的标志，凸显了其进步性的特点。

此外，《大清民律草案》还在许多具体制度方面大范围地移植了外国法，继承了诸如法人、法律行为、代理、时效、占有、不当利得等近代民法广泛使用的法律词汇，无论是在概念、术语运用上，还是在法典内容上，都实现了初步的近代化。如在法人制度方面，民律草案第三章对法人的性质与组织形式、设立与消灭、权利能力与行为、活动方式、目的等，分别作了规定，其中第60条规定，“社团及财团，得依本律及其他法律成为法人”；第61条规定，“法人于法令限制内，有享受权利、担负义务之能力”等，这与现代民法对法人概念的解释相差无几。

2. 保守性

所谓保守性，主要是指民律草案对封建制度的妥协，特别是在后两编的“亲属编”与“继承编”中，由于受传统法律观念和封建习俗的影响，民律草案打上了浓厚的封建性和保守性的印记。

在亲属编中，民律草案采取家属主义，继续实行宗法家长制度。如第一章通则中规定，亲属分为宗亲、外亲、妻亲（第1317、1318条）；第二章家制中规定："家长以一家中之最尊长者为之"（第1324条），"家政统于家长"（第1327条），该条还就此明确说明："此条是规定家长权之范围也。家长为一家之主宰，则家政理应由家长统摄，反之，则家属对于家长即生服从之义务。"这表明了民律草案对宗法家长制的维护。不仅如此，民律草案还规定了与《大清律例》几无二致的亲权制度，如第1374条规定，"行亲权之父母于必要之范围内可亲自惩戒其子或呈请审判衙门送入惩戒所惩戒之"；第1375条规定，"子营职业须经行亲权之父或母允许"；第1376条规定，"子之财产归行亲权之父或母管理之"。对此法律馆还解释说："子妇无私货、无私蓄、无私器之义，似乎为人子者，不应私有财产。"这些规定赤裸裸地反映出《大清民律草案》对以父权、夫权为中心的家长制度的维护，其对个人自由的剥夺不亚于《大清律例》。

在婚姻方面，也基本援引《大清律例》中"户婚"的内容，如规定"同宗者不得结婚"（第1333条），"结婚须由父母允许"（第1338条），"夫须使妻同居，妻负与夫同居之义务"（第1350条），"关于同居之事务由夫决定"（第1351条）。在离婚问题上宽于男而严于女，第1362条规定，"妻与人通奸者"即行离婚；但夫只有因"奸非罪"被处刑者，妻才可以提起离婚。在夫妻地位上，《大清民律草案》规定，妻为限制行为能力人，凡"不属于日常家事之行为须经夫允许"（第27条），"妻得夫允许独立为一种或数种营业者……前项允许夫得撤消或限制之"（第28条）。以妻为限制行为能力人，充分表现了男尊女卑、夫为妻纲的封建传统，公然承认男女地位不平等。

在继承编中，继续实行宗祧继承制度。《大清民律草案》规定，凡是兼继承宗祧与财产者为继承人，仅承受遗产者为承受人；女儿只有承受遗产权，没有继承权；妻子只有在夫亡无子守节的情况下，才可以承受其夫应继之份为继承人。这些都是沿用了《大清律例》中的有关规定，其保守性不言自明。即便如此，有些人认为《大清民律草案》对维护封建礼教仍有不足，所以未能上奏清廷。

三、清末民事立法的近代化意义及历史局限

除了《大清民律草案》以外，这一时期还制定、颁布了一些民事单行法规，如《户口管理规则》、《大清国籍条例》、《大清印刷物专律》、《大清报律》、《大清著作权律》，等等。所有这些民事法典、法规的制定与颁布，尤其是《大清民律草案》的制定，促进了中国旧有的刑法与民法不分、诸法合体的法典编纂体例的终结，标志着独立的民法在我国的诞生，成为中国民法发展史上重要的阶段。

首先，晚清民事立法揭开了中国民法走向近代化的序幕，是中国民法发展史上的重大转折。中国古代的民事立法起源很早，《周礼》中就有了关于债法的若干记载。但是，中国古代的国情、民情决定了民事法律的发展尤为迟缓，直到民律草案制定以前，有关服制、户役、田宅、继承，婚姻、钱债、田赋等民事法律规定，仍然散见于《大清律例》、《大清会典》、《户部则例》之中，继续保持着诸法合体的法典编纂体例。缺乏独立的民法体系，是中华法系封闭性的表现，也是在民事法律关系上礼法混同的结果。但随着19世纪中叶以来由于被迫开放所带来的中国资本主义的发展及西方私法文化的广泛输入，使得独立民法的制定成为可能。《大清民律草案》所展现的新的体系和新的内容，说明了中国民法终于突破了固有民法的束缚，摆脱了封建时期的落后状态，接受了“世界最普通的法则”和“后出最精确的法理”，开始与世界先进的民

法系统接轨。[①] 虽然为了实现这个接轨，民律草案有些规定是超前的、强求同一的，但它对中国民法走向近代化所起的导向作用，是不可忽视的。

其次，《大清民律草案》作为中国民法法典化和近代化的尝试，不仅开创了中国民法立法史的先河，也对后来的民国民法的制定提供了重要参考。《大清民律草案》虽然由于清朝的灭亡而未及颁行，但它基本反映了在自给自足的自然经济瓦解的半殖民地半封建社会，发展商品经济、保护私有财产的需要，因而成为中国半殖民地半封建社会民法典的蓝本。民国成立后，初期的民法编纂工作，完全以《大清民律草案》为蓝本。1925 年公布的《民国民律草案》(又称"第二部民法草案")，除第二编改动稍多以外，基本上对《大清民律草案》照搬照抄。至于其后的《中华民国民法》，也并非另立炉灶，而是对前两部草案多所参照，注重修正，于总结经验的基础上得以完成。同时，"《大清民律草案》的起草，也使得国人在观念上受到了一次民法理论的启蒙教育，在过去长期地封建专制的统治下，重公权、轻私权，造成了中国人私权观念的缺乏。通过起草民法，用集中统一的民法典的形式来维护私权，无疑提高了人们的权利意识"。[②] 总之，《大清民律草案》的制定，使得大陆法系民法尤其是德国民法的编纂体例及法律概念、原则、制度和理论被引入中国，对现代中国的民事立法和民法理论产生了深远的影响。

需要指出的是，《大清民律草案》制定之时，中国仍处于专制、独裁的帝制时代，社会性质仍然是以小农经济为主体的落后的封建社会。清末统治者进行法制变革，并不是顺应历史潮流、追求

---

① 张晋藩:《中国近代社会与法制文明》，中国政法大学出版社 2003 年版，第 353 页。

② 朱勇:《中国法制通史》第 9 卷，法律出版社 1999 年版，第 2 页。

进步的自觉行为，而是迫于帝国主义的军事压力和资产阶级革命形势的蓬勃发展所做的自救行为，目的只是为了巩固自己的封建统治。因此，晚清民事立法的局限性也是非常明显的。

首先，新旧杂糅的立法方针和特点使得《大清民律草案》难以称得上是一部完全意义的近代民法典。一方面，“务期中外通行”的宗旨，虽使得固有民法与西方民法的初步整合成为可能，但民律起草者热切期望通过制定新律以收回领事裁判权的功利主义立法取向却导致了在移植大陆法系民法时过于照抄照搬，有些明显脱离了中国社会的实际。例如，在中国由来已久的“老佃”、“典”等民事法律关系，本应在民律草案中有所反映，但却未作任何规定。而在民律草案亲属编、继承编中，仍然表现了对固有封建民法的承袭。民律中亲属编、继承编完全是由国粹派人物集中的礼学馆起草的，它明确宣布采取家属主义的立法精神，公开捍卫封建的宗法礼治，使得固有民法中的伦常关系与秩序得到了民律草案的认定。这样的亲属法和继承法，与前三编的近代民法的规定是相冲突的，只是通过立法技术把新旧杂糅的内容整合在一起罢了。这必然使得这种整合缺乏自然的基础，从而不可避免地存在着形式与内容、移新与守旧、精神与实质、传统与现代的种种矛盾。① 这些矛盾恰恰反映了当时中国特定的国情和民律起草者极其复杂的背景、心态。

其次，晚清民律突出地表现出维护封建地主阶级、官僚资产阶级和外国帝国主义的种种特权。民律草案在强调维护私有财产权的同时，不忘对地主阶级的土地所有权予以严格保护，它规定土地所有权的范围“及于地上、地下”，“土地所有人得禁止他人入其地内”，“水源地之所有人得自由使用泉水”。该编还规定了因土地所

① 张晋藩：《中国近代社会与法制文明》，中国政法大学出版社 2003 年版，第 353 页。

有权而产生的其他物权，如地上权、永佃权、地役权、抵押权、不动产质权等。为了保护护土地所有人的利益，规定“地上权人虽因不可抗力于使用土地有妨碍，不得请求免除地租或减少地租”；“地上权人应向土地所有人支付定期地租”；“地上权人继续三年怠于支付地租或受破产之宣告者，土地所有权人得表示消灭其地上权之意思并得请求涂销其设定之登记”。正因为此，有学者讥该编为“不遗余力地为地主阶级定纷止争”①。在债权编中，虽然立法者是按照资本主义近代民法的方式、方法来进行编撰，但在内容上却非常露骨地体现了保护在经济上处于支配地位的债权人的意图，例如其在“民事上采用利息无限制主义”，承认高额利息的合法性，约定利率没有上限，虽无明文规定，但却从侧面肯定债务人对于高利贷债务必须偿还。这使人明显地感到，债权人与债务人在民事法律地位上本来就不是平等的。另外，民律草案对于外国帝国主义的经济侵略提供了种种方便，如对外国法人的限制，缺少应有的约束力，关于“既认许成立之外国法人，与同种类之中国法人有同一之权利能力与行为能力”的规定，只是便利了外国垄断资本家在中国进行不平等的竞争。事实上，外国法人所获得的权利能力与行为能力，往往超过中国法人的权利能力与行为能力。以上可见，民律草案实际上是以财产法的形式上的平等掩盖事实上的不平等。

最后，晚清民律还缺乏对民事习惯进行认真的甄别采纳。修订法律馆为使民律草案能够符合中国的国情，还专门奏请清廷派员赴各地进行民商事习惯的调查，并将调查所得的资料整理成《民商事习惯调查报告录》，为起草民律草案提供了重要的基础。可惜的是民律起草者过分注意与西方民法的求同，对于调查来的大量民事习惯未能认真地甄别采纳。对此，曾任北洋政府司法总长的法学家

---

① 刘国强：《大清民律草案的历史局限性分析》，《中国市场》2006 年第 23 期。

江庸就明确指出，《大清民律草案》必须修正，理由是："前案多继受外国法，于本国固有法源，未甚措意。如《民法债权篇》于通行之'会'，《物权篇》于'老佃'、'典'、'先买'，《商法》于'铺底'等全无规定，而此等法典之得失，于社会经济消长盈虚，影响极巨，未可置之不顾。"① 1923 年杨元洁在为《中国民事习惯大全》所作的"序"中，也指出："溯自前清变法之初，醉心欧化，步武东瀛，所纂民律草案大半因袭德日，于我国固有的民事习惯考证未详，十余年来不能施行适用。"② 以上评价应该说是符合实际的。这种现象固然与修律的时间紧迫有关，但更重要的是反映了修律者削足适履，急于与西方民法求同的功利主义的立法倾向。由于片面接受外国民法，无视或忽视中国固有的民事法源；同时又基本因袭中国固有的民法，无视或忽视社会的发展，所有这一切都严重影响了晚清民法的科学性与社会适用性。1912 年 3 月，民国参议院以民律草案"前清时并未宣布，无从援用"为由提出暂缓适用，从而宣告了中国第一部近代民法典流产的命运。

① 谢振民：《中华民国立法史》下册，中国政法大学出版社 2000 年版，第 748 页。

② 胡旭晟：《民事习惯调查报告录》，中国政法大学出版社 2001 年版，第 11 页。

第十六章　清末诉讼制度的改革

清末，随着法制改革的进行，清政府对传统的诉讼法律制度也进行了改革，从而推动了中国诉讼法制的近代化。本章拟对这一改革的背景、过程、特点及历史影响等作一些探索。

一、清末诉讼法制改革的历史背景

在传统中国社会的法律世界中，实体法与程序法合于一体，并不存在相对独立的单一的诉讼法制。由于儒家广泛宣扬“无讼息争”的理念，特别是自汉代中期开始，儒家思想成为正统思想，“无讼”也成为传统法律文化中重要的价值追求。根深蒂固的文化意识导致了诉讼法律的不健全。虽然古代也有诉讼方面的法规，如《唐律》中内容简单、粗略的《斗讼律》、《捕亡律》、《断狱律》等，但都是混杂于刑律之中，以刑律包含所有刑事、民事及相关诉讼法规，缺乏完整的诉讼程序，尤其是刑讯不公开，拷问取供，极不合理。另外未设独立的司法机关，以行政兼理司法，致使审判不公，且审理迟滞。这种司法制度根本无法实现社会公正与正义。何启、胡翼南在《书曾袭侯先睡后醒论》中抨击说：“今者中国之律例，其有平乎？无也！罪案未定，遽用刑威，何平之有？供证无罪，辄罗笞杖，何平之有？有毙于杖下，意气杀人，何平之有？瘐死狱中，有告无诉，何平之有？有凌迟枭首，死外行凶，何平之有？……”①即便是

① 转引自麦仲华：《皇朝经世文新编》，卷二十一《杂纂》。

清廷高官也对清朝司法审判制度的黑暗进行过毫不客气的批评，两江总督刘坤一、湖广总督张之洞在会奏变法第二折中就指出："州县有司，政事过繁、文法过密、经费过绌，而实心爱民者不多。于是滥刑株累之酷,，囹凌虐之弊，往往而有，虽有良吏，不过随时消息，终不能尽挽颓风。"这种缺乏专门诉讼法典、民刑不分、诸法合体的法律制度限制了法律自身的发展，导致了法律的权威下降，诉讼审判机制不健全。

鸦片战争之后，随着国门被打开，中外交往日益频繁，中国传统的诉讼审判机制在与西方诉讼审判机制的比较之下，其不适应社会近代化的缺陷与弊端越来越明显。鸦片战争后，外国列强即以中国法律用刑太重，司法不公开，法制不健全等为借口，先后取得了在中国的领事裁判权，纷纷在华设立领事法庭，以及在租界内的会审公廨。领事裁判权制度是对中国司法主权的严重破坏。但另一方面，西方列强在领事法庭或会审公廨的司法活动，客观上也让国人认识到西方的司法程序，加速了中国诉讼司法制度的近代化进程。1903 年，上海租界内发生了著名的"苏报案"，革命党人邹容和章太炎在租界内的《苏报》上发表《〈革命军〉自序》和《客帝篇》，公然倡导革命，排斥清朝，清廷震怒，欲置二人于死地而后快。但是租界是洋人的地盘，清政府无法插手，虽千方百计引渡而未获成功。最后，按照英国的诉讼程序法律进行审理，在租界内组成会审公廨，清廷聘请英国律师鲁芒德和库柏为律师，在租界内以清政府的名义起诉章太炎、邹容等人，原告方的两位律师与被告方的律师博易和琼斯展开激烈争论，争论的问题主要在管辖、政局、法律适用、审理程序等问题上。围绕"苏报案"的审讯，融合了舆论媒体、律师辩护、言论自由、禁止刑讯等近代文明观念，中国传统迂腐残酷的诉讼模式与西方近代文明审判制度相比较，捉襟见肘，狼狈不堪，外国律师的雄辩技能，挫败了一贯自大的清政府，审判结果未如清廷之意。"苏报案"的审理让清政府切实体会到英美法系诉讼审判的滋味，也扩大了国人对英美诉讼程序法律的了解。例如有人就评论说：“西人每逢一讼事，除有两造各请状师代办，而后又延陪讯者数人到堂听断。一案既定，必须陪讯人共同签字，然后为，乃允恰。设有偏颇，亦准陪讯人在堂申理。夫一案也，而状师办之，问官断之，陪讯之人又公听之，纵不能一无所失，要其所失者，亦仅矣。”① 认为欧美国家的司法审判制度，采用律师制度和陪审制度，能够最大限度地实现程序正义与公平价值。

在经历了洋务新政只进行经济体制变革而不进行政治法律制度变革的惨痛教训以后，清廷终于在20世纪初开始了全方位的改革实践，史称“清末新政”。作为改革中的一环，清廷也正式宣布改革传统法律制度，“修订律例”，以期与“西国律例改同一律”。为了清除诉讼审判机制的弊端，“变通诉讼之法”，改变“诉讼断狱附见刑律”的旧律结构，清廷开始把制定独立的诉讼法典提上议事日程。主持法律修订事宜的沈家本通过对各国法律的考察研究，对于制定诉讼法的必要性作了十分周详的论述：首先，随着中外交往的日益频繁，“华洋讼案日益繁多，外人以我审判与彼不同，时存歧视，商民又不谙外国法制，往往疑为偏袒，积不能平。每因寻常争讼细故，酿成交涉问题，比年以来更仆难数。若不变通诉讼之法，纵令事事规仿，极力追步，真体虽充，于法政仍无济也”。所以有必要仿照西方国家，修订单独的诉讼法典。其次，实体法与诉讼法是体用关系。在刑事诉讼中，“大致以刑法为体，以诉讼法为用。体不全，无以标立法之宗旨；用不备，无以收行法之实效。二者相因，不容偏废”。② 两条理由主要强调了中国与西方现存法律

① 秦元章：《论泰西听讼颇合公道》，上海宜今室石印主人编：《皇朝经济文新编》卷二《西律》，上海宜今室光绪二十七年印行。

② 朱寿朋主编：《光绪朝东华录》（五），中华书局1958年版，第5504页。

制度上的差距。尽快将诉讼法独立出来，是缩短这一差距，将中国法制与各国通例改同一律的必然选择。

二、清末诉讼立法的过程

清末诉讼立法的过程可以分为两个阶段：

第一阶段：制定《刑事民事诉讼法草案》。

制定诉讼法典的最早动议起于1905年。这一年的5月8日，御史刘彭年奏请清廷恢复对部分案件实行刑讯制度，提出“须视裁判诉讼各法具备后，方可实见施行”。清廷将刘彭年的奏折转伍廷芳、沈家本，要求妥议具奏。沈、伍提出反驳意见，认为：“惟泰西各国无论各法是否具备，无论刑事、民事各法，大小各案，均不用刑讯。此次修订法律，原为收回治外法权起见，故齐一法制，取彼之长，补我之短，实为开办第一要义。”沈、伍在反驳刘彭年之时，提出尽快制订诉讼法的重要性：“现在改革伊始，一切未能详备，必得诉讼法相辅而行，方能推行无阻，拟编辑简明诉讼章程，先行奏明办理。”①

修律大臣伍廷芳具有良好的英、美法律背景，他曾进入英国林肯律师学院学习，获得博士学位和律师资格，具有在香港多年的法律工作经验，是中国当时少有的熟悉英、美法律的人才，他深知诉讼程序法对于实现司法价值的意义。清末司法改革伊始，实体法律正处于编纂过程中，短期内难以健全，程序法律在一定程度上可以弥补实体法之不足。但中国传统司法的特点是，传统的律例中并没有诉讼程序的专门规定，基本上是由审判官“任意为之”，中国传统司法极端轻视程序的观念，与英美法系一贯奉行的“程序正义”司法观念产生鲜明的对照，迫切需要制定一部诉讼程序法律。经过将近一年的工作，沈、伍二人制定出了作为简明章程的《大清刑

① 朱寿朋主编：《光绪朝东华录》（五），中华书局1958年版，第5357页。

事民事诉讼法》草案。该草案共有5章，262条。各章分别为“总纲”、“刑事规则”、“民事规则”、“刑事民事通用规则”、“中外交涉案件”。该法典是在模仿日本和西方国家的资产阶级诉讼法的基础上完成的，采用了资产阶级的陪审制度和律师制度，在一定程度上体现了资产阶级的民主、平等原则，是我国将诉讼法从封建律典中独立出来的首次尝试。①

《大清刑事民事诉讼法》草案奏上以后，遭到了包括湖广总督张之洞在内的各将军、督抚、都统的反对，其中以张之洞的反对意见最为激烈。他在1907年9月3日所上的《遵旨核议新编刑事民事诉讼法折》中指出，该草案“所纂二百六十条，大率采用西法。于中法本原似有乖违，中国情形亦不尽合，诚恐难挽法权，转滋狱讼”,② 同时，他也认为，编纂法律，有体有用，先体后用，才能行得通。中国只有将作为体的刑法典、民法典等各项法律定立以后，再将刑事民事诉讼法典妥为议定。那么由本及支，才会次序井然，不致产生混乱。根据回奏的意见，清廷遂将《大清刑事民事诉讼法》草案交由法部复核，实际上是加以搁置。这部法典尽管没有得到通过，但它毕竟是中国法制史上第一部诉讼法典草案，打破了旧律的体系，使程序法与实体法有了明确的区分。

第二阶段：制定《大清刑事诉讼律草案》和《大清民事诉讼律草案》。

1906年9月1日，清廷正式宣布预备立宪，提出进一步推行法制改革。1907年10月11日，宪政编查馆大臣奕劻奏准让修订法律馆三年内将包括刑事诉讼律、民事诉讼律在内的各法典及附属法修订完毕。从1907年开始，修订法律馆聘请日本法学家冈田朝太

① 《大清刑事民事诉讼法》草案内容均见《大清法规大全》法律部，卷十一。

② 《张文襄公全集·奏议》卷六十九，中国书店1990年影印本。

郎和松冈义正分别起草《大清刑事诉讼法》和《大清民事诉讼法》两部法典。①

经过三年多的工作，到1911年1月24日，《大清刑事诉讼律》草案制定完毕。《大清刑事诉讼律》草案是我国历史上第一部独立的刑事诉讼法草案。它以日本1890年《刑事诉讼法》为蓝本，内容较为详备，共分6编，15章，515条。第一编总则，下分审判衙门、当事人、诉讼行为三章。第二编第一审，下分公诉、公判二章。第三编上诉，下分通则、控告、上告、抗告四章。第四编再理，下分再诉、再审、非常上告三章。第五编特别诉讼程序，下分大理院特别权限之诉讼程序、感化教育及监禁处分程序二章。第六编裁判之执行。它引进了一些资产阶级的诉讼制度，规定诉讼用告劾程式，案件的审判由审判衙门执行，公诉权和预审权由检察官和检察厅行使，禁止当事人私自了结。在审判中采取公开审判、原告被告平等、自由心证、直接审理、言辞辩论等资产阶级法律原则，在审级上实行三审终审制等。同时结合中国的实际作了一些改进，如将资产阶级法院组织法中的级别管辖移入了诉讼法典等。

三天以后，沈家本、俞廉三又将由松冈义正执笔编纂的《大清民事诉讼律》草案奏上。《大清民事诉讼律》草案是我国第一部独立的民事诉讼法草案，共分4编，22章，800条。第一编审判衙门，下分事物管理、土地管理、指定管理、合意管理、审判衙门职员之回避拒却及引避五章。第二编当事人，下分能力、多数当事人、诉讼代理人、诉讼辅佐人、诉讼费用、诉讼担保、诉讼救助七章。第三编普通诉讼程序，下分总则、地方审判厅之第一审诉讼程序、初级审判厅之诉讼程序、上诉程序、再审程序五章。第四编特别诉讼程序，下分督促程序、证书程序、保全程序、公示催告程序、人事诉讼五章。该草案以德国民事诉讼法为蓝本，同时也参照

① 《大清刑事诉讼法》和《大清民事诉讼法》内容见修订法律馆铅印本。

了日本、奥地利、匈牙利的民事诉讼法，采取了资产阶级法律的“当事人本人主义”原则、法院不干涉原则、辩论原则、上诉原则等。

这两部草案以资产阶级国家的诉讼制度和原则为基础，是中国历史上最早出现的具有近代意义的诉讼法。清末诉讼立法的实践，引进了西方资产阶级法律体系和法律思想，宣布了中国传统的诉讼法与实体法不分的中华法系的解体。尽管该法草案因遭各省督抚的反驳而终告搁置，未及正式颁行，但它们的出现，表明诉讼法与实体法已完全分离，预示着单独起草专门的诉讼法典已成为近代立法中不可逆转的发展趋势，而且清末诉讼法草案无论从内容到体例，均为民国时期诉讼法典的编纂提供了参照的依据。

在诉讼法制定的同时，司法机构的改革也在进行，《大理院审判编制法》、《各级审判厅章程》、《法院编制法》等几部司法机构组织法也先后完成并得到实施。至此，晚清诉讼法制基本形成。

三、清末诉讼制度变革的特点

通过上述这些立法活动，晚清政府仿效西方，基本上确立了近代化的诉讼制度，主要体现在以下几个方面：

1. 诉讼法独立成案，改变了诸法合体的法律传统

沈家本一向注重诉讼法制的修订，清末修律中最早拟订的就是诉讼法。沈家本认为中、西诉讼法制的差异在于：“查中国诉讼断狱，附见刑律，沿用唐明旧制，用意重在简括。泰西各国诉讼之法，均系另辑专书，复析为民事、刑事二项。”他还进一步分析，实体法与程序法之间是一种体用关系，“体不全无以标立法之宗旨，用不备无以收行法之实功，二者相因，不容偏废”。他以刑诉法为例，认为诸法中“以刑事诉讼律尤为切要”，并引用“西人之言”说明，“刑律不善不足以害良民，刑事诉讼律不备，即良民亦罹其害”。而对于民诉法，他说：“司法要义，本匪一端，而保护

私权，实关重要。东西各国法制虽殊，然于人民私权秩序维持至周，既有民律以立其基，更有民事诉讼律以达其用。……中国民、刑不分，由来已久……若不速定专律，曲防事制，政平讼理未必可期，司法前途不无阻碍。”正是因为沈家本对诉讼法制非常重视，所以在《大清刑事民事诉讼草案》因礼教派的反对而废弃之后，他仍孜孜不倦，于宣统二年又修订完成了独立的《大清刑事诉讼律草案》和《大清民事诉讼律草案》。这两部诉讼律草案的出台，改变了中国长期以来诸法合体的法律传统，并且首次关注到诉讼程序相较于实体法的独立地位，认识到诉讼法对实体法实施的保障作用，这在对于数千年来一直忽视诉讼制度的传统中国来说，无疑是非常先进的思想。

2. 司法与行政分离，司法独立原则得到初步确认

中国古代没有独立的审判机关，司法权隶属于行政部门。尤其是在地方上，司法与行政合一，两种职权由同一政府衙门一并行使。在清末法制改革中，清政府开始引进西方资产阶级的法院组织机构，建立起全新的审判体制。1906 年 10 月清政府颁布《裁定奕劻等核拟中央各衙门官制谕》，宣布“刑部改为法部，专任司法；大理寺改为大理院，专掌审判”。之后，大理院呈奏《审判权限厘定办法折》、《大理院审判编制法》，进一步明确了审判厅及检察厅的职能以及机构设置、人员编制等。次年，清廷又颁布了《各级审判厅试办章程》，详细规定了审级、管辖、回避、厅票、预审、公判、判决之执行、协助、起诉、上诉、证人鉴定人、管收、保释、讼费等诉讼规则。此后，在全国范围内开始筹建新式司法机构。到 1911 年，全国 18 个省均已建立高等审判厅、高等检察厅，多数省会及部分大的商埠、城市也成立了地方审判厅和检察厅。1911 年，根据各地审判厅的实践经验，又颁布《法院编制法》，这部法律是清末制定并公布生效的一部比较全面、系统的各级审判机构组织法，它完全否定了中国传统的审判诉讼制度，将大陆法系国

家的四级三审制、审判独立、公开审判、检察官公诉、合议制等进步的审判制度和原则移植过来，体现了司法独立的思想。

3. 刑讯逼供等传统司法弊制被废除

长期以来，刑讯逼供是中国司法的最大陋习之一，对此严复就指出："吾国治狱之用刑讯，其残酷无人理，使之与五洲，而为此上之大诟久矣。"① 沈家本也深为赞同，指出"中外法制之最不相同者，为刑讯一端"，外国"无论各法是否具备，无论刑事、民事大小各案，均不用刑讯。而与西方各国齐一法制，取彼之长补我之短"，乃是修订法律收回领事裁判权的"第一要义"。所以，中国虽然各法未备，但禁止刑讯势在必行。《大清刑事民事诉讼法》明确规定："凡审讯一切案件，概不准用杖责、掌责其他项刑具，或语言威吓，或逼令原告被告及各证人偏袒供证，致令淆乱事实。"并规定："凡承审官、巡捕官及各项官员违背上述规定，即行降革治罪。"同时，还明确废止了传统审判中原告、被告、证人等在公堂跪告，侵犯公民人格尊严的陋习。刑讯逼供是中国古代司法落后、野蛮的集中体现，与以平等、自由、人权为价值取向的现代司法原则格格不入。这一制度的废除，既有利于改变当时社会司法黑暗的状况，也是司法"革故鼎新"的集中体现。

4. 先进的审判制度和原则的引进

第一，民、刑分立，对刑事案件实行公诉制度。

中华法系的一大特点是诸法合体，民、刑不分。在整个封建时代的诉讼审判中，民事诉讼与刑事诉讼缺乏严格的界定。《大清刑事民事诉讼法》和《各级审判厅试办章程》，明确区分了民事和刑事案件："凡因诉讼而审定罪之有无者属刑事案件"，"凡因诉讼而审定理之曲直者属民事案件"。同时，还对民事诉讼的几个主要环

① 卢云昆编：《社会剧变与规范重建——严复文选》，上海远东出版社1996年版，第406页。

节作出了明确规定：民事案件，“除属大理院及初级审判厅管辖者外，皆由地方审判厅起诉”；民事诉讼费用，“责令输服者缴纳”，“职官、妇女、老幼、废疾为原告时，得委托他人代诉，但审判时，有必须本人到庭者，仍可传令到庭”；民事上诉人包括原告人、被告人或代诉人，但上诉不得越级，上诉期限为十日。《大理院审判编制法》还确定大理院及所属法院分设刑庭、民庭，分别审理刑事、民事案件，从而结束了传统中央审判衙门以审判刑事案件为主，地方审判衙门刑事、民事不分的历史。

对刑事案件实行公诉制度。公诉制度起源于欧洲，始于资产阶级革命的胜利。清末《大理院审判编制法》首先确立此项原则，该法第12条中明确规定：“凡大理院以下审判厅、局，均须设有检察官。其检察局附属该衙署之内。检察官于刑事有起公诉之责。”之后颁布的其他法律均重申了这一原则。控、审分离是三权分立和司法独立的必然要求，也是刑事诉讼近代化的重要标志。而公诉制度的确立不仅可以防止控、审不分所造成的种种弊端，而且可以避免私人起诉所导致的种种局限，从而最终实现刑事诉讼的正义。这项制度的确立不仅是清末司法改革的重要成果，也对以后的北洋政府和国民党政府的立法产生了深远影响。

第二，实行审判公开。

中国传统的审判方式是不公开的，法庭除了审判官、行刑者以外，就是案件当事人，没有旁听者，也不设旁听席，是一种十足的秘密审判。晚清诉讼制度改革采取了审判公开的原则。首先是案件庭审的公开。《刑事民事诉讼法》第13条规定：“凡开堂审讯，准案外之人观审，不得秘密举行。”其次是审判结果的公开。《刑事民事诉讼法》第72条规定：“凡审讯终结，即定裁判之期，先期知会该案原告、被告及各律师，届期到堂，听候宣告判词。”后期制定的《法院编制法》还特别强调，即使非公开庭审的，也要公开宣告审判结果。《刑事民事诉讼法》第58条规定：“公开法庭有应行停止公开者，应将其决议及理由宣示，然后使公众退庭，至宣告判断时，仍行公开。”对比以前的秘密审判制，审判公开不仅在形式上保证了审判的公正性，而且更好地维护了当事人的权利，是司法现代化的重要体现。

第三，进行证据制度改革，实行罪从法定。

中国古代的证据制度，主要实行以“有罪推定”和口供主义为核心的证据制度，重视口供，口供是定罪的主要依据，这必然导致刑讯逼供的合法化。而近代以来，西方国家在改革审判制度时，纷纷采取以自由心证为原则的证据制度。自由心证原则的确立，削弱了口供在证据中的地位，对减少刑讯逼供和保护被告人的权利，使被告人从诉讼的客体转变为诉讼的主体，发挥了重要的作用。清末诉讼制度改革也引入了自由心证的证据制度。《大清刑事民事诉讼法》第 74 条明确规定：“承审官其查所得证据已足，证明被告所犯之罪，然后将被告按律定。”这一条明确规定了法官必须而且只能以证据定罪。其后的各项还对证据的取得，证据的种类，证人的资格、地位、权利、义务等作了详细的规定。同时对证据证明力的判断引入自由心证制度，由法官自由判断。证据制度的引入是对于传统的以口供为中心的审判方式进行的明确否定，是审判制度的一次革命。

此外，清末诉讼制度改革还采纳了西方“罪行法定”和“疑罪从无”的近代司法理念，如《刑事民事诉讼法》第 76 条规定：“凡裁判，均须遵照定律。若律无正条，不论何项行为，不得判为有罪。”第 86 条规定：“凡证据难凭，或律无正条，或原告所控各节间有疑窦者，应即将被告取保释放，令其后自行检束。”这从法律上约束了司法官的主观臆断，维护了当事人的合法权利。

第四，实行律师制度和陪审制度。

近代以来，为了维护当事人的权利，各先进国家纷纷建立起律师辩护制度。沈家本等也力主引入律师制度，认为设立律师制度不仅能建立起先进的诉讼原则，而且有利于遏制治外法权的膨胀。《大清刑事民事诉讼法草案》正式引入律师制度，其中第四章第一节对律师的资格、注册登记、职责等内容均作了具体规定。该草案第54条、第58条规定，原告、被告都可聘用律师出庭，“承审官应准被告或所延聘得向原告当堂诘问”，“被告或所延律师，均准向原告各证人对诘”；第199条也规定：“凡律师，俱准在各公堂为人辩案。”在中国古代，诉讼代理只适用于少数贵族官僚，《周礼·秋官·小司寇》记载：凡命夫、命妇不躬坐狱讼。这种制度主要是维护封建特权阶级的权威，与现代意义上的辩护制度有着本质的区别。而律师制度的引入无疑是审判方式的一次革命，后来虽然被认为不符合中国的国情而遭到礼教派的强烈抨击和坚决反对，也直接引发了礼法之争，并导致《大清刑事民事诉讼法》的搁置，但随着法制改革的推进，这一制度的实行已经不可阻挡。其后颁布的《各级审判厅试办章程》、《法院编制法》等均重新肯定了此项制度。

陪审制度即由审判机关吸收法官和审判人员以外的、与案情无关的人士参加案件的审理与判决的一种制度。陪审制度的作用在于体现司法的民主价值，对司法权力进行监督，促进司法公正，保障司法独立，维护司法的权威性。在沈家本看来，陪审制度最大的好处是能够弥补法官知识的欠缺，克服由于专业局限所导致的偏执和专断。《大清刑事民事诉讼法草案》专列“陪审”一节，规定由“休退之文武大小官员、商人或公司行商之经理人、士人、教习、学堂卒业人、地主及房主”等充任陪审员，参与案件的审判。在审判过程中，陪审员可以随时请承审官代问证人，并就判决发表意见。这种陪审制度虽然不太完善，但它的出现毕竟是中国司法民主的一大进步。

以上这些先进的审判制度和原则均是清末诉讼司法制度改革的重要组成部分，反映了中国诉讼司法制度走向现代化的历史进程。

综上所述，清末诉讼制度的变革是与中国传统的诉讼制度完全不同的深刻的程序法制方面的变革，体现了近代司法文明所包含的程序正义和公开、公平、公正的民主精神，它是中国诉讼审判制度向近代转化的重要分水岭。尽管由于种种原因，诸如物质条件的不配套、新式司法人才的严重不足、人们思想观念的落后以及顽固派的掣肘，等等，使得清末的诉讼司法制度改革步履维艰，成效有限。但总体而言，它仍代表了中国诉讼司法制度向近代的转型，它所取得的改革成就，为继起的民国诉讼司法制度改革，提供了重要的实践基础。

第十七章　中国近代的司法改革

清末民国时期是中国法制现代化的重要阶段。本章主要考察中国近代司法制度改革的历史进程，总结中国近代司法改革的基本特点，探讨中国近代司法改革的意义及历史启示。

一、中国近代司法制度改革与司法近代化之进程

中国从国家产生之日起,就确立了君主制。从秦朝开始,又建立了中央集权的君主专制政体。直到清朝灭亡,君主专制政体在中国存在了两千多年。在这种政体下,皇帝的“金口玉言”即为法律;而司法权附属于行政权,各级行政官吏兼办司法案件。中国的法律在世界法律中也自成系统,俗称“中华法系”。这种状况随着1840年鸦片战争的隆隆炮声而日渐改变。由于清政府的腐败无能,中国的司法主权遭到破坏。外国侵略者通过一系列不平等条约在中国获得了领事裁判权,通称“治外法权”。领事裁判权制度一方面是对中国独立司法主权的践踏;但另一方面,它也使近代西方先进的司法制度开始引入中国,从而给传统的司法制度带来巨大的冲击。

1898年，康有为、梁启超等发起戊戌变法运动，以图变法强国，无奈以失败告终。然而，它却揭开了变法的序幕，中华法系大一统的局面也难以再继。1902年，张之洞以兼办通商大臣的身份与各国修订商约，英、日、美、葡等国表示，在清政府改良司法“皆臻完善”以后，可以放弃领事裁判权。为此，清廷下诏：“现在通商交涉事宜益繁多，着派沈家本、伍廷芳将一切现行律例按照

交涉情形，参酌各国法律，悉心考订，妥为拟改，务期中外通行，有裨治理。”① 从而揭开了清末法制改革的序幕。

1906 年，清廷宣布预备仿行宪政，并着手进行官制改革。他们在所拟定的新官制中写道：“首分权以定限，立法、行政、司法三者，立法当属议院……行政之事，则专属之内阁各部大臣……合之皆为政府……司法之权，则属之法部，以大理院任审判，而法部监督之，均与政府相对峙，而不为所节。”② 在近代西方“三权分立”思想的冲击和影响下，清廷开始了司法体制的改革。

1906 年 11 月 6 日，清政府下谕，将刑部改为法部，掌管全国司法行政事务，不再具有审判职能；改大理寺为大理院，作为全国最高审判机关；在法部设置总检察厅，作为最高检察机关，独立行使检察权。1906 年底在京师设立高等审判厅、城内外地方审判厅和城谳局，形成四级三审制度。1907 年开始，又仿照日本法院体制决定在各省设高等审判厅。府（直属州）设地方审判厅，州县设初级审判厅，将四级三审制推向全国。此外，各省的按察使改为提法司，作为地方司法行政机关。至此，中国近现代司法机关体系初步确立。

同时，清政府还先后仿照德、法等国设立独立的检察机关，开始参照德国置于法部，后来仿照法国，尤其是日本的体制，将总检察厅置于大理院内，实行审、检合署。它一改中国古代监察机关兼掌监察和审判职能的旧例，明确规定检察机关和检察官专司法律监督之责，建立了检察权与审判权分离的近代先进司法制度。

清政府还初步引进了西方近现代诉讼制度、审判原则等。如在诉讼程序上实行四级三审制，在一些诉讼法规或法律草案中规定了刑事案件公诉制度、附带民事诉讼制度、民事案件的自诉及代理制

---

① 《删除律例内重法折》，《寄簃文存》，卷一。

② 《清末筹备立宪档案史料》，中华书局 1979 年版，第 463 页。

度、证据制度、保释制度等以前所没有的新式制度，并承认律师制度的合法性。在审判制度方面，规定了审判公开、允许辩论等原则，并明确了预审、合议、公判、复审等程序。初步规定了法官、检察官考试任用制度。

由于清王朝很快就覆灭了，因此清末司法改革的成果很多仅停留在纸面上而没有发挥多大的作用，甚至连形式意义上的从中央到地方的独立司法机构也未来得及完全建立起来。另外，我们也看到清末司法制度改革只是以皇权和纲常礼教为依归，在清末皇权统治和君主专制没有崩溃，封建传统法律文化尚未荡涤的背景下，以自由、平等、人权为价值取向的西方近代司法制度是不可能在中国有所建树的。例如，律师制度和陪审制度就因受到礼教派的责难被搁置不用。此外，清末修律、进行司法变革的直接动因是要西方列强放弃在中国的领事裁判权，收回中国的司法主权，但这一目的远未实现。

1911 年的辛亥革命一举推翻了统治中国 268 年的清王朝，结束了在中国延续了 2000 多年的封建君主专制制度，建立起中华民国南京临时政府。这个新生的资产阶级民主共和政府，以极大的热情、百倍的努力进行资产阶级民主与法制建设。其中，在批判与改革封建旧司法制度，建立近代新司法制度方面取得了突出的成绩。

首先，以约法的形式首次肯定了近代司法独立原则，并开始仿照西方建立独立的司法机构。南京临时政府成立后，孙中山多次强调："司法为独立机关。"① 在所颁布的《中华民国临时约法》中，以根本法形式明确规定："中华民国以参议院、临时大总统、国务员、法院行使其统治权。" "法官独立审判，不受上级官厅之干涉。""法官在任中不得减俸或转职，非依法律受刑罚宣告或应免

① 《孙中山全集》第 2 卷，中华书局 1982 年版，第 281 页。

职之惩戒处分，不得解职。”“法院以临时大总统及司法总长分别任命之法官组织之。”“法院依法律审判民事诉讼及刑事诉讼。”这是中国资产阶级以宪法的形式对司法独立原则作出的最早规定。

为贯彻资产阶级“三权分立”制度，实现司法独立的资产阶级法治原则，南京临时政府建立了一个以参议院、临时大总统、最高法院相鼎立的中央机构。在中国司法制度史上，南京临时政府首次把审判机关称为法院，另设立司法部作为司法行政机关，管理民事、刑事诉讼案件，以及其他一切司法行政事务，并监督法官。显然，这里关于司法行政机关的设置比清末更为完备。

其次，采用资产阶级法治主义和人道主义的司法原则，积极推动司法审判制度的改革。南京临时政府推行资产阶级的人道主义，针对清朝官吏“日糜吾民之血肉以快其淫威”的严刑拷打、淫刑逼供的司法恶习，南京临时政府先后颁布了《大总统令内务司法两部通饬所属禁止刑讯文》、《大总统令内务司法两部通饬所属禁止刑讯文》，明令各官署不论审理何种案件，一概不准体罚和刑讯逼供，“审理及判决民、刑案件，不准再用笞杖、枷号及他项不法刑具”。并规定，“从前不法刑具，悉令焚毁”。“若有不肖官司，违令刑讯，必绳之以法”。① 1912 年 3 月 11 日颁布的《中华民国临时约法》规定，“人民之身，非依法律不得逮捕、拘禁、审问、处罚。”

为厉行法治主义，南京临时政府强调实行公开审判制度。《中华民国临时约法》规定，“法院之审判”，除“有认为妨害安宁秩序者得秘密之”外，“须公开之”，审判时允许民众旁听。同时引进西方资产阶级的陪审制度，选拔有识之士参与陪审，以提高案件的透明度。南京临时政府还积极推动律师制度的建立。1912 年 3

① 《孙中山全集》第 2 卷，中华书局 1982 年版，第 156～157 页。

月，孙中山在《律师法草案》上批文指出："查律师制度与司法独立相辅为用，夙为文明各国推行，现各处既纷纷设立律师公会，尤应亟定法律，俾资依据。"① 律师制度的推行无疑确认了当事人应有的诉讼权利，保护了当事人的合法权益。

南京临时政府的司法制度改革，是中国法制史上具有划时代意义的重大变革，它是辛亥革命的胜利产物，是近代中国民族资本主义经济与民主政治发展的客观要求与结晶，是孙中山向西方寻找真理、移植外国先进法制的积极结果，代表了中国旧的传统司法制度的解体及近代新的司法制度的开创与发展，是20世纪初叶开始的中国法律近代化的新篇章。

北洋政府时期及国民党政府时期，虽然政治上反动，但对辛亥革命以来的司法改革的成果并不敢公然违背，因此，中国司法近代化的进程仍在继续。到国民党失败前夕，近代司法制度已基本确立。这主要表现在：

1. 司法与行政不分的体制被打破，独立的司法体制初步确立

南京临时政府的成立代表了西方式的"三权分立"制度模式在中国的最初实践。但随着辛亥革命的失败，革命成果为以袁世凯为首的北洋军阀窃取。1914年颁布的《袁记约法》则实际上取消了"三权分立"的原则，将三权归于行政权，行政权又归于大总统，表面存在的权力制衡由此而失去意义。司法权由大总统任命的法官组织法院行使，无异于大总统的一个下属机关。但就整个北洋时期而言，司法与行政相分离的趋势仍在继续。如徐世昌总统1919年4月17日以"各省议会对于司法官吏时有咨请查办之举"，即令重申立法、行政、司法三权分立，"勿相侵越"。1920年2月14日，又下令禁止地方长官干涉司法，称"嗣后各省军民长官，凡关于司法事物除有法令明文规定外，均应恪守权限，勿滋

① 《孙中山全集》第2卷，中华书局1982年版，第194页。

凌越”。①1928 年建立的南京国民政府体制的设计和运行是以孙中山“权能分治”、“五权分立”、“权力制衡”理论为指导的。1929 年《训政纲领草案》规定：“治权分行政、立法、司法、考试、监察五项，付托于国民政府总揽而执行之，以立宪政时期民选政府之基础。”1931 年《修正中华民国国民政府组织法》规定：“国民政府以左列五院独立行使行政、立法、司法、考试、监察五种治权：一、行政院；二、立法院；三、司法院；四、考试院；五、监察院。”其中，司法院为国民政府最高司法机关，掌握司法审判之职权。1947 年的《中华民国宪法》虽对训政时期的国家权力关系作了局部调整，但五权分立的基本格局仍然保持不变。

2. 实行审、检分离，建立独立的检察制度

北洋政府的司法体制沿用清末制度，设司法部掌管司法行政事宜；设大理院、高等审判厅、地方审判厅和初级审判厅负责审判，实行四级三审制；各审判厅内也相应地设立总检察厅、高等检察厅、地方检察厅和初级检察厅，对刑事案件行使侦查、公诉和监督判决执行的权力，对有关社会公益及风化的民事案件，以国家代表身份参加，此与西方检察机关的职责大致相同。国民党政府实行审、检合署制，将检察机关置于法院中。《法院组织法》规定，在最高法院内设检察署，置检察官若干人，以一人为检察长；地方各级法院内设检察处，置检察官若干人，以一人为首席检察官。检察机关的职责是实施侦查、提起公诉、协助自诉、担当自诉、指挥刑事裁判之执行，以及其他法令所规定职务的执行。检察机关实行垂直领导，最高法院和检察署均受司法院的监督。这样，近代独立的检察制度基本建立。

3. 法院及法官独立审判的地位得到法律的保障

《中华民国临时约法》已基本确立了“法官独立审判，不受上

① 《中华民国大事记》第 1 册，第 678 页，转引自李峻：《论北洋政府时期的司法独立》，《南京社会科学》2000 年第 10 期。

级官厅之干涉”的原则。在实际运用中，民国初对“宋教仁案”的审理应该说是中国近代法院独立断案的一个代表。1922 年通过的《中华民国宪法》仍在一定意义继承了《中华民国临时约法》“司法独立”的精神，规定最高法院院长的任命须经参议院的同意，重申“法官独立审判，无论任何人不得干涉之”。南京国民政府时期，1936 年通过的《中华民国宪法草案》第 80 条规定：“法官依法独立审判。”第 81 条规定：“法官非受刑罚或惩戒处分或禁治产之宣告，不得免职；非依法律不得停职、转任或解俸。”1947 年把《中华民国宪法草案》第 80 条修订为“法官须超出党派以外，依据法律独立审判，不受任何干涉。”第 81 条增加了“法官为终身职”一句。此外，无论是北洋军阀时期还是国民政府时期，都在法律中对法官的人身、职业、工资，以及法官的选拔、任命、惩戒等作了相应的规定，提供法律保障。从总体上看，民国时期法官独立审判及其法律地位的保障在形式上规定得相当严密。

4. 律师制度得到肯定并逐步推行

由于临时政府存在时间短暂，律师制度并未真正建立起来。1912 年 9 月 16 日，北洋政府公布了《律师暂行章程》，被认为是“中国近代第一部律师单行法规”，它对律师资格、律师证书、律师名簿、律师职务、律师义务、律师公会及对律师的惩戒等皆作了较为完备的规定。同年，北洋政府又公布了《律师登录暂行章程》。1913 年 12 月 27 日又颁布了《律师惩戒暂行规则》，它们从不同角度对有关律师的问题作了法律上的规定，从而初步确立了中国近代的律师制度。南京国民政府时期，律师制度发展很快，律师队伍人数也迅速扩大。1937 年仅上海一地，在律师公会登记注册的律师人数就达 1376 人。这充分说明了律师制度在中国的发展。

5. 法官的选拔与培训开始制度化

中国古代并无真正的法官选拔及任用制度。南京临时政府时期提出要实行严格的法官考试制度，并颁发了法令，以规范法官的任用资格。1913 年 2 月，北洋政府公布《甄拔司法人员规则》，规定：只有在国内外大学、法政专业学校修习法律三年以上获得毕业文凭，或在外国速成学习法政一年以上获毕业文凭并曾任推事、检察官，或在国立公立大学教授法学主要科日一年以上及在教育部门认可的私立大学教授法学主要科目三年以上者，才具备担任司法官员的资格。在甄拔时，不仅要考察其学习成绩、工作实绩、办事能力以及道德品质、身体素质等，还要通过最后的甄拔考试加以确定。1930 年国民政府颁布的《高等考试司法官、律师考试条例》规定：司法官考试分初试、学习、再试三个阶段。初试合格者颁发“司法官初试及格证书”。其后经学习阶段后须参加再试，全部合格者方颁发“司法官再试及格证书”。此外，国民政府还设置司法官训练机构，以加强对司法官的培训。对司法官任职资格从严把关以及加强司法官的选拔与培训都在一定程度上有利于司法独立的实现。

二、中国近代司法改革的名与实

尽管中国近代的司法改革取得了一定的成绩，作为资产阶级法制的基本原则，司法独立在民国时期的绝大多数时间内也得到了普遍的尊重，至少在法律条文的规定中和政客官僚的口头上如此。但是，若从实际的效果来看，我们对近代中国司法改革的成绩却不能有丝毫乐观的估计。在司法改革的进程中始终存在名与实的矛盾和冲突。具体表现在以下几个方面：

第一，司法权始终未能摆脱对行政权的依赖及受行政权的控制。

中国封建社会长期实行司法、行政不分，近代以来政、法合一的体制虽被打破，但始终未能形成司法权与行政权相互制衡的合理关系，相反，行政权对司法权的不合理牵制却是一个普遍存在的现象。这一点连曾在北洋政府中担任过总检察厅检察长、大理院院长、司法总长等职的罗文干也不无愤慨地揭露说：“凡行政长官所不喜之人，旦夕得而羁押之，检察官又不敢不服从也；凡行政长官所袒护之人，不得逮捕之，检察官又不敢不从也。”① 北洋时期，行政干预司法最突出的表现就是县知事兼理司法事务的现象普遍存在。1914 年 4 月，袁世凯宣布撤销全国 2/3 的地方审判厅和检察厅及全部的初级审判厅和检察厅，由县知事兼理司法，这使司法改革重新回到政、法合一的老路，是司法体制的大倒退，也给中国近代的司法改革开了一个非常不好的先例。国民党政府时期，县长兼理司法的情况仍较普遍，到抗战胜利时，国民政府在县设立新法院的也只有 600 余县，尚有 1300 余县未正式设立法院，仍旧维持县长兼理司法的局面，这是完全违反司法独立精神的。

第二，军事干预司法现象突出。

在袁世凯死后，中国陷入军阀割据局面。拥兵自立的大小军阀们穷兵黩武，划地为霸，经常以军事审判取代普通司法审判，军事审判机关任意审判与己无关的普通司法案件，警察署也随意办案，查获案件不经法院就擅自判决。北洋政府时期司法制度的一个突出特点就是在普通法院之外广设军事法院，并以军事审判取代普通审判。北洋政府设有高等军法会审、军法会审和临时军法会审三种军事审判机构。军法会审机构不仅审理军人违反《陆军刑事条例》和《海军刑事条例》的案件，而且把续备、后备和退役军人及军属，也包括在军法审判的范围。同时军法审判还可随意强行审理其他非军人案件，任意残害革命志士和人民群众。由于北洋政府时期军阀战乱不断，所以军法审判被普遍采用，而且是秘密审判，不准旁听，不准辩护，不准上诉，这是对人民实行赤裸裸的司法专制。南京国民政府统治中国的 22 年，自始至终也未能清除军事对司法的干预。国民党政府为了镇压共产党人和革命进步人士，专门颁布

① 文干：《狱中人语》上编，北京民国大学 1925 年版，第 53 页。

了《特种刑事案件诉讼条例》，明确指出其适用于“特别刑事审判程序之案件及条例施行前依法令规定由军事或军法机关审理之案件”。对这类案件只要警察官署移送，“即以提起公诉论，法院得进行审判”。并规定，根据条例进行的判决“不得上诉”。军事对司法的过度干预使宪法所确立的司法独立原则形同一纸空文。

第三，政党对司法的干预也比较突出。

北洋政府时期，政党对司法干预的情况还比较少见，法律也有明文规定，“法官不得列名政党”，“司法官不党”。国民党政权建立后，推行“以党治国”、“一党专政”的方针，认为“司法官不党，此皆违反党义及革命精神之大端也”。① 政党对司法的干预随着国民党一党专政的建立而达到顶峰。国民政府曾专门下达“党政各机关用人先尽党员裁人先尽非党员”的通知，司法机关成为清一色国民党的天下。国民党为了镇压共产党员和革命群众，通过特别立法确认和加强国民党干预司法活动的力度，1927 年 12 月制定的《特种刑事临时法庭组织条例》，规定各省、市国民党党部有权干预地方特种刑事临时法庭的审判。随着国民党反共内战的加紧进行，国民党当局对司法审判的干预也达到极端。1947 年通过的《中华民国宪法》虽规定了“法官须超出党派以外，依据法律独立审判，不受任何干涉”的原则，但仍是形同废纸。

第四，财力、人力不足对法院建设影响较大。中国近代新式法院的建设始于清末。机构的增设意味着开支和人员的增加。民国初由于财政拮据、人手不足，北洋政府为了减少开支，把已设立的县法院复又裁撤。其后新式法院虽逐步开始设立，但直到 1926 年全国已设立的新式法院尚未超过 136 所，其中一审法院仅 89 所，而由县行政官署兼理的占全国司法机构总数目的 92%，经正规训练

① 转引自张国祐：《中华民国法制简史》，北京大学出版社 1986 年版，第 221 页。

并经考试甄拔的法官共计764人，占全部法官数量的63%。南京国民政府成立后这一状况有较大改观，但据1937年的统计数字，全国共设新式一审法院也只有298所，占总数的17%，设县司法处的为582所，占总数的33%，其他仍由县长兼理司法的为856处，占总数的48%，经正规训练和考试的法官为1955人，占全部法官数量的百分率增至70%以上。① 但是从上述数字中也可看出，新式法院和法官的有限增长与中国辽阔的疆土、庞大的人口基数相比仍然显得过于缓慢。

第五，司法运作的腐败危害剧烈。民国时期历届政府均不断下令要求司法官员公正不阿、操持廉正；对审判工作也不断提出“审慎”与“迅速”的方针。然而，司法运行的现实却不是几纸命令、几句口号就能改变的。由于人治体制没有根本改变，司法腐败犹如决堤之水，肆意蔓延，泛滥成灾。视法律如儿戏，有法不依，钻法律漏洞是司法人员的基本技能。法官们只要遵循、屈从上司的意志，不触怒权贵，几至可以随心所欲。法官大多执法而玩法，曲解法律、文过饰非是常见的手法。民国时期，司法官员薪水普遍较低，这更加助长了司法腐败。大大小小的衙门，全靠诉讼捞油水。“法院大门八字开，有理无钱莫进来”。百姓诉讼，要交状纸费、抄录费、送达费、勘察费、律师费、审判费、保证金，等等，名目繁多，寻常百姓根本打不起官司。毛泽东曾指出：“湖南的司法制度，还是县知事兼理司法，承审员助知事审案。知事及僚佐要发财，全靠经手钱粮捐派，办兵差和在民刑诉讼上颠倒敲诈这几件事，尤以后一件为经常可靠的财源。”② 这是民国时期司法黑暗的真实写照。

---

① 居正：《十年来之司法建设》，《中华法学杂志》民国26年第1卷第5、6期。

② 《毛泽东选集》第1卷，人民出版社1991年版，第30页。

三、中国近代司法改革的意义及启示

清末民国时期是中国法制现代化的一个重要历史阶段，在这场深刻的法制变革运动中，对西方资产阶级法治模式的选择和接纳是这场法制变革的基本特色。体现在司法制度方面，一方面在司法体制的法律形式上结束了当时中国司法与行政合一的体制，确立了司法与行政分立的现代中国司法独立原则，尽管还很不彻底，但是大部分诉讼毕竟有大理院、检察厅、审判厅、法院这类专门司法机构受理了，无疑在一定程度上代表着法制现代化的正确方向。西来的民主、公正、平等的审判思想和原则又进一步给中国的司法制度注入了润滑剂，促使中国的司法审判制度和诉讼法制走上了民主化、现代化的进程。此外，伴随着司法制度的改革，中国人民的民主观念和权利意识都有了显著的提高。所有这些都表明中国近代司法改革的进步性和积极性的一面。

但另一方面，考察清末民国时期的司法制度，我们又不能不看到此时期中国的司法制度在结构形式与内在价值取向上存在着深刻的矛盾。清末民国时期中国政治的突出特点仍是大地主、大资产阶级的独裁专政，体现在司法制度方面，军阀、官僚、政客无视法律形式上的具体规定而干预司法活动，在打着“司法独立”的幌子下公然以行政干预司法或“司法官以党化”甚至直接以县知事兼理司法，等等，这些都在价值形态上完全抛弃了现代司法独立的精神，而体现出司法专横和政府独裁的特色。这反映了中国近代司法改革的弊端及不彻底性。

另外，即便从中国近代司法改革本身而言，也有许多方面存在不足，既影响了近代中国法制现代化的进程，也给当代中国的司法建设提供了一些思考和启迪。

首先，司法独立是近代司法改革的根本。司法改革应当保证司法权行使的独立性。司法权行使的独立性要求司法权在国家权力结构中独立存在，在司法体制上应彻底抛弃传统的司法与行政合一的结构形式，实现司法与行政的彻底分立，司法机关依法独立行使司法权。同时还要求法官在司法实践中独立审判、公正司法，“法官除了法律就没有别的上司”。否则，没有了司法的独立性，也就失却了司法秩序的合理性和公正性。近代司法改革从总体上看，“司法独立”的原则仅落实在纸面上，完全经不起司法实践的检验。

其次，司法改革应以加强法院和法官队伍建设为前提，应当加大司法经费的投入，同时加强法官的选拔与培训，从而为司法独立的实现提供稳固的物质基础。一方面，充足的司法经费是司法机构设置的物质基础和司法组织正常运行的必要条件，也是影响司法独立状况的重要杠杆；另一方面，由于“法由人行”，作为司法主体的法官是否具备现代法律意识与较强的业务素质显得至为关键，因此，加强法官队伍的培养与选拔，大力发展法学教育，以保证法律后备人才，也是司法改革能否成功的关键条件。在加强新式法院建设以及培养现代法律人才方面，清末民国时期表现得比较迟缓，这在相当程度上影响了中国近代司法改革的进程。

最后，司法改革的成功还依赖于公众的法律意识的提高以及政府加大对司法腐败的惩治力度。使全社会树立起法律至上的观念，对法律抱有信任乃至信仰的态度，这既要靠国家的法制宣传，增强民众的法律意识和对法律生活的实际体验，更要靠增强法官以及政府官员依法办事的意识来实现。中国近代的司法腐败固然与政治腐败密不可分，但法官的法律意识单薄、法官屈从政治的压力以及以法敛财是一个重要的根源。因此，政府应加大对司法腐败的惩治力度，加强对法官的职业道德培训，这样才能真正实现司法公正，杜绝司法腐败。

后　记

本书是在我的“中国近代法律思想与法制革新”课题研究的成果基础上修改而成的。它之所以能成为一本书，得益于众多师友的关心和帮助。

1994年我考入武汉大学历史系，师从吴剑杰教授，从事中国近现代史的研究。读研期间，我对中国近代的法制发展产生了浓厚的兴趣。后来我选取了“中国的近代经济立法”作为我的硕士论文选题。在论文的写作过程中，吴师提供给我大量的阅读材料，并希望我多读一些法学理论的书籍，以弥补法学知识的不足。论文初稿完成后，吴师认真地审阅全文，许多地方都是逐字逐句修改，大到文章的结构、资料的取舍，小到遣辞造句、注释标点等都不放过。从吴师严谨的治学中，我体验到了学术的严肃与神圣。2001年，我以“中国近代法律思想与法制革新”为题，申报了湖北省教育厅重点项目，获得研究经费1.2万元，这在当时是一个不小的数目了，同时也是对我从事法制史研究一个极大的鼓舞。五年多来，围绕课题研究我先后发表了20多篇论文，其中有10多篇在核心期刊上发表，有些还被人大复印资料转载。这说明，“一分耕耘，一分收获”，此言不虚。

课题结项以后，学院领导提出能否将一些代表作整理之后，以专著的形式出版。起初我比较犹豫，因为毕竟从体系上讲并不太完整。但领导的鼓励和师友的帮助，使我坚定了信心。学院还专门选派了部分教师替我收集资料，使我完成了一些新的篇目的写作。现在，书稿终于以四个专题的形式完成，尽管还显得十分幼稚和单薄，但总算像一本“书”了。十年来的心血总算没有白费。

在本书即将付梓之际，我要再次感谢我的授业恩师吴剑杰教授，没有他的教诲，我可能仍然徘徊在学术的殿堂之外。我也要感谢三峡大学政法学院李敏昌院长、田强副院长、董伟主任，没有他们的支持和鼓励，本书的写作及出版可能还遥遥无期。我还要感谢我院的陈秀平老师和我的研究生周娉，为我搜集、整理了大量的文献资料，并在文字修改、注释校订等方面给予了我很大的帮助。最后，我也要由衷地感谢我的妻子，这么多年一直默默地支持我的工作，并替我照顾女儿及维持整个家庭的运转，使我能够在一个温馨、惬意、舒适的环境中完成我的学业和研究工作。

本书的出版得到了武汉大学出版社王雅红编辑的大力支持和热情帮助，在此谨致以诚挚的谢意。

本书得到三峡大学省级重点学科“马克思主义中国化研究”的经费资助，也一并致谢。

由于本人才疏学浅，本书的不足之处在所难免，敬请各位学界专家和读者朋友提出宝贵的批评意见，你们的期勉和鞭策，将是我学术生涯最大的前进动力。

作者

2007 年 4 月